开放经济研究

【2020年　总第3卷】

【第三期】

主编　张建武　邱依婷　王俊　肖奎喜

本期执行主编　邱依婷　钟晓凤

广东外语外贸大学经济贸易学院　主办

OPEN
ECONOMY

中国社会科学出版社

图书在版编目（CIP）数据

开放经济研究．第三期／张建武等主编．—北京：中国社会科学出版社，2020．12

ISBN 978－7－5203－7561－0

Ⅰ．①开…　Ⅱ．①张…　Ⅲ．①中国经济—开放经济—研究　Ⅳ．①F12

中国版本图书馆 CIP 数据核字（2020）第 244096 号

出 版 人　赵剑英
责任编辑　王　衡
责任校对　王　森
责任印制　王　超

出　　版　中国社会科学出版社
社　　址　北京鼓楼西大街甲 158 号
邮　　编　100720
网　　址　http：//www.csspw.cn
发 行 部　010－84083685
门 市 部　010－84029450
经　　销　新华书店及其他书店

印　　刷　北京明恒达印务有限公司
装　　订　廊坊市广阳区广增装订厂
版　　次　2020 年 12 月第 1 版
印　　次　2020 年 12 月第 1 次印刷

开　　本　710×1000　1/16
印　　张　14.25
插　　页　2
字　　数　218 千字
定　　价　78.00 元

目　录

RTA如何影响双边贸易?

梁俊伟[①] 卢玫竹 张建武

摘　要: 在区域贸易协定（RTA）不断发展的同时，RTA成员国之间的贸易额也在不断增加。本文利用UNCTAD数据库测算了201个参与RTA的国家和地区的双边贸易额，并利用引力模型检验了RTA对于双边贸易的影响。结果表明，RTA的签订对成员国间贸易额的增加有显著的促进作用。同时，地理距离、共同语言、经济总量、贸易成本、对外直接投资、净贸易条件指数等控制变量对双边贸易也存在重要影响。不论是发达国家间签订RTA、发达国家与发展中国家间签订RTA或是发展中国家间签订RTA，RTA的发展都对双边贸易额有显著的促进作用。由于发展中国家间的贸易额基数小，因此在RTA签订之后双边贸易额增加速度最快，但是仍与发达国家间贸易额存在较大差距。

关键词: RTA；双边贸易；引力模型

一　引言

20世纪90年代以来，经济全球化战略的提出以及信息技术的兴

---

① 梁俊伟，广东外语外贸大学经济贸易学院副教授、云山学者；卢玫竹，山东大学商学院硕士研究生；张建武，广东外语外贸大学经济贸易学院教授。

起，大大提高了国家间经济与贸易的效率，为全球经贸的发展注入了新动力。在这一时期，由于以 WTO 为代表的多边贸易体系陷入僵局，各个国家和地区为了维护本国利益，开始转向发展区域性贸易组织，使得 RTA 的签订数量迅速增加。根据 WTO 数据库，截至 2016 年世界范围内共签订 RTA 的数量为 445 个，其中实际有效的为 279 个。除了这些已经签订和生效的 RTA，还有新的 RTA 在不断磋商之中。

世界上第一个区域贸易组织是在 1957 年 4 月成立的欧洲共同体（欧盟前身）。根据 WTO RTA-IS 数据库。1957—1992 年 RTA 的签订数量增长缓慢，RTA 的性质主要以货物贸易为主，RTA 生效速度较快，基本与签订时间同步；1992—2016 年 RTA 的签订速度明显加快，24 年间 RTA 的签订数量增加了 415 个（见图 1）。此外，RTA 的性质也由之前的货物贸易为主，转变为货物贸易与服务贸易同时发展，但是服务贸易的数量依然少于货物贸易的数量。随着 RTA 签订数量的增加，RTA 的签订时间与生效时间之间开始出现时间差，且时间差有不断增大的趋势。总体上，RTA 的发展方兴未艾。

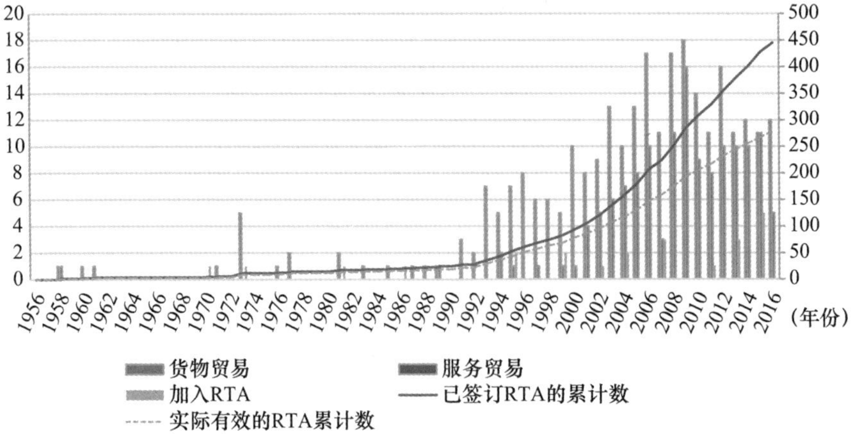

图 1　世界上签订 RTA 的总体态势

资料来源：http：//rtais. wto. org/UI/PublicMaintainRTAHome. aspx。

RTA 根据贸易壁垒的取消程度或一体化目标程度的高低，由低级到高级可以分为六种形式，即特惠贸易安排（PTA）、自由贸易协定（FTA）、关税同盟（CU）、共同市场（Common Market）、经济同盟（Economic Union）和完全的经济一体化（Perfectly Economic Integration）。从现在 RTA 的发展来看，世界上经济实力最强、一体化程度最高的区域经济一体化组织为欧盟，其一体化程度可以达到经济同盟的水平。

本文对已签订 RTA 的类型进行统计，图 2 表示世界上各类 RTA 所占的比重。现存 RTA 的类型主要为特惠贸易安排、自由贸易协定、关税同盟三类，其中自由贸易协定（FTA）所占的比重最大为 82.9%，在自由贸易区内各成员国相互取消所有的贸易壁垒，但仍保留对各自非成员国的贸易壁垒。其次为关税同盟（CU）占比为 9.7%，组成关税同盟的成员国间完全取消关税及非关税壁垒，并对非成员国实行统一的关税。最后为特惠贸易安排（PTA）占比为 7.4%，特惠贸易安排只对成员国间全部或部分商品规定其特别的关税优惠。还未有 RTA 能达到完全经济一体化的水平。因此，目前 RTA 的发展水平依然较低。

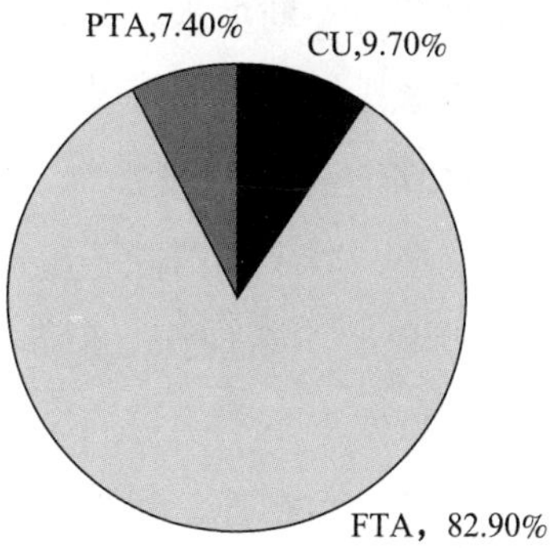

图 2　世界上各类 RTA 所占的比重

资料来源：作者根据 WTO RTA-IS 数据库整理。

从 RTA 在世界范围的地理分布情况看，作为 RTA 发展的起点和示范地区，欧洲地区签订的 RTA 数量最多；其次为东亚和南美。签订 RTA 数量较少的地区为西亚和加勒比海地区。欧洲地区 RTA 的签订数量大概是加勒比海地区 RTA 数量的 10.8 倍。因此，RTA 存在着地区分布不均，发展不平衡的特点（见图3）。

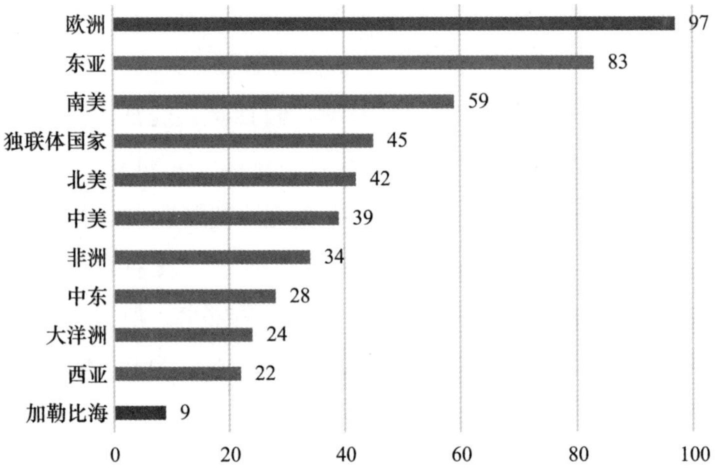

图3　各地区RTA的签订数量

资料来源：http：//rtais. wto. org/UI/PublicMaintainRTAHome. aspx。

总体来看，RTA的签订数量不断增加，签订速度不断加快且覆盖范围不断增大。越来越多的国家愿意参与到区域经济一体化过程中，国家间一体化意识增强，区域经济一体化程度加深。同时RTA减少和消除了成员国间关税及非关税壁垒，减少和消除了生产要素自由流动的各种阻碍，使得国家间相互依赖程度不断加深。但是RTA也存在着发展程度较低、区域分布不均，区域发展不平衡等问题。

随着全球贸易大数据的可得和完善，利用贸易数据研究贸易额的增加变为了可能。双边贸易额是统计世界各国对外贸易总额的指标，是按照统一货币单位换算后，把世界各国的出口额相加所得到的数额。如果简单地把世界各国出口额与进口额相加，就会出现贸易额的重复计算。如果把各国进口额相加作为双边贸易额，就会把运费和保险费算在双边贸易额之中。

利用UNCTAD数据库1995—2016年的贸易数据，本文整理了1995—2016年RTA成员国间的双边贸易额，如图4所示。

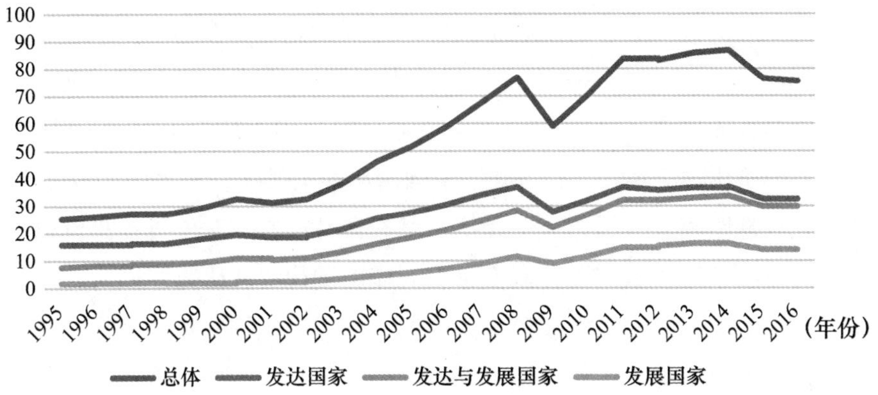

图 4　1995—2016 年参与 RTA 国家的双边贸易额

资料来源：作者根据 UNCTAD 数据库整理。

本文首先根据参与 RTA 国家的发展程度，将签订的 RTA 分为发达国家间签订的 RTA、发展中国家签订的 RTA 以及发达国家与发展中国家间签订的 RTA。图 4 显示了 1995—2016 年参与 RTA 国家的双边贸易额的变化情况。总体上看，参与 RTA 国家间双边贸易额是不断增加的，说明 RTA 对贸易额的增加有促进作用。2016 年 RTA 的参与国间双边贸易额达到 75436 万亿美元，比 1995 年时增加了 2. 98 倍。其中发达国家间的贸易额基数最大，发达国家与发展中国家间贸易额不断增加，与发达国家间贸易额的差距不断缩小。发展中国家间贸易额基数小，发展最晚，但是在这 21 年间，双边贸易额增长了 6 倍，双边贸易额的增长速度最快。即使发展中国家间双边贸易额增长最快，但仍与发达国家间和发达与发展中国家间的贸易额存在着较大差距，还有较大的发展空间。

由图 4 可知，2008 年和 2014 年出现了两次双边贸易额的明显下降。这是由于经济遭受了两次冲击，一次是 2008 年出现的全球性金融危机；另一次是 2012 年发生的欧债危机。冲击的影响有一定的滞后性，所以在冲击发生后的 1—3 年贸易额才出现了明显下滑。发生危机后，各国为了保护本国的产业及经济，会采取贸易保护措施限制外来进口，使得双边贸易额出现下滑。

通过旨在对现有的 RTA 的经济效应、贸易增长以及 RTA 的实证分析有关文献进行梳理，确定了本文的研究框架及实证研究模型。在掌握相关理论后，来研究世界RTA的发展及其对双边贸易的影响。本文的实证研究首先构建扩展后的引力模型，进而采用1995—2016年201个参与RTA的国家和地区的438095个国家对的贸易额，将RTA作为实际变量，地理距离、共同语言、经济总量、贸易成本、对外直接投资以及净易货贸易条件指数作为控制变量引入模型进行实证研究。同时，在研究过程中对于不同发展类型国家间的贸易额进行比较分析，来检验其国家异质性及研究结果的稳健性。

本文余下结构安排为：第二部分是对已有文献进行回顾；第三部分是构建理论分析框架；第四部分是变量说明及模型构建；第五部分是基准检验、稳健性检验及结果；第六部分是结论与启示。

二 文献综述

本文旨在研究RTA对双边贸易的影响，与本文相关的文献主要有三类：第一类主要是探讨RTA的整体经济效应；第二类则是关于贸易增长的研究；第三类是将RTA作为虚拟变量进行实证分析的研究。

（一）对RTA经济效应的研究

对RTA经济效应的研究主要可以分为对某一类型RTA的研究和对某一具体RTA的研究。第一，对某一类型RTA的研究，主要是对自由贸易协定（FTA）经济效应的研究。Scott和Jeffrey（2007）运用计量经济学对FTA的贸易影响进行了实证研究，结果表明已签订FTA国家的贸易流量是未签订FTA国家贸易流量的5倍。在《双边贸易协定》签订10年后，两国间贸易额能增加一倍。Mitsuyo（2009）在考虑了贸易自由化、贸易投资便利化和技术援助的基础上对东亚FTA的经济效应进行估计，发现FTA的成员国数量越多，它的经济影响可能越大。蒋冠和霍强（2015）认为中国与东盟FTA的建立对中国与东盟国家的进口创造效应都比较微弱，但是对两国出口贸易创造效应都很明显，中国与东盟 FTA 的建立对中国更有利。

第二，侧重于对某一具体 RTA 的研究。Bhavish 等（2007）运用 5 个不同的 RTAs 来检验它们对贸易创造和贸易转移的作用，结果表明不同的 RTA 的经济效应有显著的差异。东南亚国家联盟（ASEAN）和澳新更紧密经济关系贸易协定（CER）的签订使得它们与其贸易伙伴国及非伙伴国的贸易量都出现了增加，贸易创造作用显著；而南方共同市场（MERCOSUR）、亚太经合组织（APEC）和北美自由贸易协定（NAFTA）的签订使得协定内部国家贸易出现增长，协定外部国家贸易额出现下降，贸易转移作用更明显。陈雯（2002）试析东盟自贸区的建设对东盟区内贸易的影响，发现东盟自贸区的建设一定程度上促进了东盟区域内贸易的发展，但是其作用有限。廖战海等（2016）研究了中韩 FTA 对两国贸易结构的影响，认为中韩 FTA 使得两国贸易持续增长，中国对韩国长期贸易逆差；双边贸易以工业成品为主，水平型产业内贸易相对滞后。

综上，现存关于 RTA 的研究主要是对 FTA 这一类型 RTA 的经济效应进行分析，或对某一具体 RTA 的经济效应进行分析，某一具体 RTA 主要包括中韩 FTA、东盟自贸区、北美自由贸易协定等。只将部分 RTA 作为样本进行研究，不能排除其他 RTA 样本对这份样本的影响。缺乏从整体层面对全部已签署 RTA 经济效应研究的文献，本文对 RTA 的整体经济效应进行研究，是对现有文献的丰富和补充。

（二）关于贸易增长的研究

有关贸易增长影响因素的研究，可以分为三大类：第一类是地理、文化因素对贸易增长的影响；第二类是关税及非关税壁垒对贸易增长的影响；第三类是 WTO 对贸易增长的影响。

第一类是地理、文化因素对贸易增长的影响。Vamvakidis（1998）认为由于地理位置的限制和基础设施的薄弱，一些封闭的小经济体和欠发达经济体只能从贸易协定获得很小的一部分利益。罗来军等（2014）认为地理距离仍然是影响贸易增长的主要因素，此外，文化因素也会影响两国间的贸易增长。两个国家之间的技术差距越大，互补性越强，双边的贸易额就会越高。如果两国同时处于一个 FTA 中，那么两国之间的贸易就会有显著的增长。韩会朝和徐康宁（2015）也研究了地理、文化对贸易增长的影响。指出特定的地理与文化因素会加速全球生产网络的形成，而全球生产网络的兴起又会反过来加深地理文化因素与贸易增长之间的关系。

第二类是关税及非关税壁垒对贸易增长的影响。Sebastien 和 Jean（2016）指出对于农产品和食品而言，已签订的 RTA 成员国间最惠国税率优惠 1%，就能引起两国间贸易额 4% 的增长。但是对于新签订的 RTA 来说，即使最惠国税率优惠 1%，也只能贡献成员国间 0.05% 的贸易增长。余振等（2014）运用 WITS-SMART 对中国—俄罗斯 FTA 的贸易、关税及福利效应进行分析。研究证实了随着 FTA 框架下关税税额的不断下降，中俄两国大多数的产品部门将会从贸易规模的扩张中收益，两国间贸易会增长。如果两国能尽快实现零关税，那么两国之间的贸易将会迅速发展。

第三类是 WTO 对贸易增长的影响。Rose（2004）运用 175 个国家 50 年的贸易数据研究 WTO 对贸易增长的影响，发现没有证据表明 WTO 成员方的贸易多于该组织以外的国家。刘艳梅（2003）指出，中国加入 WTO 后，中国农业的进出口贸易额在短期内取得了快速增长，其中粮食、油料等大宗农产品由于具有价格优势，在加入 WTO 后的第一年就创造了佳绩。史朝兴和顾海英（2006）分析了加入 WTO 对中国双边贸易增长的影响，认为加入 WTO 使得中国出口面临更低的关税及非关税壁垒，从而促进了中国进口的快速增长。加入 WTO 后，中国与 WTO 成员之间的双边贸易增长了 19.6%。

由此可见，研究影响贸易增长的因素主要从地理因素、文化因素、关税及非关税壁垒以及 WTO 等进行了详细的讨论。虽然有关文献得出了 RTA 对贸易创造及贸易转移有重要的作用，但是缺乏将 RTA 作为全样本来研究对贸易影响的相关研究。

（三）将 RTA 作为虚拟变量进行实证分析的研究

在实证分析中，现有文献都是将 RTA 作为虚拟变量，如果两国间签订 RTA，那么 RTA 的取值为 1，否则取值为 0。Scott 和 Jeffrey（2009）将 FTA 作为虚拟变量，首次运用非参数估计对 FTA 双边贸易流动的长期处理效应进行横截面估计，结果证明一个 FTA 的长期平均效应可以达到 100%，以此证实了贸易协定的有效性。Tristan 等（2014）运用引力模型将 RTA 作为虚拟变量来研究贸易协定是否以不同的方式刺激国际贸易的发展，结果发现贸易协定的签订使得成员国间的贸易额都出现了大幅度增长。Hyejoon（2016）运用引力模型以 RTA 为虚拟变量，研究了 RTA 对 FDI 的影响，发现 RTA 对 FDI 的影响取决于 FDI 的起源和类型。谢建国和谭利利（2014）将 RTA 作为虚拟变量，运用引力模型以中国为例研究区域贸易协定对成员国的贸易影响发现中国与地理距离较近、文化认同度高及市场规模大的国家签订 RTA 会有更大的贸易创造效应。钱学锋和龚联梅（2017）运用引力模型和一阶差分将 RTA 作为虚拟变量测度了贸易政策的不确定性、RTA 与中国制造出口，发现 RTA 的签订降低了中国与各成员国面临的政策不确定性，贸易政策的不确定性对中国制造业出口的影响主要是通过集约边际来实现的，中国签订 RTA 会降低中国贸易政策的不确定性，增加中国制造业的出口。因此，现存大部分研究都是将 RTA 作为虚拟变量引入模型进行实证分析。

本文的主要贡献有：第一，在已有研究成果的基础上，本文以参与 RTA 的 201 个国家和地区为样本，运用面板数据对 RTA 整体的经济效应进行研究。第二，利用 UNCTAD 最新数据计算出 201 个参与 RTA 的国家和地区的 438095 个国家对的双边贸易额，以此为被解释变量研究所有已签订 RTA 对双边贸易额的影响。第三，在实证方面，本文将 1957—2016 年已签署的 RTA 数量整理为存量，将 RTA 作为实际变量引入模型进行实证分析，以期对现有文献进行丰富和补充。

三 理论框架及研究假设

(一) RTA、贸易创造与贸易规模

RTA虽然不能消除成员国间的矛盾和分歧，但是它可以一定程度上缓和国家间在贸易上存在的矛盾，减少贸易摩擦，促进成员间贸易的发展。Celine（2006）运用欧盟（EU）、北美自由贸易协定（NAFTA）等7个RTAs对RTA的出口进行评估，结果表明RTA对区域内贸易的增长有促进作用。Tristan等（2014）发现贸易协定的异质性的确会影响国际贸易，但是由于全面贸易协定的签署，各国贸易都出现了大幅度增长。李荣林和于明言（2014）认为RTA对国家间总体贸易量、进口贸易和出口贸易都有显著的促进作用。此外，孙楚仁等（2017）政府对成员国的政治、法律、政策风险进行评估，提前建立预警机制，逐步完善涉外服务保障体系，都会为贸易的增长提供保障。因此，本文将RTA作为首要检验对象，认为其对贸易规模有直接的促进作用，提出假设1。

假设1：RTA的签署对成员间贸易发展有直接的促进作用。

(二) RTA、贸易成本与贸易规模

首先，RTA签订之后，成员国间的关税及非关税壁垒会减少或消除，使得两国间贸易成本下降，促进双边贸易发展。Kazunobu和Fukunari（2014）主张FTA在GATT和EC下分别使得关税税额下降了2.1%和1.5%，非关税壁垒削减了6.6%和5.7%。虽然关税和非关税壁垒的下降都能使得双边贸易额出现增长，但是FTA的贸易创造作用主要是来源于非关税壁垒的下降。Juyoung等（2017）分析了PTAS对关税和非关税壁垒的影响，结果指出PTAs使得成员国间关税及非关税壁垒下降，对成员国间贸易的增长有促进作用。余振等（2014）随着FTA框架下关税的不断削减，中俄两国大多数产品部门将从贸易规模的扩张中受益，两国整体的经济福利都将获得提升。如果两国能尽快实现

零关税，那么两国之间的贸易往来将会快速发展。

其次，RTA 的贸易谈判，有利于降低贸易成本，促进成员国间贸易发展。Dibyendu 和 Sunil（2016）指出为促进成员国间贸易而进行的集体谈判、发展共同物流和制度将鼓励区域内贸易流动。通过贸易协定降低贸易成本，所带来的净贸易收益的增加对所有国家都有利。有些 RTA 谈判涉及海关合作协议，孙楚仁等（2017）认为在签署海关协议后，企业将有更大的自主权，可以根据自身的需求选择申报口岸、海关模式和查验地点，降低通关成本，提高通关效率，促进企业出口。因此，RTA 对贸易增长的影响还受贸易成本的制约，贸易成本越低，越有利于成员国间贸易的发展，并提出假设 2。

假设 2：RTA 的签署会降低成员国间贸易成本，进而促进成员间贸易发展。

（三）RTA、对外直接投资（FDI）与贸易规模

RTA 的签署不仅对贸易流动有影响，也对 FDI 有重要影响。Raymond（2007）以北美自由贸易协定（NAFTA）为例研究 RTA 对 FDI 的影响，发现了贸易一体化对成员国之间 FDI 的流动有促进作用。北美自由贸易协定使得美国 FDI 增加了 0.96%，墨西哥的 FDI 增加了 1.73%，加拿大的 FDI 增加了 1.54%。Hyejon（2016）指出发现 RTA 使得内部成员国的水平 FDI 出现下降，出口平台和 RTA 区域外国家的总体 FDI 出现增加。RTA 对 FDI 的影响对其内部成员国与非成员国是不同的。对 RTA 以外国家 FDI 的影响是积极地，但是对 RTA 内部国家 FDI 的影响是不确定的。武娜和王群勇（2010）分析了 RTA 对 FDI 影响的第三国效应，认为 RTA 具有非常明显的投资效应和第三国效应，一国加入 RTA 提高了本国吸引 FDI 的能力。总体来看，大多数文献都认为 RTA 对 FDI 有促进作用。

FDI 对贸易流动也有重要影响。Mitsuyo（2009）指出随着 FDI 的流动，资本积累的增加，东亚地区 FTA 的经济影响可能会更大，尤其对发展中国家来说更是如此。进一步的贸易和投资便利化将有助于降低跨

境服务环节成本，从而加速 FDI 的流入。但是也有人提出了相反的观点，认为 FDI 对贸易增长有抑制作用。韩亚峰（2018）东亚东南亚地区、中亚地区对中国的投资与进出口贸易之间负相关，表示随着东亚东南亚地区对中国投资的日益增加，FDI 会部分替代贸易。关于 FDI 与贸易增长之间到底是替代效应还是互补效应仍然有待于进一步验证，因此本文运用 FDI、RTA 与 FDI 的交乘项作为解释变量来研究 RTA、FDI 与贸易规模三者之间的关系，并提出假设 3。

假设 3：RTA 能够促进 FDI 的发展，FDI 的发展对贸易规模的影响方向不确定。

四 模型构建及变量说明

本文运用引力模型，采用双边模式来考察 RTA 对双边贸易的影响。其中被解释变量为贸易额，整体数据涵盖了 1995—2016 年 201 个参与 RTA 的国家和地区的 438095 个国家对的双边贸易额。原始数据来源于 UNCTAD 数据库。为了更好地研究 RTA 对双边贸易额的影响，本文引入一系列控制变量。

（一）引力变量

引力变量包括地理距离（Distance）、共同语言（Language）以及经济总量（GDP）。本文用地理距离表示两国间贸易距离的远近程度，将贸易成员国主要城市之间的平均地理距离取对数引入模型，来衡量贸易距离对贸易额的影响。一国的地理区位对其贸易增长有影响，该国越临近国际主要市场，越有利于其对外贸易增长（韩会朝、徐康宁，2015）。因此地理距离与贸易额应该为负相关。本文将共同语言设置为虚拟变量，当两国存在共同语言时，变量取值为 1，否则为 0。贸易双方存在共同语言有利于双边贸易增长（韩会朝和徐康宁，2015）。因此共同语言对双边贸易的影响应该为正。以上数据均来自 CEPII GeoDist 数据库。此外，本文用双边国家名义 GDP 相乘，来衡量经济总量对双边贸易额的影响，单位为百万美元，数据来源于 World Bank 数据库。

（二）贸易成本

张毓卿（2015）基于 1993—2013 年中国与 17 个贸易伙伴的贸易数据，研究表明双边贸易增长受到贸易成本下降的影响仅次于经济增长因素。贸易成本（Trade Cost）对贸易规模的影响主要表现在两个方面：第一，在同等条件下，一国贸易成本越低，出口该产品的竞争优势越大，对该国出口越有利，贸易成本的下降能促进贸易的发展。第二，贸易成本下降有利于出口企业扩大生产，实现规模经济，进而有利于成本的进一步降低，促进产品出口。由于贸易成本的变化对贸易额的影响存在滞后效应，因此，本文将贸易成本的数据滞后三期。在数据的处理上本文将两国贸易成本相乘后取几何平均作为双边国家的贸易成本，然后将双边贸易成本取对数引入模型，贸易成本的单位为百万美元，贸易成本数据来源于 WITs 数据库。

（三）对外直接投资

对外直接投资（FDI）与贸易内生具有一定的替代性和互补性，主要体现在以下三个方面：第一，对外直接投资的企业进入一国后，该国为了在对外竞争中占有优势，可能会提高该国的劳动生产率，增加出口产品的数量、质量及种类，进而促进贸易额的增加。第二，一国进行对外直接投资，会增加母子公司贸易往来，促进两国产品出口。第三，外国投资企业如果进入一国的上游产业，可能会挤占该国国内企业的出口，导致某些企业出口减少，甚至退出出口市场。因此，本文需要考察对外直接投资对贸易额的复杂影响，本文将双边对外直接投资的数据取对数引入模型，数据来源于 UNCTAD 数据库。

（四）净易货条件指数

净易货条件指数（Net Barter Condition Index）为每单位出口商品所能获得的进口商品的数量，用一国出口价格与进口价格的比例求得，可以反映一国对外贸易状况。如果某一时期一国的净易货条件指数大于100，说明出口价格相对于进口价格上涨，每一单位的出口商品能换回更多的进口商品，贸易条件有利。反之，如果某一时期一国的净贸易条件指数小于100，表明贸易条件处于不利地位。因此，净易货条件指数应该与双边贸易额正相关，本文将净易货条件指数的数据取对数引入模型来说明其对双边贸易的影响，数据来源于 World Bank 数据库。

引入上述控制变量后，本文将回归模型设置如下：

$$lnvol_{ijt} = \beta_0 + \beta_1 lnGDP_{ijt} + \beta_2 lndis_{ij} + \beta_3 lnFDI_{ijt} + \beta_4 lncost_{ijt} + \beta_5 RTA_{ijt} + \beta_6 lan_{ij} + \beta_7 con_{ijt} + \beta_8 RTA_{ijt} \times lnFDI_{ijt} + \beta_9 RTA_{ijt} \times lncost_{ijt} + \beta_{10} u_{ijt}$$

其中，i 和 j 分别表示贸易成员国 i 国和 j 国；t 表示年度；vol_{ijt} 为本文计算的双边贸易额；u_{ijt} 为随机干扰项。

表1　　变量定义和预期符号

变量名称	定义和单位	预期符号
vol_{ijt}	双边国家所有产品的双边贸易额，单位：百万美元	
GDP_{ijt}	i 国和 j 国在 t 期名义 GDP 的乘积，单位：百万美元	+
dis_{ij}	贸易伙伴国之间的地理距离，单位：千米	—
FDI_{ijt}	对外直接投资，单位：百万美元	+
$cost_{ijt}$	i 国和 j 国在 t 期的贸易成本额，单位：百万美元	—
RTA_{ijt}	实际变量，表示 i、j 两国间签订区域贸易协定的存量	+
lan_{ij}	虚拟变量，表示贸易双方是否使用共同语言	+
$RTA_{ijt} \times cost_{ijt}$	实际变量，表示贸易协定通过贸易成本对双边贸易产生影响	—
$RTA_{ijt} \times FDI_{ijt}$	实际变量，表示贸易协定通过对外直接投资对双边贸易产生影响有影响	?
con_{ij}	实际变量，净易货条件指数反映一国对外贸易状况	+

五 实证分析

在回归之前，就面板数据究竟使用固定效应还是随机效应模型进行 hauseman 检验。检验结果表明，P 值为 0.0000 强烈拒绝原假设，认为模型应该使用固定效应进行回归，通过检验本文可以进行下一步的回归分析。为了分析不同发展类型国家所签署 RTA 对双边贸易的影响，本文除了对总体样本进行回归，也分国家类型进行回归。由于使用固定效应，地理距离与共同语言两个变量被剔除，最终的回归结果如表 2 所示。

表 2　　　　基准检验：贸易额的影响因素

变量	全部经济体	发达经济体之间	发达与发展经济体	发展经济体之间
RTA_{ijt}	0.406***	0.341***	0.354***	0.690***
	(0.0775)	(0.0888)	(0.0929)	(0.1370)
$lnfdi_{ijt}$	0.093***	0.053***	0.071***	0.101***
	(0.0062)	(0.0134)	(0.0083)	(0.0092)
$lnfdi_{ijt} \times rta_{ijt}$	-0.011***	-0.016***	-0.020***	-0.018**
	(0.0039)	(0.0044)	(0.0047)	(0.0085)
$lncost_{ijt}$	-0.289***	-0.096	-0.226***	-0.364***
	(0.0279)	(0.1111)	(0.0423)	(0.0378)
$lncost_{ijt} \times rta_{ijt}$	-0.072***	-0.045***	-0.036**	-0.128***
	(0.0127)	(0.0147)	(0.0174)	(0.0237)
$lngdp_{ijt}$	0.326***	0.156***	0.304***	0.414***
	(0.0093)	(0.0358)	(0.0139)	(0.0129)
$lncon_{ijt}$	0.586***	0.457***	0.434***	0.461***
	(0.0275)	(0.0887)	(0.0321)	(0.0434)
cons	-10.377***	-0.454	-8.433***	-13.066***
	(0.3414)	(1.3194)	(0.5183)	(0.4693)
N	101110	3286	38041	59867
R	0.574	0.656	0.651	0.448

注：*、**、*** 分别表示在 10%、5%、1% 的水平上统计显著，括号内数值为稳健标准误。

(一) RTA 促进了成员间的贸易往来

RTA 变量的系数为正，即 RTA 的数量每增加 1，双边国家贸易额能增长 40.6%，这表明 RTA 对成员国间贸易额的增长起到了促进作用。现在国内的很多研究集中在中国 RTA 战略对中国及其贸易成员国的影响。通过研究得出，区域贸易协定可以有效地稳定地促进中国对外贸易的增长（谢建国、谭利利，2014）。本文将研究扩展到世界范围内 RTA 的订立对双边贸易增长的影响。一般来说，区域内 RTA 的签订一定程度上能消除成员国之间的关税及非关税壁垒，对双边贸易的合作有规范作用，能加强成员国间的贸易往来。通过研究本文发现了与上述一致的结论，在经济全球化和区域一体化的环境中，RTA 能够有效地减少成员间贸易摩擦，为双方贸易创造良好的条件，对双边贸易额有促进作用。此外，不论发达国家之间、发达与发展国家之间还是发展国家之间签订 RTA，都能从 RTA 中收益，其中发展中国间的双边贸易额对 RTA 的签订反应最为敏感，贸易额增加速度最快，RTA 每增加 1 个单位，双边贸易额能增加 69%。这使得越来越多的国家愿意加入 RTA 中来发展本国的贸易与经济。

(二) 经济总量对双边贸易具有显著的正向影响

经济总量是影响双边贸易额的重要因素，从回归结果可以看出，双边经济总量每增加 1%，双边贸易能增长 0.32%。贸易双方的经济规模的大小与贸易量的多少正相关（Raymond，2007；Dibyendu，Sunil，2016），经济规模越大，贸易量越多。分国家类型来看，发展中国家间贸易受经济总量影响最大，其次为发达国家与发展中国家间贸易。

(三) 贸易成本的下降，能促进两国间贸易的发展

RTA 的签订能够降低或消除关税及非关税壁垒，节省运输成本，进而使得成员国之间的贸易成本下降。在同等劳动生产率水平下，贸易成本的下降能够促进该国出口，提高该国出口竞争力。除此之外，贸易成

本下降，出口增多，有利于该国扩大生产规模、提高经济效益，形成规模经济。在专业化生产过程中生产效率会提高，产量会增加，长期平均成本会下降，能进一步促进产品出口。因此，贸易成本的下降与双边贸易额正相关。发达国家间经济体贸易成本对贸易的促进作用不显著，说明了发达国家的贸易受到贸易成本下降的影响更小一些。通过 RTA 与贸易成本的交乘项可以看出：RTA 通过降低贸易成本能有效地促进双边贸易的发展，验证了假设 2。

（四）对外直接投资对双边贸易的影响显著为正

即对外直接投资每增长 1%，双边贸易额就会增加 0.09%。这说明对外直接投资对双边贸易的发展有促进作用。外资企业具有普遍的溢出效应，这能显著地促进投资所在国的技术进步和产品的质量升级。外资企业进入他国后对所在国企业的劳动生产率有促进作用。虽然外资企业会对上游产业有挤占效应，影响该国的出口，但总体来说对外直接投资的效应为正，能促进贸易发展。此外，对外直接投资对在不同类型国家的贸易额影响稍有不同，发展中国家间贸易受对外直接投资的影响最大，发达国家间贸易受对外直接投资影响最小。为了验证假设 3，RTA 通过对外直接投资对双边贸易的影响，本文将 RTA 与对外直接投资交乘项进行回归，结果表明 RTA 通过对外直接投资对双边贸易有抑制作用。因此，如果单纯地论证对外直接投资对双边贸易额的影响两者为正，但是 RTA 通过对外直接投资对双边贸易额的影响为负。

（五）净易货条件指数表明双边贸易条件对双边贸易发展有显著影响

净易货条件指数对贸易额的影响显著为正，双边贸易额在贸易条件有利的情况下能进一步增加。净易货条件指数每增加 1%，双边贸易额能增加 0.58%。发展中国家间贸易受贸易条件影响最大，贸易条件越优化，越有利于发展中国家间进行贸易。此外，贸易条件对发达国家间贸易和发达国家与发展中国家间贸易的影响也很大。

(六)稳健性检验

从基准分析来看，统计结果显著。但是，在研究中遗漏了两个关键变量，即技术水平（technology）和交通便利程度（transportation）。赵凤珠（2017）对贸易增长理论及影响因素进行了总结，认为贸易增长的主要影响因素可以概括为经济规模、贸易成本、金融发展及技术创新，因此研究技术对双边贸易额的影响很有必要。一国的技术优势能够使其在出口方面占有优势。本文用两国专利的申请数来衡量两国技术的发展水平。两国的技术应该与两国贸易额正相关。用航空运输量来表示一个国家交通的便利程度，航空运输量越大表明这个国家交通越便利。从同一个国家去往同一个国家，两国间交通越便利，贸易效率越高，越有利于两国贸易的发展，即交通便利程度对双边贸易发展的影响系数应该为正。在数据的处理上，本文将这两个变量取对数引入模型，数据均来自 World Bank 数据库。回归结果如表 3 所示。

表 3　　稳健性检验 1：双边贸易的影响因素

变量	全部经济体	发达经济体之间	发达与发展经济体	发展经济体之间
RTA_{ijt}	0.341*** (0.0714)	0.271*** (0.0755)	0.322*** (0.0902)	0.645*** (0.1326)
$lnfdi_{ijt}$	0.074*** (0.0061)	0.050*** (0.0127)	0.070*** (0.0082)	0.078*** (0.0092)
$lnfdi_{ijt} \times rta_{ijt}$	-0.011*** (0.0035)	-0.012*** (0.0038)	-0.019*** (0.0045)	-0.015* (0.0087)
$lncost_{ijt}$	-0.268*** (0.0277)	-0.142 (0.1026)	-0.225*** (0.0420)	-0.322*** (0.0385)
$lncost_{ijt} \times rta_{ijt}$	-0.055*** (0.0118)	-0.037*** (0.0124)	-0.031* (0.0170)	-0.118*** (0.0228)
$lngdp_{ijt}$	0.293*** (0.0097)	0.131*** (0.0349)	0.287*** (0.0140)	0.363*** (0.0147)
$lntec_{ijt}$	0.142*** (0.0102)	0.175*** (0.0491)	0.120*** (0.0143)	0.135*** (0.0130)

续表

变量	全部经济体	发达经济体之间	发达与发展经济体	发展经济体之间
$lncon_{ijt}$	0.549 ***	0.442 ***	0.462 ***	0.408 ***
	(0.0260)	(0.0895)	(0.0319)	(0.0423)
$lntra_{ijt}$	0.292 ***	0.229 **	0.207 ***	0.293 ***
	(0.0179)	(0.0881)	(0.0218)	(0.0268)
cons	−13.313 ***	−3.766 ***	−11.479 ***	−15.141 ***
	(0.3507)	(1.3956)	(0.5550)	(0.4767)
N	94785	3278	37230	54418
R	0.557	0.529	0.590	0.455

注：*、**、*** 分别表示在 10%、5%、1% 的水平上统计显著，括号内数值为稳健标准误。

从回归结果本文发现，交通便利程度的回归系数显著为正，表明两国间交通越便利，越有利于双边进行贸易。两国技术水平与双边贸易额正相关，即两国间技术水平越高，贸易发展越快。此外，其他控制变量的实证结果与我们此前的结果大致相同。我们通过添加关键变量的方式对基准回归进行稳健性检验，虽然少数变量的显著水平与之前有差异，但总体还是能够证明我们的回归结果可靠。

本文使用的面板数据较好地解决了变量遗漏问题。虽然 RTA 的签订有利于成员国之间贸易的发展，但是反过来双边贸易的发展可能促成两国达成 RTA，解释变量与被解释变量之间可能存在逆向因果关系。逆向因果有可能会导致模型内生性，使估计有偏。由于当期的双边贸易额不可能影响过去的 RTA，RTA 的滞后值具有外生性，又与 RTA 本身相关。因此，本文将 RTA 滞后两阶作为工具变量运用 2SLS 对其内生性进行检验。

表 4 展示了 RTA 对双边贸易影响的 2SLS 的回归结果。对比 2SLS 与固定效应的回归结果我们发现，在采用工具变量回归之后，解释变量的回归结果仍有几个显著，说明本文的结果可靠。

表4　　稳定性检验2：RTA滞后二阶对双边贸易的影响回归结果

变量	全部经济体	发达经济体之间	发达与发展经济体	发展经济体之间
RTA_{ijt}	0.667 (0.9273)	0.358 (0.6334)	0.635 (1.2265)	-0.022 (1.7870)
$lnfdi_{ijt}$	0.093*** (0.0070)	0.040 (0.0314)	0.065*** (0.0104)	0.100*** (0.0088)
$lnfdi_{ijt} \times rta_{ijt}$	-0.006 (0.0532)	-0.003 (0.0428)	0.073 (0.0873)	-0.003 (0.1060)
$lncost_{ijt}$	-0.282*** (0.0202)	-0.060 (0.0692)	-0.195*** (0.0287)	-0.379*** (0.0312)
$lncost_{ijt} \times rta_{ijt}$	-0.131 (0.1194)	-0.088 (0.0627)	-0.288* (0.1593)	0.035 (0.2855)
$lngdp_{ijt}$	0.326*** (0.0049)	0.164*** (0.0129)	0.309*** (0.0071)	0.413*** (0.0070)
$lncon_{ijt}$	0.588*** (0.0155)	0.456*** (0.0541)	0.438*** (0.0192)	0.457*** (0.0244)
cons	-10.413*** (0.1953)	-0.811 (0.5410)	-8.753*** (0.2824)	-12.902*** (0.3001)
N	101110	3286	38041	59867
R	0.573	0.611	0.637	0.454

注：*、**、*** 分别表示在10%、5%、1%的水平上统计显著，括号内数值为稳健标准误。

六　结论与启示

使用201个参与RTA的国家或地区的双边贸易数据，本文借助引力模型来研究RTA对双边贸易的影响。实证结果表明：RTA对双边贸易的影响显著为正，即RTA对双边贸易的发展具有促进作用。同时本文验证了经济总量、地理距离、共同语言、贸易成本、对外直接投资、净贸易条件指数等控制变量对双边贸易的影响。整体而言，经济总量的增加、贸易成本的下降、对外直接投资的增加以及两国间贸易条件的改善都会促进双边贸易的发展。不论何种国家类型间签订RTA，RTA都对双边贸易的发展有促进作用。从统计分析来看，发达国家间贸易额显著高于发展中国家间贸易额，存在着不同类型国家间贸易发展不平衡的情况。现存 RTA 的类型主要为 PSA、CU、FTA 三类，因此区域经济一体化的发展水平依然较低。此外，RTA 的地理分布主要集中在欧洲、东亚及南美等地区，西亚和加勒比地区签订的 RTA 数量依然较少，因此 RTA 还存在地区分布不均、发展不平衡等问题。

近年来，中国对外贸易迅速发展，在贸易快速发展的同时中国遭遇贸易摩擦的数量也日益增加。根据中国商务部网站的统计，仅 2016 年前三个季度中国出口产品共遭遇来自 21 个国家（地区）发起的 91 起贸易救济调查案件，涉案金额 109 亿美元，严重阻碍了中国对外贸易的发展。因此，中国应加紧同主要贸易伙伴的贸易联系，加快缔结同其他国家和地区的 RTA，减少中国对外贸易摩擦，推动中国贸易发展。

首先，RTA 是由政府主导的，政府要从本国实际利益出发，积极发展中国同周边国家的区域贸易伙伴关系。在中国经济和贸易发展过程中，企业发挥着重要的作用，政府应该是深入企业了解中国主要同哪些国家进行贸易，优先与这些国家进行区域贸易洽谈，争取同这些国家和地区建立区域贸易伙伴关系，为中国企业的进出口减免税费，提供便利。其次，2013 年中国正式提出"一带一路"倡议，中国应该以此为契机，加强同"一带一路"沿线国家的贸易交流，提高中国签署 RTA 的速度和质量。"一带一路"倡议与 RTA 有许多重合的地方，都旨在加强国家间经济合作，打造政治互信，关系融洽的利益共同体。最后，中国还应该提高产品的质量，加快中国产业结构的优化升级，加紧创新，提高中国产品的竞争力，通过自身产品的创新和产业结构的优化升级来促进中国贸易额的增长。

参考文献

[1] 陈雯：《试析东盟自由贸易区建设对东盟区内贸易的影响》，《世界经济》2002 年第 12 期。

[2] 韩会朝、徐康宁：《地理、文化与贸易增长》，《经济学动态》2015

年第 9 期。

[3] 韩亚峰:《“一带一路”倡议下中国双向投资与对外贸易增长的协调关系研究》,《宏观经济研究》2018 年第 8 期。

[4] 蒋冠、霍强:《中国—东盟自由贸易区的贸易创造效应及贸易潜力——基于引力模型面板数据的实证分析》,《当代经济管理》2015 年第 2 期。

[5] 李荣林、于明言:《亚洲区域贸易协定的贸易效应——基于 PSM 方法的研究》,《国际经贸探索》2014 年第 12 期。

[6] 廖战海、曹亮、张亮:《中韩 FTA 对两国贸易结构的影响研究》,《宏观经济研究》2016 年第 8 期。

[7] 刘艳梅:《论 WTO 规则与中国农业对外贸易》,《社会科学辑刊》2003 年第 5 期。

[8] 罗来军、罗雨泽、刘畅、Saileshsingh Gunessee:《基于引力模型重新推导的双边国际贸易检验》,《世界经济》2014 年第 12 期。

[9] 钱学锋、龚联梅:《贸易政策不确定性、区域贸易协定与中国制造业出口》,《中国工业经济》2017 年第 10 期。

[10] 史朝兴、顾海英:《加入 WTO 对中国双边贸易增长贡献的实证研究——兼论影响中国双边贸易增长的因素》,《财贸研究》2006 年第 3 期。

[11] 孙楚仁、张楠、刘雅莹:《“一带一路”倡议与中国对沿线国家的贸易增长》,《国际贸易问题》2017 年第 2 期。

[12] 武娜、王群勇:《RTA 对 FDI 影响的第三国效应——挤出还是溢出》,《世界经济研究》2010 年第 1 期。

[13] 谢建国、谭利利:《区域贸易协定对成员国的贸易影响研究——以中国为例》,《国际贸易问题》2014 年第 12 期。

[14] 余振、陈继勇、邱珊:《中国—俄罗斯 FTA 的贸易、关税及福利效应——基于 WITS-SMART 的模拟分析》,《华东经济管理》2014 年第 2 期。

[15] 赵凤珠:《贸易增长理论及影响因素:文献综述》,《中国经贸导

刊》2017 年第 12 期。

[16] Bhavish J., Mark S., Robert B., "Asia/Pacific Regional Trade Agreements: An Empirical Study", *Journal of Asian Economics*, 2007, 18: 974-987.

[17] Celine C., "Revisiting the Effects of Regional Trade Agreements on Trade Flows with Proper Specification of the Gravity Model", *European Economic Review*, 2006, 50: 223-247.

[18] Dibyendu M., Sunil K., "Regional Agreements, Trade cost and Flows in the Pacific", *Econ Polit*, 2016, 33: 181-199.

[19] Hyejoon I., "The Effects of Regional Trade Agreements on FDI by Its Origin and Type: Evidence from U. S. Multinational Enterprises Activities", *Japan and the World Economy*, 2016, 39: 1-11.

[20] Mitsuyo Ando, "Impacts of FTAs in East Asia: CGE Simulation Analysis", RIETI Discussion Series, 2009, 37.

[21] Raymond M., "Regional Trade Agreement and Foreign Direct Investment", *North American Journal of Economics and Finance*, 2007, 18: 107-116.

[22] Rose A., 2004, "Do We Really Know That the WTO Increases Trade?". *Global Economy Journal*, 11 (2): 98-114.

[23] Scott L. B., Jeffrey H. B., "Do Free Trade Agreements Actually Increase Members'International Trade?", *Journal of International Economics*, 2007, 71: 72-95.

[24] Scott L. B., Jeffrey H. B. "Estimating the Effects of Free Trade Aggrements on International Trade Flows Using Matching Econometrics", *Journal of International Economics*, 2009, 77: 63-76.

[25] Sebastien J., Jean-Christophe B., "Do Regional Trade Agreements Really Boost Trade? Evidence from Agricultural Products", *Rev World Econ*, 2016, 152: 477-499.

[26] Tristan K., Steven B., Harry G., "Do Trade Agreements Stimulate

International Trade Differently? Evidence from 296 Trade Agreements", *The World Economy*, 2014.
[27] Vamvakidis Athanasios, "Regional Integration and Economic Growth", *The World Bank Economic Review*, 1998, 12 (2): 251 -270.

How is RTA Affecting Bilateral Trade?

LIANG Junwei LU Meizhu ZHANG Jianwu

Abstract: As the development of regional trade agreements, bilateral trade between RTA members is also increasing. Using UNCTAD database, this paper measures the bilateral trade volume of 201 countries and regions in RTA and uses gravity model to test the influence of RTA on bilateral trade. The conclusions show that the signing of RTA contribute promotes the increase of trade between members. At the same time, geographical distance, common language, economic aggregate, trade cost, FDI, net trade terms index and other control variables also have important influences on bilateral trade. Either RTA is signed between developed countries, between developed countries and developing countries, or between developing countries, the development of RTA contributes the promoting on bilateral trade volume. Due to the small trade scale between developing countries, the bilateral trade increases the most after the signing of RTA, but there is still a large gap in bilateral trade between developing countries and developed countries.

Keywords: RTA; Bilateral Trade; Gravity Model

全球化对收入分配的影响机制研究综述*

张建武　邱依婷　赵　菁　张艺馨①

摘　要：近年来，经济全球化呈现出逐渐回落趋势，许多国家在全球化过程中并未获得实际利益，全球化的国内收入效应引发了世界范围内的“逆全球化”思潮，中国虽然享受了较长时间的全球化红利，但国内收入分配差距却在持续扩大。本文以经济全球化对国家间以及国家内部的收入分配的影响机制为主要研究对象，利用大数据挖掘和分析技术对已有的研究文献进行综述，归纳整理全球化对收入分配的影响机制，并对现有文献进行评述，提出未来理论和政策研究的可能方向，以期探索解决全球化进程中收入分配问题的中国方案。

关键词：全球化；收入分配；影响

* 本文得到国家自然科学基金项目“对外贸易结构调整对劳动力市场的影响机制与政策研究”（71673063）、广东省教育厅重大培育项目“对外贸易结构调整对劳动力市场的影响机制与政策研究”（2016WZDXM027）、广东省科技厅软科学课题“人力资本、产业分工对区域经济发展的影响和作用机理研究——基于珠三角的实践”（2016A070705057）、广东省科技厅软科学课题“广东经济发展方式转变与产业、人口、教育、就业政策仿真模型及技术支撑平台构建研究”（2016A070705055）的资助。

① 张建武，广东外语外贸大学经济贸易学院教授；邱依婷，广东外语外贸大学经济贸易学院讲师；赵菁，广东外语外贸大学经济贸易学院博士研究生；张艺馨，广东外语外贸大学经济贸易学院博士研究生。

一 引言

得益于对外开放所带来的全球化红利，中国经济经历了持续40年的高速增长。但是，在实现经济增长和全球化过程的同时，中国的收入分配差距却在持续扩大，世界收入分配格局也在发生深刻变化。中国基尼系数从1982年的0.291上升到2008年的最高点0.491，随后虽有小幅下降，但也呈现扩大趋势，2019年的基尼系数约为0.47，近十年一直在0.45—0.48之间，收入分配中的各种问题逐渐凸显。比如，东北地区的经济在中国参与全球化过程中受到冲击较大，但东南沿海地区的经济则受益较大。就全球而言，在全球化过程中，一些国家和地区并没有获得实质性利益甚至相对地位反而下降，这些情况也使得全球化受到备受批评，世界各地“逆全球化”思潮也屡见报端，民粹主义现象层出不穷。以上问题的出现与国家间和国家内部为解决收入分配失衡而转嫁矛盾密切相关。另外，在信息技术革命的进程中，旧的分工体系也发生了深刻变化，新的国际分工体系逐渐建立。

综上，在变化复杂的国际政治经济形势现实下，探讨和分析全球化对收入分配的影响及传导机制，具有重要的理论和现实意义。首先，不同群体间的收入差距和增速的特点决定了经济全球化与收入分配之间存在必然联系，经济全球化的发展必然使得国家间和国内的收入分配情况产生变化。研究经济全球化对国家间和国内收入分配的影响机制的理论意义有以下几个方面：一是从宏观角度研究经济全球化趋势对国家间收入分配影响的作用机制，探索经济全球化动力及其趋势与收入分配之间的动态均衡机制；二是从微观角度解释经济全球化的各个环节与不同群体间收入分配公平的影响机制，探讨变化特点和规律；三是探索全球化过程中按劳分配与按要素分配的国际特点，研究不同社会体制下的收入分配协调问题，探讨解决全球化过程中分配问题的中国方案。其次，随着信息技术和数字技术的发展，经济全球化在近几十年逐渐成为一种经济常态，对经济主体的活动产生重要影响。这种影响在全球产业链分工和协作方面表现为生产全球化，在要素领域和流通领域表现为劳动要素流动、金融资本全球化、国际投资和国际贸易。改革开放以来，中国经济持续增长，与其他发展中国家和发达国家的差距逐渐缩小。但与此同时，国内收入分配差距持续扩大，基尼系数居高不下。在此背景下，研究全球化对收入分配的影响机制和相关政策的现实意义表现为以下几个方面：一可为中国参与经济全球化的途径和过程提供理论参考。从收入分配公平的角度切入，分析如何应对“逆全球化”势力抬头和国内经济形势的变化，及时调整对外和对内的政策实现共同发展；二可为加深对经济增长与收入分配公平之间矛盾的理解，寻求化解途径。探讨这一问题不仅对国家间的要素市场、生产领域和流通领域的公平的交易和收入分配有重要意义，而且对中国参与经济全球化以实现生产要素和资源可持续发展、提高国民福利具有重要的现实意义，使得国家间的共同发展和区域协调发展可为国内的城乡发展、区域协作、产业转型和结构调整等提供帮助，有利于中国更好制定参与经济全球化实现国民经济增长和社会公平的策略，兼顾各个群体的利益；三可为中国参与经济全球化与区域协调发展等倡议提供依据。经济全球化影响着国家间及其国内的收入分配，反过来收入分配也影响着经济全球化的发展趋势。如何实现经济全球化参与国间的经济共同增长和收入分配公平，对于经济全球化走势和世界经济持续均衡发展格外重要。

当前，新冠肺炎疫情全球蔓延，直接冲击全球经济，世界各国之间因生产、贸易、投资已经成为紧密广泛联系的有机体，牵一发而动全身。已有大量研究分析全球化对收入的影响。本文利用大数据挖掘和分析技术，对已有的研究进行文献综述，归纳整理全球化对收入分配的影响机制，并对现有文献进行述评，为后续研究勾勒出描述全球化与收入分配的相互作用关系的一个完整的概念体系和逻辑框架。

二 国内外研究现状及发展动态分析

在一定程度上看，经济学中关于全球化和收入分配的研究发端于国际贸易领域，H-O-S 定理指出贸易不仅会使两国商品价格相等，还会使得工资和利息等要素价格均等。随着中国经济与世界经济一体化程度加深，经济全球化是影响国内收入分配的一个重要因素。现有研究主要关注生产全球化、贸易全球化、国际资本流动全球化三方面对收入分配的影响。

（一）生产全球化对收入分配的影响

生产全球化是经济全球化的重要内容，是经济全球化的重要内涵。从内涵来看，生产全球化是指以全球化分工为基础，以建立全球生产经营体系的跨国公司为主体，随着新科技发展而出现一系列高新精尖产品和工艺技术从而使生产领域的国际分工和协作加强，在生产上密切合作的趋势；主要表现为国际分工的不断细化深化以及国际经济关系的进一步发展，亦即由传统的以自然资源为基础的分工过渡到以现代工艺、技术为基础的分工，由产业间为主的分工逐渐过渡到以产业内为主的分工（肖勤福，2001；赵景峰，2011）。

生产全球化作为经济全球化的核心要素，是解释不平等现象加剧的重要因素，并对收入分配格局的变化产生重要影响。大量国内外学者探究了生产全球化与收入分配之间的关系，包括各个国家内部的收入分配效应以及发展中国家和发达国家之间的收入差距。低收入国家能够从生产全球化中受益，但总体上发达国家与发展中国家的收入差距在不断扩大。在生产全球化过程中，一些发达国家与发展中国家的基尼系数都在上升（杨耀武、杨澄宇，2015）。生产全球化主要分为生产要素全球化和生产过程全球化两类。

1. 生产要素全球化对收入分配的影响

生产要素全球化即生产要素在全球范围内流通配置，表现为生产要素的全球流动。从经济增长角度看，生产要素全球化主要包括国际资本流动、国际劳动力流动和国际技术转移。现有多数关于生产全球化与收入分配研究的结论是生产全球化会扩大收入差距，其作用机制是各因素影响生产要素的相对需求，进而影响收入分配格局。有关生产要素与收入分配之间联系的研究主要分析劳动力流动与技术进步对收入分配的影响。

有关劳动力流动与收入分配的关系的研究将劳动力分为低技能劳动力和高技能劳动力，低技能劳动力流动和高技能劳动力流动对收入分配的影响程度不同，但总的来说劳动力的流动对本国收入分配存在负面影响（Xu，et al.，2015；Uprety，2019；Lin，Weiss，2019）。Auguste（2018）利用经合组织 23 个国家 1990—2009 年的数据，证明了移民对收入不平等确实存在负面影响。此外，收入不平等程度还取决于流动劳动力在两国收入分配中的地位以及其对其他技能劳动力工资的影响，即劳动力流动对收入分配造成的影响与地区的要素禀赋、劳动力流动规模等因素有关（宁光杰，2006；Gould，2015；Orrenius，Zavodny，2018）。

有关技术进步与收入分配的关系的研究认为技能偏向型技术变革是低技能劳动力相对需求下降的重要原因，同时影响工资结构变化（Katz et al.，1999）。Krugman（2000）从技术对要素价格的影响着手，通过分析要素价格与要素供给的关系发现技能偏向型的技术进步是增大发达国家技能劳动工资和非技能劳动工资差距的真正原因，而其贸易与收入差距没有直接关系（Green et al.，2001）。Jong-Wha 和 Dainn（2013）通过分析印度尼西亚制造业企业数据，发现由经济全球化带来的技术扩散会造成制造业增加对技能劳动力的需求以及加剧工资不平等程度。翟银燕和孙卫（2004）利用钱纳里增长因素分解模型推导出劳动报酬增长模型，研究发现技术进步是劳动报酬增长的主要推动力，劳动者报酬 34.50% 的增长中，技术变化有 29.96% 的贡献，贸易对劳动者收入几乎无影响，技术进步也是影响个人收入差距主要因素。此外，国际技术扩散也可以通过改变要素生产力对要素价格和人均收入发生影响，给定一国的要素禀赋，技术的提高意味着要素有更高的边际物质生产力，从而要素价格更高（胡昭玲，2004）。

2. 生产过程全球化对收入分配的影响

当前各国经济联系越发紧密，企业一改传统的生产方式，突破国与国的边界将生产工序遍布全球。Feenstra 和 Hanson（1996）、Slaughter

（2000）与 Feenstra（2003）研究美国参与国际分工对本国收入分配的影响，厂商将部分工序转移到发展中国家，改变两国不同技能的劳动力需求，进而影响收入分配。Mahutga 等（2017）利用 18 个发达资本主义国家面板数据，证实了跨国公司全球生产网络的扩张加剧了发达国家与发展中国家的收入差距。从中国的情况来看，对于工业部门，国际产品内分工会显著提高行业内高技能劳动力的工资份额，拉大低技能劳动力与高技能劳动力的收入差距（王晓磊、陆甦颖，2011；程惠芳等，2014）。此外，由于产品生产过程被拉长，要素替代率及生产函数都将发生变化，最终将会对收入分配产生影响。孙文远和裴育（2012）利用省级面板数据研究产品内国际分工对我国收入分配的影响，发现产品内分工会改变行业的要素替代率，对生产函数造成影响，进而导致收入分配恶化，并且不同地区所受影响程度不同。

（二）贸易全球化对收入分配的影响

贸易全球化是经济全球化的重要内容，国际贸易能够提升整体福利水平是国际贸易研究的共识，但其福利的分布特点不是显而易见的（施炳展、张夏，2017），即贸易全球化对收入分配产生影响。按照传统的 Heckscher-Ohlin 模型（H-O 模型）及 Stolper-Samuelson 定理（SS 定理），就中国这样的发展中国家而言，贸易自由化会使得非技能劳动密集型产品的相对价格上升，提高其相对丰裕要素非技能劳动的真实回报，从而缩小收入不平等和减少贫困。国内外学者研究多集中于国际贸易与收入不平等的关系以及国际贸易影响收入分配的机制分析。

贸易对一国内部贫困和不平等的影响主要受劳动要素是否可以自由流动影响（胡昭玲，2004）、陈怡等（2013）在对中国的贸易开放影响贫困的经验研究中引入劳动要素流动因素，发现贸易自由化能够提高贫困人口的绝对可支配收入，具有一定的减贫作用，但拉大了贫困人口与其他人群的收入差距，且收入差距随着全球化进程有扩大趋势。吕世斌（2013）认为除贸易开放对要素禀赋结构的影响外，收入分配不平等还受到贸易开放对技术结构的影响，这两种影响对工资不平等所起的作用相反，整体的工资不平等主要取决于这两种影响力量的相对大小关系。生产要素利益调整使得进出口商品价格和需求变化，各国相关的劳动资源价格和需求也随之变化，国际贸易会通过价格机制影响产业结构的调整，并使优势产业劳动工人工资增加，非优势产业则下降。所以，短期内国际贸易会加剧国内收入差距，但长期来看劳动者素质提高外贸企业转型升级，工资差距会缩小（张汉林等，2011）。Helpman 等（2010）表明贸易开放与工资不平等之间是一种非单调的关系，贸易自由化首先加剧、然后缓解工资不平等。

现有文献研究往往低估了贸易全球化对就业和工资不平等的影响，主要原因是忽视了贸易开放对技术进步的影响。张先锋等（2013）研究中国对外贸易及其引致的技术创新效应对劳动力技能工资差距的影响，国际贸易导致技术进步是技能偏向型的，从而技能偏向型的技术进步导致不同劳动力之间收入差距扩大。喻美辞和喻春娇（2016）发现进出口贸易的影响机制存在差异，进口贸易有利于提高高技能劳动力的平均工资收入，而且通过技能偏向的技术创新效应显著扩大了技能工资差距；出口贸易无法通过技能偏向的技术创新效应显著地影响技能工资差距。但是，国际贸易的技术进步途径对不同要素密集型行业的影响作用并不一致（李瑞琴，2013）。陈怡（2009）研究发现，出口贸易对资本密集型和劳动密集型制造业行业的相对工资均有上拉作用，进口贸易对资本密集型制造业行业的相对工资有上拉作用，但对劳动密集型制造业行业的相对工资有下拉作用，从而造成行业工资差距变化。

1. 要素禀赋结构与收入分配

H-O 模型是分析全球化中国际贸易与收入分配之间关系的经典理论框架，它解释了各个国家和地区生产力差异和相对要素禀赋差异，以及个人对劳动或资本收入的依赖程度不同而导致的全球化的不平等效应。各国在其要素相对丰富的领域从事专门的生产，并在贸易开放时出口这些货物，SS 定理认为国际贸易导致产品价格的相对变化，会增加该产品生产过程中密集使用要素的实际回报，降低其他要素的回报。根据这个分析框架，贸易使得一国丰裕生产要素获得收益，而稀缺要素拥有方会受到损失，因此，发达国家与发展中国家之间、国家内部区域之间、行业之间以及各个不同群体之间拥有的要素禀赋差别决定了收入分配。

H-O 模型认为全球化影响一国的收入不平等的程度取决于该国的发展水平，因而国际贸易使得国家之间收入分配不平衡（谌利民、王万洲，2011）。由于发达经济体的资本和技能劳动力相对丰裕，这将使得财富向最富裕阶层集聚，加剧收入不平等。而在发展中国家中，受益于经济开放，大量用于生产的非技能劳动力将获得更高的回报。因此，在发展中国家，收入不平等将得到缓解。Wood（1991）实证分析了南北贸易对发达国家的制造业工人工资水平的影响，结果发现国际贸易降低了发达国家非熟练劳动力相对工资，而对熟练劳动力的影响比较有利。Lawrence 和 Slaughter（1993）利用回归法实证检验了 20 世纪 80 年代国际贸易对美国制造业工资的影响，指出国际贸易对美国工人工资具有一定的影响，但并非是导致非熟练劳动力相对工资下降的主要原因。Krugman（1995）利用 Wood（1991）所使用的要素含量法构建了一般均衡模型，实证分析了 OECD 国家同新型工业化国家之间的国际贸易对 OECD 国家劳动力工资的影响，结果显示，在工资可灵活调整的条件下，贸易导致了 OECD 国家非熟练劳动力工资下降。

自 20 世纪 90 年代以来，许多研究都指出了标准 H-O 模型的局限性，例如，H-O 模型依赖于部门间的重新分配，忽略了部门间的生产转移和国家间的垂直专业化，并提出了全球化可能影响收入不平等的不同方式（Leamer, et al. , 1999；Goldberg，Pavcnik，2007）。国内许多研究也开始质疑 SS 定理在中国分析的适用性（文娟、孙楚仁，2008）。支晓云和张二震（2012）认为贸易的发展并没有增加对劳动的相对需求、提高工人的工资收入份额。蒋雨桥和岑杰（2016）则放松了充分就业假定，认为随着对外贸易规模的不断扩大，中国制造业工人相对工资不断增加的同时，高、低技术工人二者之间的工资差距也在扩大，从而与 SS 定理所预期的结论不符。刘力（2005）则认为尽管贸易理论分析了国际贸易对收入分配的影响机制，但是区域要素禀赋差异影响区域产业结构与贸易结构，区域产业结构进一步影响区域贸易规模，贸易规模与贸易结构决定了区域要素收益的相对变化，因此一国的贸易条件、地理位置、区域要素禀赋差异以及国家制度环境等都会在一定程度上影响国际贸易的收入再分配机制发挥作用。

总体而言，国际贸易发展产生的福利效应会显著提高劳动者的工资收入，但由于个体异质性的影响，劳动者从国际贸易中的获益水平不尽相同。许志波和钟昌标（2012）认为国际贸易利益分配在城镇居民与农村居民间存在差异，扩大了城乡收入差距，同时结合贸易成本的角度发现，当农产品贸易成本高于非农产品时，贸易成本会增强国际贸易对城乡收入差距的扩大效应。另外，从性别来看，赵春明和王春晖（2014）发现虽然男性的平均工资高于女性，但女性劳动者在国际贸易中获益较大，国际贸易通过工资溢价改善了性别工资差距。陈怡等（2018）在理论模型中加入了技能差异参数，发现贸易对分技能和分地区的性别工资差距的影响是存在差异的，具体为贸易对低技能劳动力的性别工资差距有缩小作用，对高技能劳动力的性别工资差距有扩大作用，而且国际贸易提高了沿海地区的工资水平，有助于缓解性别工资差距，但对内陆地区工资水平的提高有不利影响。

2. *要素收入份额与收入分配*

从中国的情况来看，国际贸易对收入分配的影响主要还体现在劳动收入份额的变化。建立在要素禀赋基础上的比较优势是进行国际贸易的基础，资本积累会引致资本偏向型的技术进步，并导致劳动收入份额的下降，而劳动偏向型技术进步则会导致劳动收入份额的上升。因此经济发展的一般规律表明，劳动收入份额的持续下降对经济社会发展造成负面效应，使得收入差距不断扩大（孙慧文，2012；李坤望等，2012）。因此中国劳动收入份额在全球化中持续下降的国际贸易因素得到学者关注（汤毅等，2016）。赵秋运等（2012）认为国际贸易对劳动收入份额有显著的抑制作用，且工资刚性越高，劳动收入份额就越低。张相伟和陆云航（2014）则认为商品贸易结构的变动是主要原因，实证结果表明，出口发展对中国劳动收入份额具有显著的负向作用，进口发展则具有正向作用。吴婷（2015）中间品的进口会通过影响增加值分工率体系间接影响各行业的劳动报酬占比，而中国现有生产体系过度依赖对重化工业中间产品的进口，导致国内各行业的劳动者报酬流向国外，因此中国劳动报酬占比呈现下降局面，造成初次分配领域的问题，甚至可能出现结构性矛盾。

3. 国际分工贸易与收入分配

国际贸易会使一国交易条件改进，该国的均衡分工水平随之增加，但由于国家之间或同一个国家内不同的人群组之间的交易条件不同，则不同的群体会先后卷入分工，从而这种差异影响收入分配。张定胜和杨小凯（2004）使用超边际方法分析内生专业化的模型，提出由于不同群体专业化水平差异产生的二元结构将增加收入分配的不平等，但随着贫穷的个人增加他们的专业化水平，二元结构消失，不平等也会减少，因而国际分工贸易对不平等的影响呈现锯齿趋势。并且，在全球经济不断融合的过程中，国家通过国际贸易从而使各自在价值链条上的利益得以实现，由于每个国家都积极争取占据国际价值链中的高收益环节以避免被其他国家进行高级要素整合，从而使得这种国际分工具有天然的不平等属性（孙亚君，2019），因此不同分工所属群体的收入状况不同。

虽然，部门内部的低技能生产离岸外包会降低发达经济体中低技能工人的工资和议价能力，但从发展中国家的角度来看，价值链沿线的离岸外包活动可能是相对技能密集型的活动（Feenstra et al.，1999）。与此类似，Feenstra 等（1997）的研究表明，由于发展中国家中资本和技能具有互补性，外商直接投资的引入增加了对技能劳动力的相对需求和技能溢价。此外，作为对进口竞争日益加剧的回应，发展中国家贸易部门的职位可能变得更具技能密集性，从而会导致低技能工人的相对工资下降（Cragg，Epelbaum，1996）。收入不平等也可能因为部门和国内企业的异质性而加剧，并导致参与国际贸易的企业工人的工资溢价，例如出口公司比非出口公司生产效率更高，从而会支付更高的工资以雇用更高技能的工人（Manasse et al.，2001；Yeaple，2005；Munch，Skaksen，2008；Verhoogen，2008；Egger et al.，2009；Egger Kveickemeier，2013；Sampson，2014）。

从中国的经验看，参与国际产品内分工是造成制造业行业收入分配差距扩大的主要原因，王晓磊和陆甦颖（2011）结合技术进步因素，认为技术进步程度强化了技术、资本密集型行业中产品内分工对收入分配差距的影响，削弱了劳动密集型行业内产品内分工对收入分配差距的作用。孙文远和裴育（2012）验证了产品内国际分工对收入分配的影响呈倒“U”形，实证结果发现产品内国际分工显著导致收入分配恶化，也就是说，当前收入分配效应处于倒“U”形的上升阶段，且效应大小呈现东中西逐渐减弱的态势。

（三）国际资本对收入分配的影响

1. 国际投资对收入分配的影响

在全球化进程中，除国际贸易外，外商直接投资（FDI）是全球化影响收入分配的重要因素。现有 FDI 对收入分配的相关研究大多是在 S-S 定理的基础上展开。一类研究支持了 S-S 定理所得结论，认为 FDI 通过增加发展中国家的劳动报酬进而缩小了其收入分配差距，但通过增加资本要素收入扩大了收入分配差距（Williamson，1997；Asteriou et al.，2014）。另一类研究与 S-S 定理所得结论相悖，认为劳动力要素异质性、劳动力市场流动性差异、要素与产品市场的不完全竞争等因素导致 FDI 进入扩大了中国的收入分配差距（Harrison et al.，2007；Mehta et al.，2012）。

国内学者主要从区域、城乡和行业等角度研究 FDI 对中国国内收入差距的影响。从区域间的差距看，FDI 对地区间的收入差距影响大小及方向仍未得到统一结论。戴枫（2010）选取中国 30 个省（直辖市、自治区）1997—2006 年的数据，采用广义矩估计方法对中国 FDI 产生的地区间及地区内的收入分配效应进行实证检验得出，FDI 缩小了地区间工资差距的结论。但也有不少学者得出了 FDI 流入增长是中国地区收入差距扩大的原因（陈利敏等，2004；沈毅俊等，2008），并且外资占经济体资本总额比重越高，越有可能恶化收入不平等问题（沈毅俊等，2007；王少瑾，2007）。这一现象是通过产业链条、外资部门的溢出效应、资金吸引（范言慧等，2003）以及 FDI 对国内就业的影响（周华，2006）等差距产生的。

从城乡收入差距的角度看，FDI 对不同层面的城乡收入差距影响不同。戴枫（2010）认为，1997—2006 年 FDI 拉大了中国各省（直辖市、自治区）内部的城乡收入差距；在考虑中国东、中、西部经济发展情况与引进外资的差异性后，郑许海（2019）发现 FDI 的流入缩小了东部和中部地区城乡收入差距，扩大了西部的城乡收入差距。张鑫鑫（2016）针对中国东部地区、中部地区和西部地区经济发展程度较大差距的具体情况，采用动态面板模型进行计量分析。结果表明，中部地区和西部地区，FDI 对城镇居民收入水平的提高做出了一定贡献，但却增大了收入差距。FDI 对中西部地区 FDI 对农村居民收入水平的影响有限，因此增大了城乡收入差距。从长期来看，且在近年由于空间溢出效应体现，FDI 有利于缩小城乡收入差距。周娟等（2009）基于 1989—2006 中国 30 个省（直辖市、自治区）的面板数据，认为在其他条件不变的情况下中国积极引进外资有利于缩小城乡收入不均等。戴枫和吕晓一（2018）利用 2004—2013 年中国 30 个省（直辖市、自治区）面板数据，发现 FDI 对各省（直辖市、自治区）城乡收入差距存在空间上的溢出效应，外资进入缩小中国各省（直辖市、自治区）的城乡收入差距，这一效应不仅体现在降低本省（直辖市、自治区）的城乡收入差距，还体现在降低周边地区的城乡收入差距。

从行业收入差距的角度看，一方面，在选择东道国投资的区位进行国际直接投资的过程中，外部的规模经济使得国际直接投资能形成产业的空间集群，而产业集聚理论在不断向跨国公司理论深入的过程中，正逐渐与国际直接投资理论和收入分配理论渗透融合；另一方面，产业和空间的集中也会给 FDI 带来“协同效应”，国际直接投资在东道国的产业集聚能够通过增长极的现象、价值链效应和循环累积作用，使得不同企业、不同区域空间的收入分配有不同表现，从而收入分配产生差距。因此，不少学者对 FDI 和行业间的收入分配关系进行研究。部分学者将行业细分后研究，黄艳敏等（2010）发现 FDI 通过产出效应、技术溢出效应和示范效应扩大了包括农业、制造业、建筑业等在内的九大行业工资差距。姚佳（2013）以2002—2011年中国工业36个细分行业的数据为基础分析得出FDI总体上会扩大中国行业收入差距的结论。但这一现象的产生是由于人均GDP对收入差距的拉大效用过于强大，完全盖过了FDI的缩小效用，致使人们产生FDI会造成产业间收入差距拉大的假象（袁懿等，2010），实际上外资的进入对中国产业间收入差距起到了缩小的作用。

2. 金融全球化对收入分配的影响

随着全球化进度的不断深入，金融自由化、信息技术、融资证券化和金融创新的发展，各国的金融联系也越来越紧密。金融全球化逐步成为经济全球化的重要动力，将经济全球化推向史无前例的广度和深度。法国学者弗朗索瓦·沙奈认为，金融全球化加强了各个经济体货币体系和金融市场的相互之间紧密的联系。而这种联系是金融自由化和政策上放松管制的结果，但是，各国没有取消本身的金融体系。因此，尽管金融全球化让国与国之间的经济差距拉近了，但许多国家内部收入差距却扩大了。国外目前对于金融发展与收入分配两者之间的关系主要观点如下。

一是金融全球化有利于缓解收入差距。根据经济自由主义理论，全球扩张的正溢出效应使得发展中国家通过对外贸易和引进高新技术获得经济发展，缩小了发展中国家与发达国家之间的收入差距，这是因为金融全球化不仅促进了知识和技术在国家间的传播（Grossman，Helpman，2015），也促进资本流动。Clarke等（2003）建立了回归模型，运用全球91个国家1960—1995年的数据对金融发展和收入分配之间的关系进行了实证研究，发现金融发展会显著降低一国收入分配差距。对于发达国家，Beck（2008）研究认为，由于金融体系发达国家的经济增速较快，贫困人口占比低，因此发达国家的收入分配更加公平。对于发展中国家，当发达国家向发展中国家发生资本流动时，发展中国家资本变得更加丰富，因此劳动的边际生产率增加，工资会上升，发展中国家的国内收入分配将得到改善（Mundell，1957；Obstfeld，1988）。王竣鹤和黄小勇（2019）基于1978—2013年和1993—2013年两个样本区间内中国28个省级行政区的面板数据，发现当跨越金融发展的门限值后，金融发展能发挥促进收入公平的作用。

二是金融全球化在促进经济增长的同时会扩大收入分配差距。Ersoy（2008）通过12个欧盟成员国1999—2008年的数据检验发现，当欧洲央行为盯住通胀目标而采取紧缩性货币政策时，加剧了高收入群体收入更高、低收入群体收入更低的局面，扩大了收入分配不平等。Hussami等（2012）就收入分配和金融自由化对经常项目的作用机制进行了理论与实证分析，认为金融自由化程度使得收入分配不平等对经常项目的负面影响有所扩大。从人力资本异质性来看，Feenstra和Hanson（1997）认为，流入发展中国家的资本会增加对发展中国家内熟练工人的需求，使得熟练工人的工资上升，从而恶化国内收入分配。同样，国内学者张汉林和袁佳（2011）运用一国对熟练工人和非熟练工人的需求函数进行实证分析，发现金融深化程度的加深拉大了中国的收入分配不均，且相比于贸易全球化和投资全球化，金融深化对中国收入分配的负面影响最大。

还有学者认为金融全球化发展与收入分配有非线性关系，即认为两者之间存在着Kuznets效应。著名经济学家Kuznets（1955）认为在经济发展转型期，特别是从农业向工业发展的过程中，发展初期城市化进程快，工业化程度提升快，城乡发展差距迅速扩大，使得两者收入差距扩大。当城市化达到一定水平以后，资源逐渐开始发生转移，农村地区经济发展逐渐加快，两者收入分配差距开始逐渐拉近，整个发展过程呈现倒“U”形曲线。Greenwood等（1990）率先在库茨涅茨假设的基础上，解释说明了收入不平等与金融发展之间的倒“U”形关系是通过金融发展与经济增长之间的相互作用产生的。O’Farrell和Rawdanowicz（2017）研究发现，利率降低有助于降低美国、加拿大以及半数欧元区国家的收入分配不平等，但会增加英国以及其他欧元区国家的收入分配不平等，通过改变固定收益率和还本付息，较低的利率对收入分配不平等的影响比较有限。因此，其认为金融发展先是扩大收入差距，收入水平达到一定门槛时，又会缩小收入差距。国内学者对金融全球化发展和收入分配的关系也有相似的观点（乔海曙等，2009）。宋文文（2013）利用中国 1978—2010 年省级面板数据实证分析了金融发展对收入不平等影响的直接和间接机制。通过资本逐利性加剧了收入不平等的直接机制，以及通过金融发展促进经济增长，进而降低收入不平等的间接机制，直接和间接效应使得二者表现出非线性关系。

三 文献评述及未来研究方向展望

国内外学者对生产全球化、贸易全球化和国际资本流动与收入分配之间的关系进行了较为丰富的研究。但是，由于各国情况不同以及国际形势变换，经济全球化与收入分配的关系仍未得到系统的、动态的传导机制论述，全球化对不论是国家间的还是国内的收入分配的影响方向和大小均有不同。从理性经济的角度看，各经济主体的全球化动力来源于经济全球化所带来的收益和效用提高。也就是说，全球化使得各国或地区的收益率发生变化或产生差距，即影响了收入分配。因此，部分学者从收益率的角度出发，分别分析国际贸易、国际分工等全球化方式对各国或地区间投入产出变动情况的影响（Johnson，Nogueva，2012；Francois et al.，2015；袁志刚、饶璨，2014；叶作义等，2015），即通过构建投入产出模型探讨全球化对收入分配的传导机制，而投入产出率的高低受到生产要素等因素的影响（夏明、张红霞，2015）。可见，国内外学者均倾向于将全球化对收入分配的影响归结到生产要素中，这些研究为未来相关研究的开展提供了借鉴。

经济全球化的发展对中国社会经济发展具有深远的意义。但是，当前全球范围内，贸易保护主义抬头，“逆全球化”思潮涌动，即将世界经济由全面开放回到有条件开放甚至封闭的过程。“逆全球化”的提倡者其实也是早期全球化的受益者，但其在全球化快速发展过程中逐渐失去了利益的分配主导权。总的来看，经济全球化通过加强要素流动促进了世界经济增长，但也产生了大面积金融危机，大多数发达国家内的就业机会下降（Autor, et al., 2013; Acemoglu, et al., 2016; Pierce, Schott, 2016），并且在经济全球化参与国内部的收入差距扩大和收入不平等加剧（Barro, 2000；佟家栋、刘程，2018）。因此，在经济全球化受到挑战的背景下，传统的国际贸易理论和收入分配理论等已不足以解释现实情况，经济全球化对中国乃至世界范围内的收入分配如何影响？中国应如何面对？需要怎样的收入分配政策来实现在全球化下中国经济的发展？这些问题的研究都需要结合新的历史背景来展开。

综上，首先，已有文献鲜有系统探讨新的国际形势下全球化的动力机制和所面临的逆全球化远近期困境，尤其是从公平的要素流动角度来研究国际投资和国际贸易如何推动经济全球化及其内在机制仍较为缺乏。其次，经济全球化对各部门的收入分配的影响及传导机制研究还较为宏观与粗略，一方面对不同的收入群体的收入分配问题的具体研究仍需补足；另一方面已有文献集中在静态或是针对某一经济全球化方面对收入分配问题进行研究，较少展开综合性和非均衡分析。此外，全球化过程中收入分配问题的政策选择研究不够系统，鲜有结合全球化下国际贸易和国际投资多边体系下，成员国之间的收入分配机制优化与国内收入分配调控政策优化的研究，这些都是未来可能的研究方向，希望可以为解决全球化所带来的收入分配问题提出行之有效的全球收入分配治理政策解决方案，提供在“逆全球化”思潮出现的背景中，推动全球化的进一步发展政策思路和方法。

参考文献

[1] 陈利敏、谢怀筑:《外商直接投资对我国工资水平的影响分析》,《山东经济》2004 年第 6 期。

[2] 陈怡:《国际贸易对我国行业间收入分配的影响——基于制造业面板数据的实证分析》,《国际贸易问题》2009 年第 4 期。

[3] 陈怡、田靖、孙文远:《国际贸易对性别工资差距的影响：基于 CHFS 数据的研究》,《世界经济研究》2018 年第 5 期。

[4] 陈怡、王洪亮、姜德波:《贸易自由化、劳动要素流动与贫困》,

《国际贸易问题》2013 年第 4 期。

[5] 谌利民、王万洲:《收入分配格局——基于经济全球化过程的分析》,《经济与管理研究》2011 年第 3 期。

[6] 程惠芳、丁小义、翁杰:《国际产品内分工模式对中国工业部门收入分配格局的影响研究》,《中国工业经济》2014 年第 7 期。

[7] 戴枫:《要素禀赋框架下的 FDI 与我国地区收入差距分析——基于动态面板模型的 GMM 检验》,《国际贸易问题》2010 年第 5 期。

[8] 戴枫、吕晓一:《外商直接投资对中国城乡收入差距的影响研究——基于空间杜宾模型的实证分析》,《南京财经大学学报》2018 年第 5 期。

[9] 范言慧、段军山:《外商直接投资与中国居民的收入分配》,《财经科学》2003 年第 2 期。

[10] 胡昭玲:《经济全球化与收入不平等》,《经济学家》2004 年第 4 期。

[11] 黄艳敏、张岩贵:《知识产权保护和 FDI 对中国行业工资差距影响的实证分析》,《中央财经大学学报》2010 第 3 期。

[12] 蒋雨桥、岑杰:《国际贸易对中国制造业工资差距的影响研究——SS 定理的实证》,《江西社会科学》2016 年第 11 期。

[13] 李坤望、冯冰:《对外贸易与劳动收入占比:基于省际工业面板数据的研究》,《国际贸易问题》2012 年第 1 期。

[14] 李瑞琴:《国际产品内贸易对中国工业技术进步和收入水平的影响——基于工业行业数据的经验分析》,《世界经济研究》2013 年第 5 期。

[15] 刘力:《对外贸易、收入分配与区域差距——对中国区域经济差距的贸易成因分析》,《南开经济研究》2005 年第 4 期。

[16] 吕世斌:《贸易全球化和技术进步对就业和工资不平等的影响》,吉林大学,2013 年。

[17] 宁光杰:《经济全球化与收入分配差距》,《政治经济学评论》2006 年第 1 期。

[18] 乔海曙、陈力:《金融发展与城乡收入差距“倒 U 型”关系再检验——基于中国县域截面数据的实证分析》,《中国农村经济》2009 年第 7 期。

[19] 沈毅俊、潘申彪:《开放经济下 FDI 流入对地区收入差距影响的模型分析》,《经济问题探索》2007 年第 5 期。

[20] 沈毅俊、潘申彪:《外商直接投资对地区收入差距影响的实证分析》,《国际贸易问题》2008 年第 2 期。

[21] 施炳展、张夏:《中国贸易自由化的消费者福利分布效应》,《经济学》(季刊)2017 年第 4 期。

[22] 宋文文:《金融发展影响收入不平等的双重机制分析——来自中国的证据》,《上海金融》2013 年第 7 期。

[23] 孙慧文:《要素禀赋、比较优势及其收入份额的关联度》,《改革》2012 年第 7 期。

[24] 孙文远、裴育:《产品内国际分工对收入分配的影响研究》,《华东经济管理》2012 年第 1 期。

[25] 孙亚君:《全球价值链视角下国际贸易摩擦对我国的影响研究》,《商业经济研究》2019 年第 4 期。

[26] 汤毅、罗长远:《全球化背景下劳动收入份额的影响分析》,《学术研究》2016 年第 1 期。

[27] 佟家栋、刘程:《“逆全球化”的政治经济学分》,《经济学动态》2018 年第 7 期。

[28] 王竣鹤、黄小勇:《我国金融发展对收入分配的非线性影响》,《当代经济研究》2019 年第 9 期。

[29] 王少瑾:《对外开放与我国的收入不平等——基于面板数据的实证研究》,《世界经济研究》2007 年第 4 期。

[30] 王晓磊、陆甦颖:《国际产品内分工对我国制造业收入分配影响的实证研究》,《国际贸易问题》2011 年第 7 期。

[31] 文娟、孙楚仁:《国际贸易对我国收入分配的影响——基于基尼系数的实证分析》,《国际贸易问题》2008 年第 11 期。

[32] 吴婷:《国际贸易对我国初次分配的影响——基于劳动者报酬基准进口率的实证分析》,《国际贸易问题》2015 年第 7 期。
[33] 夏明、张红霞:《跨国生产、贸易增加值与增加值率的变化——基于投入产出框架对增加值率的理论解析》,《管理世界》2015 年第 2 期。
[34] 肖勤福:《生产全球化的若干微观影响》,《中共中央党校学报》2001 年第 2 期。
[35] 许志波、钟昌标:《国际贸易利益分配群体差异研究——基于贸易成本和收入差距角度》,《国际经贸探索》2012 年第 4 期。
[36] 杨耀武、杨澄宇:《中国基尼系数是否真地下降了?——基于微观数据的基尼系数区间估计》,《经济研究》2015 年第 3 期。
[37] 姚佳:《外商直接投资对我国行业收入差距影响的实证分析》,宁波大学,2013 年。
[38] 叶作义、张鸿、下田充、藤川清史:《全球价值链下国际分工结构的变化——基于世界投入产出表的研究》,《世界经济研究》2015 年第 1 期。
[39] 喻美辞、喻春娇:《国际贸易、技术创新与中国城镇劳动力的技能工资差距:基于劳动力个体微观数据的实证研究》,《国际贸易问题》2016 年第 5 期。
[40] 袁懿、黄凌云:《FDI 和我国产业间收入分配不均的研究》,《北方经济》2010 年第 13 期。
[41] 袁志刚、饶璨:《全球化与中国生产服务业发展——基于全球投入产出模型的研究》,《管理世界》2014 年第 3 期。
[42] 翟银燕、孙卫:《技术和国际贸易对收入与分配的影响》,《系统工程理论与实践》2004 年第 11 期。
[43] 张定胜、杨小凯:《国际贸易、经济发展和收入分配》,《世界经济》2004 年第 9 期。
[44] 张汉林、袁佳:《经济全球化、中国收入分配与"人口红利陷阱"》,《财经研究》2011 年第 6 期。

[45] 张先锋、阮文玲、丁亚娟:《收入差距中的“贸易—技术效应”分析》,《世界经济研究》2013 年第 7 期。

[46] 张相伟、陆云航:《商品贸易结构变动对劳动收入份额的影响》,《数量经济技术经济研究》2014 年第 1 期。

[47] 张鑫鑫:《外商直接投资对我国收入的影响研究》,北京交通大学,2016 年。

[48] 赵春明、王春晖:《国际贸易对中国工资差距的影响研究——基于劳动者个体异质性的微观分析》,《经济与管理研究》2014 年第 11 期。

[49] 赵景峰:《经济全球化下新贸易保护主义研究》,中国商务出版社 2011 年版。

[50] 赵秋运、魏下海、张建武:《国际贸易、工资刚性和劳动收入份额》,《南开经济研究》2012 年第 4 期。

[51] 郑许海:《外商直接投资对中国城乡收入差距影响分析》,云南财经大学,2019 年。

[52] 支晓云、张二震:《国际贸易对我国收入分配的隐性影响——基于行业要素报酬的实证分析》,《当代经济管理》2012 年第 3 期。

[53] 周华:《外商直接投资对东道国收入分配影响的长期效应:以中国为例》,《南开经济研究》2006 年第 5 期。

[54] 周娟、张广胜:《FDI 影响中国城乡收入不均等机制研究——基于省际动态面板数据的 GMM 分析》,《农业技术经济》2009 年第 5 期。

[55] Acemoglu, D., D. Autor, D. Dorn, G. H. Hanson and B. Price, "Import Competition and the Great US Employment Sag of the 2000s", *Journal of Labor Economics*, 2016, 34 (S1): S141 – S198.

[56] Asteriou D., Dimelis S., Moudatsou A., "Globalization and Income Inequality: A Panel Data Econometric Approach for the EU27 Countries", *Economic Modelling*, 2014, 36: 592 – 599.

[57] Auguste, D., "Income Inequality, Globalization, and the Welfare

State: Evidence from 23 Industrial Countries, 1990 – 2009", *Sociological Forum*, 2018, 33 (3): 666 – 689.

[58] Autor, D. H., D. Dorn and G. H. Hanson, "The China Syndrome: Local Labor Market Effects of Import Competition in the United States", *American Economic Review*, 2013, 103 (6): 2121 – 2168.

[59] Barro, J., "Inequality and Growth in a Panel of Countries", *Journal of Economic Growth*, 2000, 5 (1): 87 – 120.

[60] Beck T., "The Econometrics of Finance and Growth", Elibrary. worldbank. org, 2008.

[61] Clarke G., Xu L. C., Zou H. F., "Finance and Income Inequality: Test of Alternative Theories", *Policy Research Working Paper*, 2003, 72 (3): 578 – 596.

[62] Cragg, M. I. and M. Epelbaum, "Why has wage dispersion grown in Mexico? Is it the incidence of reforms or the growing demand for skills?", *Journal of Development Economics*, 1996, 51 (1): 99 – 116.

[63] Egger, H. and U. Kreickemeier, "Why Foreign Ownership May Be Good for You", *International Economic Review*, 2013, 54 (2): 693 – 716.

[64] Egger H., Udo Kreickemeier, "Firm Heterogeneity and the Labor Market Effects of Trade Liberalization", *International Economic Review*, 2009.

[65] Ersoy I., Baykal B., Deniz P., "Impact of Monetary and Fiscal Policy on Income Inequality in European Monetary Union", *Journal of European Studied*, 2008, 16 (1).

[66] Feenstra, *Advanced International Trade: Theory and Evidence*, Princeton University Press, 2003.

[67] Feenstra, R. C. and G. H. Hanson, "Foreign Direct Investment and Relative Wages: Evidence from Mexico's Maquiladoras", *Journal of International Economics*, 1997, 42 (3 – 4): 371 – 393.

[68] Feenstra, R. C. and G. H. Hanson, "Globalization, Outsourcing, and Wage

Inequality", *American Economic Review*, 1996, 86 (2): 240 -245.

[69] Feenstra R. C. , Hanson G. H. , "The Impact of Outsourcing and High-technology Capital on Wages: Estimates For the United States, 1979 -1990", *Quarterly Journal of Economics*, 1999.

[70] Goldberg, P. K. and N. Pavcnik, "Distributional Effects of Globalization in Developing Countries", *Journal of Economic Literature*, 2007, 45 (1): 39 -82.

[71] Gould, Eric D. , "Explaining the Unexplained: Residual Wage Inequality, Manufacturing Decline, and Low - skilled Immigration", IZA Discussion Papers, 2015.

[72] Green, Dickerson, Arbache, "A Picture of Wage Inequality and the Allocation of Labor through a Period of Trade Liberalization: The Case of Brazil", *World Development*, 2001.

[73] Greenwood J. , Jovanovic B. , "Financial Development, Growth, and the Distribution of Income", *Journal of Political Economy*, 1990, 98 (5): 1076 -1107.

[74] Grossman, G. M. and E. Helpman, "Globalization and Growth", *American Economic Review*, 2015, 105 (5): 100 -104.

[75] Harrison A. , Mcmillan M. "On the Links between Globalization and Poverty", *Journal of Economic Inequality*, 2007, 5 (1): 123 -134.

[76] Helpman E. , Redding I. S. , "Inequality and Unemployment in a Global Economy" *Econometrica*, 2010, 78 (4): 1239 -1283.

[77] Hussami F. A. I. , Remesal, Álvaro Martín, "Current Account Imbalances and Income Inequality: Theory and Evidence", Kiel Advanced Studies Working Papers, 2012.

[78] Johnson, R. and G. Noguera, "Fragmentation and Trade in Value Added over Four Decades", *NBER Working Papers*, 2012, No. 18186.

[79] Jong-Wha, Dainn, "Technological Change, Skill Demand, and Wage Inequality in Indonesia", ADB Economics Working Paper

Series, 2013.

[80] Katz, L. F. and D. H. Autor, "Changes in the Wage Structure and Earnings Inequality". In: O. C. Ashenfelter and D. Card (Eds.), *Handbook of Labor Economics*, Elsevier. 1999.

[81] Krugman, P. R., "Technology, Trade and Factor Prices", *Journal of International Economics*, 2000, 50 (1): 51 -71.

[82] Krugman P., "Growing World Trade: Causes and Consequences", Brookings Papers on Economic Activity, 1995, 327 -377.

[83] Kuznets S., "Economic Growth and Income Inequality", *The American Economic Review*, 1955, 45 (1): 1 -28.

[84] Lawrence R. Z., Slaughter M. J., "International Trade and American Wages in the 1980s: Giant Sucking Sound or Small Hiccup?", Brookings Papers on Economic Activity, 1993, 24.

[85] Leamer, E. E., H. Maul, S. Rodriguez and P. K. Schott, "Does Natural Resource Abundance Increase Latin American Income Inequality?", *Journal of Development Economics*, 1999, 59 (1): 3 -42.

[86] Lin, K. -H. and I. Weiss, "Immigration and the Wage Distribution in the United States", *Demography*, 2019, 56 (6): 2229 -2252.

[87] Mahutga, M. C., A. Roberts and R. Kwon, "The Globalization of Production and Income Inequality in Rich Democracies", *Social Forces*, 2017, 96 (1): 181 -214.

[88] Manasse P., Turrini A., "Trade, Wages, and 'Superstars'", *Journal of International Economics*, 2001, 54 (1): 97 -117.

[89] Metha A., Hason R., "The Effects of Trade and Services Liberalization on Wage Inequality in India", *International Review of Economics & Finance*, 2012, 23 (SI): 75 -90.

[90] Munch, J. R. and J. R. Skaksen, "Human Capital and Wages in Exporting Firms", *Journal of International Economics*, 2008, 75 (2): 363 -372.

[91] Mundell, R. A. , Katano H. , "International Trade and Factor Mobility", *American Economic Review*, 1957, 47 (3): 321 -335.

[92] Obstfeld, M. , "The Global Capital Market: Benefactor or Menace?", *Journal of Economic Perspectives*, 1998, 12 (4): 9 -30.

[93] O'Farrell, R. and L. Rawdanowicz, "Monetary Policy and Inequality: Financial Channels", *International Finance*, 2017, 20 (2): 174 -188.

[94] Orrenius P. , Zavodny M. , "Does Migration cause Income Inequality?", Mission foods Texas-Mexico Center Research, 2018.

[95] Pierce, J. R. and P. K. Schott, "The Surprisingly Swift Decline of US Manufacturing Employment", *American Economic Review*, 2016, 106 (7): 1632 -1662.

[96] Sampson T. , "Selection into Trade and Wage Inequality", *American Economic Journal Microeconomics*, 2014, 6 (3): 157 -202.

[97] Slaughter, M. J. , "Production Transfer within Multinational Enterprises and American Wages", *Journal of International Economics*, 2000, 50 (2): 449 -472.

[98] Uprety D. , "Does Skilled Migration Cause Income Inequality in the Source Country?", *International Migration*, 2019, 58 (4) .

[99] Verhoogen, E. A. , "Trade, Quality Upgrading, and Wage Inequality in the Mexican Manufacturing Sector", *Quarterly Journal of Economics*, 2008, 123 (2): 489 -530.

[100] Williamson J. G. , "Globalization and Inequality, Past and Present", *World Bank Research Observer*, 1997, 12 (2): 117 -135.

[101] Wood A. , "The Factor Content of North - south Trade in Manufactures Reconsidered", *Weltwirtschaftliches Archiv*, 1991, 127 (4): 719 -743.

[102] Xu, P. , J. C. Garand and L. Zhu, "Imported Inequality? Immigration and Income Inequality in the American States", *State Politics & Policy Quarterly*, 2015, 16 (2): 147 -171.

[103] Yeaple, S. R. , "A Simple Model of Firm Heterogeneity, International Trade, and Wages", *Journal of International Economics*, 2005, 65 (1): 1-20.

A Review of the Influence Mechanism of Globalization on Income Distribution

ZHANG Jianwu QIU Yiting ZHAO Jing ZHANG Yixin

Abstract: In recent years, economic globalization has shown a gradual downward trend, many countries have not gained tangible benefits in the process of globalization, and the domestic income effect of globalization has triggered a worldwide trend of "anti-globalization". Although our country has enjoyed the long-term globalization dividend, the domestic income distribution gap has been expanding. This article takes the influence mechanism of economic globalization on income distribution among and within countries as the main research object, using large data mining and analysis techniques to review the existing research literature, summarizing the influence mechanism of globalization on income distribution, and proposing possible directions of future theoretical and policy research, so as to explore a Chinese solution to the problem of income distribution in the process of globalization.

Keywords: Globalization; Income Distribution; Influence

经济政策不确定性对中国入境旅游的影响

许陈生　胡　甜[①]

摘　要：本文通过构建经济政策不确定性、宏观经济波动以及中国入境旅游的时变参数向量自回归模型（TVP-VAR），运用马尔科夫链蒙特卡罗（MCMC）估计对2000—2017年经济政策不确定性指数、GDP和中国入境旅游人数进行实证研究。结果表明：经济政策不确定性对宏观经济有短期的负向冲击，宏观经济波动对入境旅游存在短期的正向效应；而入境旅游受经济政策不确定性的直接冲击表现出明显的时变特征，并且该直接冲击的影响比通过宏观经济传导对入境旅游的间接冲击影响更加显著，且持续时期更长。

关键词：经济政策不确定性；中国入境旅游；TVP-VAR模型

一　引言

改革开放40多年来，中国入境旅游人数和外汇收入都保持不断增长的趋势。文化和旅游部2019年文化和旅游发展统计公报数据显示，

---

① 许陈生，男，博士，广东外语外贸大学经济贸易学院教授；胡甜，女，广东外语外贸大学经济贸易学院硕士研究生。

中国国际旅游外汇收入和入境过夜游客人数在2019年分别达到1313亿美元以及14531万人次，由全球的30多名上升为前5名，高速发展的入境旅游市场已成为中国旅游业发展的重要组成部分（杨玉英等，2019）。

纵观中国旅游业发展历程，可发现旅游业发展具有相当程度的敏感性，容易受到外界不确定因素的干扰，入境旅游尤其如此（李军、保继刚，2011）。影响入境旅游的因素很多，此前有许多学者都对入境旅游相关影响因素进行了研究。学术界对旅游业影响因素的分析研究主要包括两大方面：一是使用时间序列等计量模型分析影响入境旅游的决定因素；二是将经济增长与旅游业发展结合起来进行相关性研究。例如，刘长生和简玉峰（2006）实证分析了中国入境旅游的成本、其他国际旅游目的国的价格水平等因素对旅游市场的影响；张华初（2007）利用时间序列分析提出影响旅游的因素包括旅游目的国的经济、政治等宏观因素以及所在国的基础设施、自然环境等因素；张玉娟和赵定涛（2008）从国民收入、消费水平、国际汇率以及突发重大事件等方面研究了中国入境旅游需求的影响因素；王纯阳和黄福才（2010）利用美国客源市场的相关数据研究发现美国对中国的旅游需求受到其自身波动、旅游价格、收入水平、替代价格等因素的长期影响；乔宁宁和陈建宝（2013）利用VAR模型分析发现宏观经济波动和汇率变动对中国入境旅游外汇收入有显著影响；宋瑞（2015）基于美国数据进行实证研究发现旅游服务贸易与GDP在短期内有显著的相互促进作用；刘汉等（2016）采用混频Granger因果关系检验研究证实了经济增长会拉动入境旅游收入增长的假说；李维维和马晓龙（2017）构建马尔科夫区制转移向量自回归模型（MS-VAR），实证研究发现中国旅游经济周期与宏观经济周期不具有同步性而呈现相反波动趋势。

在不确定性与旅游业发展的研究方面，有学者从外部环境对旅游业影响的视角出发进行相关研究。例如，文艳和孙根年（2020）就提出宏观层面的国家战略与产业政策以及国际关系与安全会影响入境旅游发展，国际安全环境遭到破坏，如自然灾害、事故灾难或公共卫生事件等突发事件的发生，会对全球旅游服务贸易带来即时的冲击；杨玉英等（2020）认为中国的入境旅游受到国家政策和国际环境等不同国内外宏观因素的重要驱动作用，与中国总体发展战略关系紧密。也有学者从外部冲击方向对旅游业发展做出研究（李九全等，2003），但大多是集中分析某单一重大事件对旅游业的影响，如 2003 年“非典”带来的卫生因素和 2008 年全球金融危机等经济因素（杜富荣，2009）角度。

这些文章中有涉及政治、政策等因素对入境旅游的影响，但还很少有文章系统地实证研究宏观环境的不确定因素对入境旅游发展产生的作用，而经济政策不确定性指数这一指标的提出可以很好地满足这一研究要求。经济政策不确定性可被划分为两个部分，分别是经济不确定性和政策不确定性。此前 Baker 等（2016）对全球各国的经济政策不确定性进行比较，并使用香港的《南华早报》来计算中国的经济政策不确定性，Huang 和 Luk（2020）在 Baker 等（2016）的研究基础上，利用中国大陆主要城市发行的 10 种权威报纸，对报纸中的“经济”“不确定性”“政策”等关键词进行大数据统计，重新构建了中国的经济政策不确定性指数。由于选用的媒体数据更加全面、更加权威，相比 Baker 等的研究成果，Huang 和 Luk 研发的中国经济政策不确定性指数无疑更能反映中国经济政策波动实际情况，因此得到众多文献的认可与使用。

本文意在通过利用 Huang 和 Luk（2020）研发的中国经济政策不确定性指数，建立时变参数向量自回归（TVP-VAR）模型分析经济政策不确定性、宏观经济以及中国入境旅游业之间的相互关系。关于经济政策不确定性对宏观经济影响的研究已经得到了广泛的认可，政策的不确定性会影响市场主体对经济前景的预判，并且投资者会随着宏观监管措施的随意性调整而产生担忧，导致企业谨慎投资从而造成有效投资需求不足，对实体经济产生影响（庞超然、杜奇睿，2019）。根据金雪军等（2014）通过对政策不确定性冲击对 GDP、投资、消费、出口和价格变动等宏观经济指标的研究，发现政策不确定性会对实体宏观经济产生负向影响。乔宁宁和陈建宝（2013）通过研究宏观经济波动对中国的入境旅游的影响发现，宏观经济指标 GDP 的波动与入境旅游波动存在明显的正向关系，这意味着当宏观经济波动为负时，相应的对入境旅游波动产生负向影响，当宏观经济波动为正时，则对入境旅游波动产生正向影响。

由于宏观经济不同指标对经济政策不确定性冲击的响应存在差异，且宏观经济不同指标对入境旅游的影响方向也有所区别。与此同时，宏观经济增长与入境旅游指数之间可能还存在内生性问题，因此经济政策不确定性冲击到底如何影响入境旅游，还需要进一步的深入研究。为了明晰经济政策不确定性是否通过影响国内宏观经济，从而对入境旅游产生影响，以及经济政策不确定性是否直接作用于入境旅游发展，本文通过建立时间序列模型，基于时变参数向量自回归模型（TVP-VAR）来研究入境旅游波动对经济政策不确定性的脉冲响应。

二 数据和计量模型构建

时变参数的向量自回归模型（TVP-VAR）是向量自回归模型的一种扩展，由 VAR 模型演化而来，与 VAR 模型的主要区别在于 VAR 模型假定结构冲击的方差在整个采样周期或子采样周期内都是恒定的，而 TVP-VAR 模型假定系数矩阵和信息的协方差矩阵均是时变的。因此，TVP-VAR 模型相对于恒定 VAR 模型具有一个特殊优势，就是它不需要将数据划分为子样本来确认模型结构的变化（Nakajima, et al. , 2011）。随着近几年的发展，TVP-VAR 模型已经成为分析多个宏观变量之间联动关系的基准方法。例如，Gabauer 和 Gupta（2018）使用 TVP-VAR 模型研究发现货币政策的不确定性是导致国家和国际经济不确定性溢出的主要驱动力；朱瑞博和张路（2019）通过 TVP-VAR 模型研究了中国的经济不确定性与外商直接投资之间的关系；金春雨和张德园（2019）引入 TVP-VAR 模型构建时变溢出指数，研究世界主要经济体宏观经济不确定性之间的时变双向溢出效应。宋丹丹等（2019）采用 TVP-VAR 模型对网络媒体变量、住宅销售面积和房价之间的相关关系进行了实证研究，黄甫喆和陈孝伟（2020）基于 TVP-VAR 模型，研究中国人口老龄化对宏观经济增长路径的影响时变效应。

在本文的研究中，由于随着时间的推移，入境旅游面临的经济体制、政策机制以及旅游发展方式等各个方面都会发生变化，入境旅游呈现出动态波动特征，模型的参数也会随之发生变化，传统的 VAR 模型不能反映这种动态变化特征。TVP-VAR 模型可以在这个方面更好地弥补传统 VAR 模型上的不足，使得估计结果更具有现实意义。

（一）TVP-VAR 模型的构建

参照 Nakajima 等（2011），定义一个标准的 VAR 模型的基本形式为：

$$A y_t = F_1 y_{t-1} + \cdots + F_s y_{t-s} + u_t,\ t = s+1,\ \cdots,\ n \qquad (1)$$

其中，t 表示时间，s 表示滞后阶数，y_t为观测到的变量的（$k \times 1$）向量，u_t为一个（$k \times 1$）的结构冲击，k 为变量个数，A 和F_1，$\cdots$，F_s为估计系数的（$k \times k$）阶矩阵。用递归法对同期关系的结构冲击进行识别，假设矩阵 A 为主对角线均为 1 的下三角矩阵，有：

$$A = \begin{pmatrix} 1 & 0 & \cdots & 0 \\ a_{21} & \ddots & \ddots & \vdots \\ \vdots & \ddots & \ddots & 0 \\ a_{k1} & \cdots & a_{k,k-1} & 1 \end{pmatrix};$$

将（1）式两边同时乘以A^{-1}，有：

$$y_t = B_1 y_{t-1} + \cdots + B_s y_{t-s} + A^{-1} \sum \varepsilon_t, \varepsilon_t \sim N(0, I_k) \qquad (2)$$

其中，$B_i = A^{-1} F_i$，$i = 1$，$\cdots$，s，且有 $\sum = \begin{pmatrix} \sigma_1 & 0 & \cdots & 0 \\ 0 & \ddots & \ddots & \vdots \\ \vdots & \ddots & \ddots & 0 \\ 0 & \cdots & 0 & \sigma_k \end{pmatrix}$，

σ_i（$i = 1$，$\cdots$，k）是标准差的结构性冲击；I_k为单位矩阵。堆积矩阵B_i中的每一行元素，均写成（$k^2 s \times 1$）维向量 β，且有$X_t = I_k \otimes (y'_{t-1}$，$\cdots$，$y'_{t-s})$，其中⊗表示克罗内克积。据此，模型可以转变为：

$$y_t = X_t \beta + A_t^{-1} \sum \varepsilon_t, t = s+1, \cdots, n \tag{3}$$

（3）式中的所有参数都是常数，不是时变的，若放宽这一约束条件，考虑参数随时间变化，可以进一步扩展为带有随机波动的 TVP-VAR 模型：

$$y_t = X_t \beta_t + A_t^{-1} \sum\nolimits_t \varepsilon_t, t = s+1, \cdots, n \tag{4}$$

其中，β_t、A_t 和 $\sum_t$ 都具有时变性，分别为自回归系数矩阵、同期关系系数矩阵和方差—协方差矩阵。

对A_t中的下三角元素进行转换，设a_t为A_t的下三角元素的堆叠列向量，有$a_t = (a_{21}, a_{31}, a_{32}, \cdots, a_{k,k-1})'$；设$h_t = (h_{1t}, h_{2t}, \cdots, h_{kt})'$，表示对数波动率矩阵，其中$h_{it} = log\,\sigma_{it}^2$，$i = 1, \cdots, k$；$t = s+1, \cdots, n$；$\beta_t = (\beta_{1t}, \beta_{2t}, \cdots, \beta_{st})'$；并且，TVP-VAR 模型需要假定参数$a_t$在矩阵$A_t$中和$h_t$在$\Omega_t$中服从随机游走过程：$\beta_{t+1} = \beta_t + u_{\beta_t}, a_{t+1} = a_t + u_{a_t}, h_{t+1} = h_t + u_{h_t}, \begin{pmatrix} \varepsilon_t \\ u_{\beta_t} \\ u_{a_t} \\ u_{h_t} \end{pmatrix} \sim N\left(0, \begin{pmatrix} I & 0 & 0 & 0 \\ 0 & \sum_\beta & 0 & 0 \\ 0 & 0 & \sum_a & 0 \\ 0 & 0 & 0 & \sum_h \end{pmatrix}\right)$。对于$t = s+1, \cdots, n$，有$\beta_{s+1} \sim N(\mu_{\beta_0}, \sum_{\beta_0})$；$a_{s+1} \sim N(\mu_{a_0}, \sum_{a_0})$；$h_{s+1} \sim N(\mu_{h_0}, \sum_{h_0})$，这意味着时变参数$\beta_t$，$a_t$，$h_t$之间的信息冲击是不相关的。

（二）数据来源和处理

1. 数据来源

结合现有文献，本文在建立 TVP-VAR 模型时，将经济政策不确定性指数（EPU）、国内生产总值（GDP）和入境旅游外国人人数（NIT）作为研究变量。其中，中国经济政策不确定性指数来自 Huang 和 Luk（2020），本文采用几何平均法将 EPU 月度数据转换为季度数据，然后经过标准化处理调整为计量软件适用的数据格式。参考文献常规做法（宋瑞，2015；刘汉等，2016；乔宁宁、陈建宝，2013)，本文选取实际国内生产总值（GDP）来反映宏观经济指标，基于可获得的名义 GDP 数据以及国内生产总值指数，计算出以 2000 年为基期的 GDP 指数，进而算出实际 GDP 数据，数据来源于 CEIC 中国经济数据库。

张华（2013）提出入境旅游人数以及其带来的外汇收入是衡量入境旅游发展状况的两个重要指标。本文采用入境旅游人数指标代表中国入境旅游市场的发展。入境旅游相关指标鉴于其可获得性和数据完整性，选取的是入境旅游外国人人数这一变量。数据来源于 CEIC 数据库，由于旅游指标月度可获得数据更新至 2017 年 12 月，本文所用数据为 2000 年 1 月至 2017 年 12 月合计 216 期月度时间序列，并根据月度数据计算季度数据。

2. 数据处理

本模型使用 2000 年第一季度至 2017 年第四季度总共 72 组季度数据。首先对 GDP、NIT 两个变量进行 X－12 季节调整，然后为了使数据更平滑，对 GDP、NIT 取对数。初步处理后的 GDP、NIT 时间序列包含趋势部分和周期循环变动部分，可以采用 HP 滤波将趋势部分和周期循环部分各自分开，最终得到变量的周期波动序列，波动序列用分别用 GDP_hp、NIT_hp 表示。由于采用的是季度 GDP 数据，因此平滑参数取值为 1600。

实际经济波动 GDP_hp 和入境旅游波动 NIT_hp 的周期性刻画，如图 1 所示。从中可见，在分离出长期增长趋势后，入境旅游波动明显，特别是 2003 年“非典”疫情和 2008 年全球金融危机给中国入境旅游发展带来了显著的负面影响。并且，中国的实际经济波动与入境旅游波动在一定程度上呈现出一致性趋势。而有些年份经济波动与入境旅游波动变化方向不一致，乔宁宁和陈建宝（2013）对此的解释是可能还存在其他影响入境旅游发展的因素，比如经济政策、环境变化、国际经济影响等。

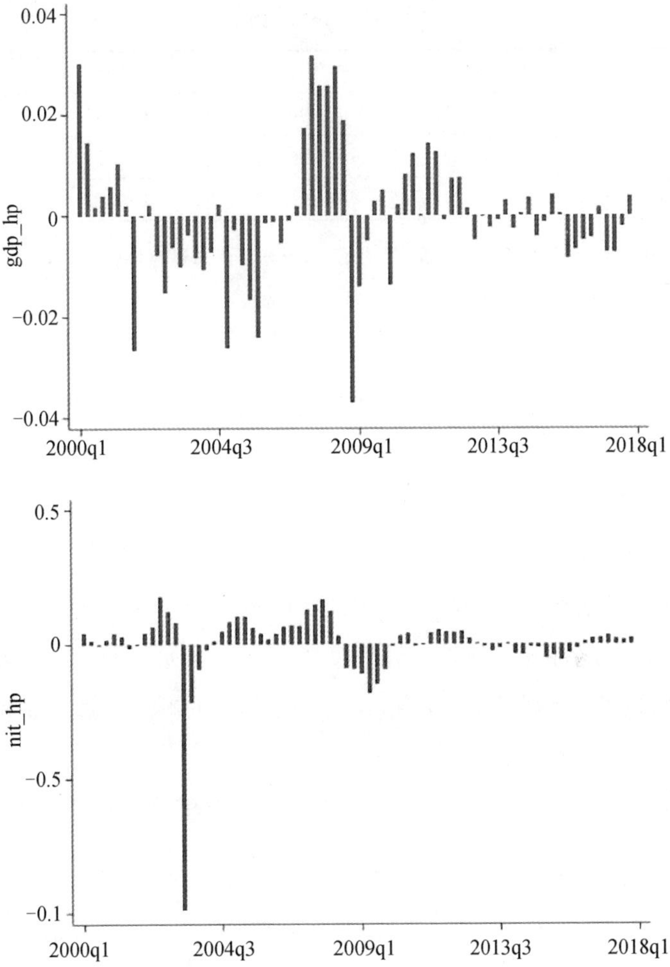

图 1　实际经济波动（GDP_hp）与入境旅游波动（NIT_hp）

（三）数据检验

建立 TVP-VAR 模型要求所使用的各个变量满足平稳性要求。本文采用单位根检验中的 ADF 检验，结果如表 1 所示，从中可以看出各变量序列均通过了 ADF 单位根检验，都是平稳时间序列。

表1　　变量的平稳性检验

检验序列	检验形式	ADF检验统计值	P值	检验结果
EPU	(0, 0, 1)	-1.992**	0.0252	平稳
GDP_hp	(1, 0, 2)	-3.358**	0.0125	平稳
NIT_hp	(1, 0, 2)	-4.551***	0.0002	平稳

注：*** 表示在1%水平上通过检验，** 表示在5%水平上通过检验；（C, T, K）分别表示序列常数项、趋势项和滞后阶数。

三　实证分析

（一）参数估计结果

由于TVP-VAR模型中矩阵A是下三角矩阵，需要先指定各变量的顺序，由于以往的文献中没有关于经济政策不确定性对入境旅游影响的相关参考，因此各变量的外生性程度依照本文开始的假设定为经济政策不确定性指数、宏观经济波动和入境旅游波动的顺序，递归识别按此顺序进行。

按照Nakajima等（2011）的方法，本文对模型参数设定初始值为：$u_{\beta_0}=u_{a_0}=u_{h_0}=0$，$\sum_{\beta_0}=\sum_{a_0}=\sum_{h_0}=10I$（$I$为单位矩阵），先验假定$\sum_\beta$，$\sum_a$，$\sum_h$为以下对角矩阵：$(\sum_\beta)_i^{-2}\sim Gamma(20,0.01)$，$(\sum_a)_i^{-2}\sim Gamma(2,0.01)$，$(\sum_h)_i^{-2}\sim Gamma(2,0.01)$。

利用MCMC算法进行回归，模型具体参数的设定包括模型的最优滞后阶数依据AIC、HQIC、SBIC等信息准则确定为滞后1阶，将MCMC模拟的迭代次数确定为10000次，其中模拟的前1000次迭代作为预烧（brun-in），用以排除模型拟合中的不稳定性。运用Oxmetrics6.0软件对模型参数进行估计，得到估计结果如表2所示。表2描述的是待估参数后验分布的均值、标准差、95%置信区间（上限和下限）及Geweke的CD收敛诊断值和计算的无效因子（无效率因素的估计值）。从中可以看出，后验均值均落入95%置信区间。从收敛性来看，参数的 Geweke 值均未超过5%的临界值 1.96，表明不能拒绝待估参数收敛于后验分布的原假设，即表明在迭代周期中预烧期已经能够有效使得马尔科夫链趋于集中，效率相对较高。无效因子表示为得到不相关样本所需要抽样的次数，因此，无效因子值越小表明模型 MCMC 模拟的结果越有效。无效因子的最大值为 94.28，表明用 10000 次抽样可以得到 106 个不相关的样本，足以支持 TVP-VAR 模型的后验推断。根据以上判断，模型的估计结果是有效的。

表 2　　　　模拟估计结果

参数	均值	标准差	95%下限	95%上限	Geweke	无效因子
sb1	0.0277	0.0054	0.0196	0.0406	0.007	16.11
sb2	0.0269	0.0049	0.0190	0.0384	0.406	8.45
sa1	0.0431	0.0089	0.0298	0.0642	0.976	72.28
sa2	0.0587	0.0143	0.0367	0.0919	0.963	62.93
sh1	0.1781	0.0913	0.0724	0.4112	0.809	63.18
sh2	0.1992	0.1550	0.0653	0.4950	0.541	94.28

（二）时变脉冲响应分析

1. 时变波动

图 2 分别给出了时变参数自回归模型中样本的自相关性、样本收敛轨迹和后验分布密度图。如图 2 所示，样本的自相关系数随着模拟次数的增加都收敛于 0，表明本文设定的抽样方法能够很好地消除样本之间的自相关性，样本序列在均值附近以“白噪声”的轨迹波动。样本路径围绕着某一定值上下波动，后验分布密度图形类似正态分布，表明模型产生了有效、不相关的样本数据，这进一步验证了模型的拟合效果较好，即验证了利用 MCMC 算法进行抽样得到的样本是不相关的，且是有效的，能够很好地模拟参数的分布状况。

图 3 反映的是变量的随机波动率的时变特征。可以看出，经济政策不确定性曲线呈现出持续波动的态势，且其波动趋势与中国经济政

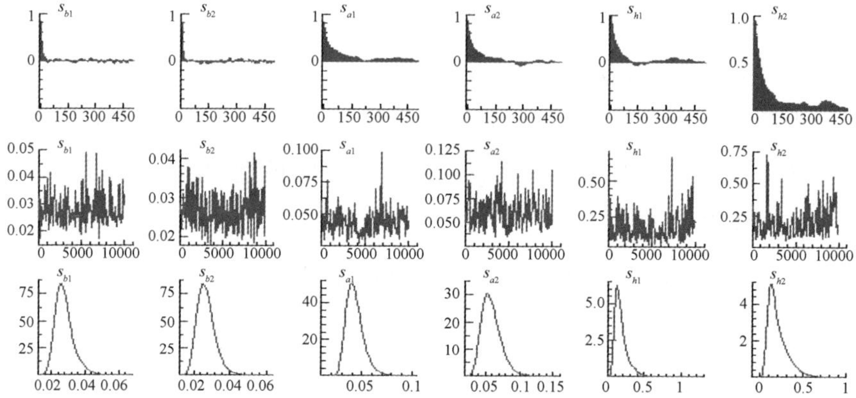

图2　参数估计结果：样本自相关、路径和后验分布密度

策的实际情况以及许多重大政策调整都是吻合的，例如2003年的高点是受到“非典”的影响，2008年反映的是全球金融危机带来的不确定增加；2011—2013年的高点反映的是后危机时代经济政策波动；2015年反映的是经济增速放缓以及人民币汇率机制改革。宏观经济波动幅度远远小于经济政策不确定性和入境旅游的波动幅度，这说明中国宏观经济的波动相对较为平稳。入境旅游波动在2003年出现显著低谷，反映的也是“非典”疫情引起的入境旅游人数降幅明显的事实。

2. 时变脉冲响应分析

本文基于TVP-VAR模型进行研究可以很好地刻画出变量之间不同时期的动态反应情况，以发现经济政策不确定性对入境旅游所具有动态的时变影响。MCMC估计会针对TVP-VAR模型中的时间序列提供脉冲响应分析，并且由于系数是随时间变化的，因此在采样期间的每个日期都会计算脉冲响应。TVP-VAR模型的脉冲响应分析可以给出两种形式的反应函数，分别为等间隔冲击反应函数和特定时点上的冲击函数。

（1）等间隔的脉冲响应分析

等间隔冲击反应函数是指在样本每一期参数的当期值分别对固定的滞后若干期的另一参数产生的影响。由于本文使用的季度数据，故而将时间讲个设定为间隔1期（1季度）、2期（半年）、4期（1年）。

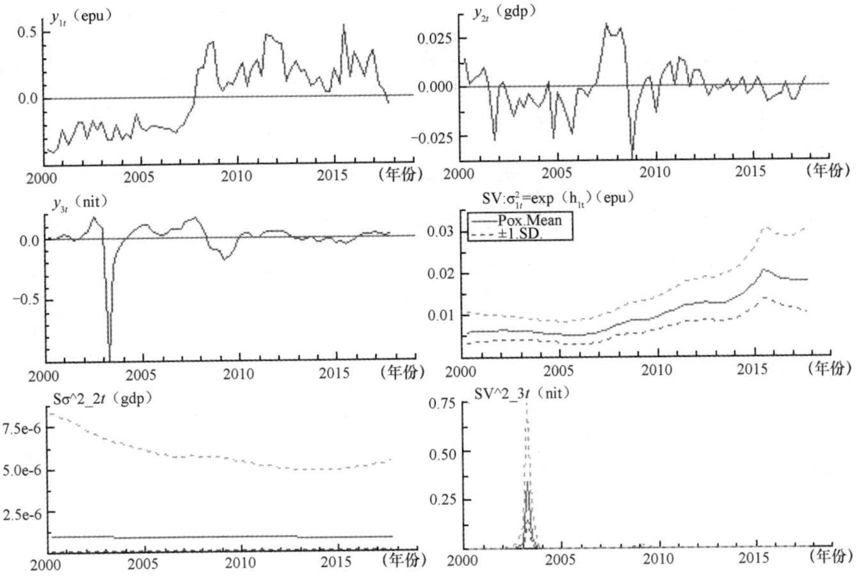

图3　变量随机波动率

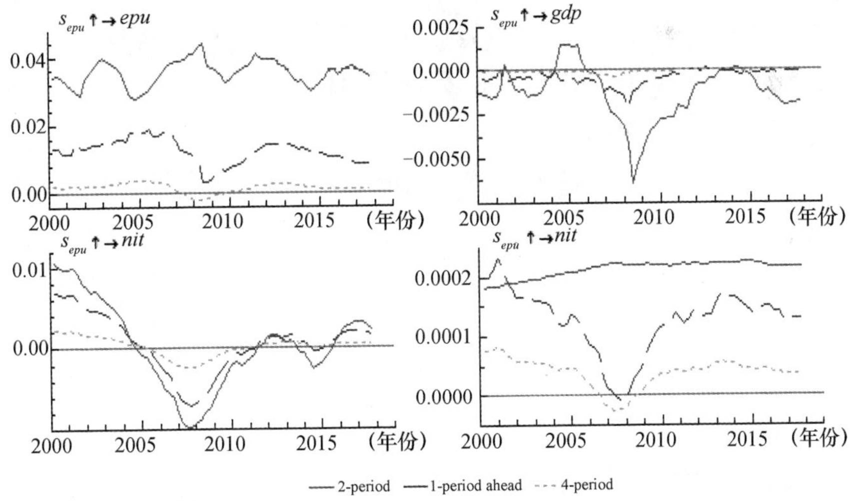

图4　滞后1期、2期和4期的动态脉冲响应

图4表现的是不同间隔期经济政策不确定性、宏观经济波动和入境旅游波动之间的冲击反应，分别代表了短期、中期和长期的影响。从图中可以发现，三个不同期等间隔的脉冲响应图像走势相似但波动幅度则存在明显差别，其中短期和中期的脉冲响应波动较大，长期影响则不明

显。图 4 左上角图形反映的是经济政策不确定性对其自身的脉冲响应，可见在短期和中期存在明显的正向影响，长期影响不明显。图 4 右上角图形反映的是宏观经济对中国经济政策不确定性冲击在连续时间内的影响程度，可以看出短期和中期经济政策不确定性对宏观经济波动存在负向影响且该负面影响在 2008 年达到最大，2010 年之后 GDP 受经济政策不确定性冲击的影响在 0 上下波动，这说明宏观经济越来越稳定，依靠自身内生因素驱动更为明显。图 4 左下角图形显示，给定经济政策不确定性一个正向冲击后，在 2005 年以前，经济政策不确定性对入境旅游波动的影响为正，但在 2005 年以后直至 2011 年，冲击方向变为负向，且从冲击强度来看，短期负向影响最显著。2011 年以后经济政策不确定性对入境旅游波动影响再度变为正向。值得注意的是，图 4 右下角图形显示，短期宏观经济波动对入境旅游影响为正，且没有明显的时变特征，但是该影响程度没有经济政策不确定性的直接影响效应大；中期和长期入境旅游波动对 GDP 冲击的响应表现出一定程度的波动性，但整体上影响为正向，除了在滞后期为 1 年的时间间隔上 2008 年入境旅游波动对宏观经济波动响应为负。

总体而言，宏观经济波动对经济政策不确定性的冲击响应为正，而入境旅游人数受宏观经济冲击影响基本为正，且入境旅游人数受经济政策不确定性的脉冲响应趋势与经济政策不确定性对其自身的脉冲响应趋势存在相似之处。由此可以看出经济政策不确定性影响宏观经济，而宏观经济影响入境旅游的传导机制是存在的。但是一个更重要的发现在于经济政策不确定性对入境旅游的直接影响远远大于上述通过宏观经济波动传导的影响，并且入境旅游对经济政策不确定性的响应表现出明显的时变特征。

（2）特定时点冲击

TVP-VAR 模型还可以估算出变量在各个特定时点上的脉冲响应情况。时点脉冲响应函数可用于观察自变量在指定时点产生一单位正向冲击后因变量的响应情况。这样我们可以更贴近事实、更准确地、更有针对性地得到在不同的经济波动下入境旅游受到的影响。

本文选取 $t = 14$（2003 年第二季度），$t = 36$（2008 年第四季度），

t＝48（2011 年第四季度）3 个时点进行特定时点的分析，因为这三个时期经济政策不确定性指数较高，分别对应非典事件、全球金融危机爆发、标普下调美国主权信用评级以及欧洲债务危机爆发的时点，3 个时点的经济政策不确定性对入境旅游的冲击如图 5 所示。

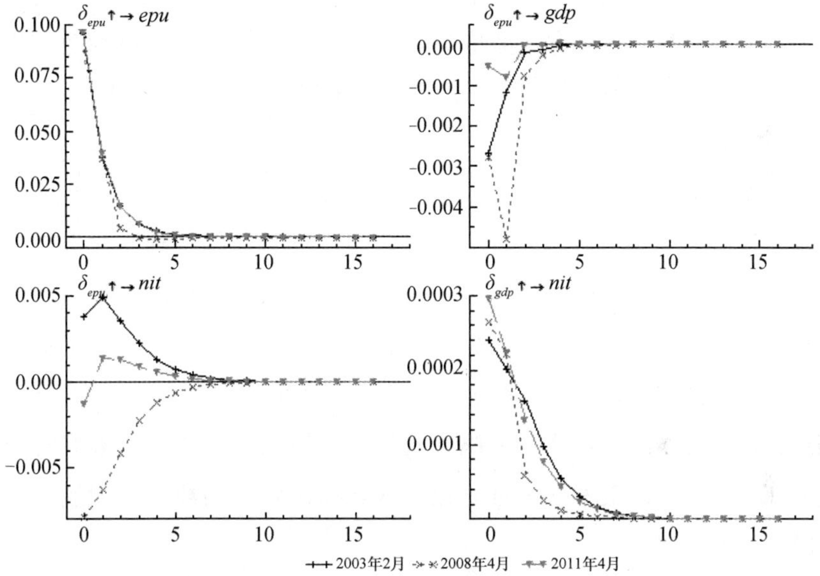

图 5　时点脉冲响应

从图 5 可以看出，经济政策不确定性对自身的冲击反应在持续期上是逐渐衰减的，这也符合经济逻辑。经济政策不确定性对自身的冲击逐渐递减并且从第三期开始就迅速趋于 0，这说明经济政策不确定性在重大经济波动的时点上，可以比较灵活地进行调整，自身维系的惯性机制较小，即当期经济政策不确定性的波动不会对后期经济政策不确定性指数数值的大小产生额外影响。这个结论有利于更准确地进行后续的统计分析，从而消除自身波动带来的影响。从图 5 可以发现，经济政策不确定性对于宏观经济和入境旅游的影响均呈现出短期性特征，长期则趋于 0。对于 t＝14（非典事件）、t＝36（全球金融危机）和 t＝48（欧债务危机）三个特殊时点，经济政策不确定性对宏观经济的影响短期为负，并且随着时间推移逐渐减弱，在第 3 期开始逐渐趋近于 0。图 5 的结果也显示，这三个时点上入境旅游对 GDP 冲击响应为正，这也符合在等间隔的脉冲响应分析中得到的结论。特别值得关注的是，根据图 5，经济政策不确定性对入境旅游的影响在三个时点上却表现出了明显差异性。在 t = 14 非典爆发和 t = 36 全球金融危机的时点上，入境旅游对经济政策不确定性冲击在短期内呈现先升后降并逐渐趋于 0 的正向响应；而 t = 48 欧债务危机的时点上，入境旅游对经济政策不确定性冲击影响在短期表现出负向波动，并随着时间逐渐减弱。

此外，图 5 的结果还显示，从影响程度来看，三个时点上经济政策不确定性对宏观经济波动的冲击以及宏观经济对入境旅游的冲击程度都小于经济政策不确定性对于入境旅游的直接冲击，此结论与等间隔的脉冲响应分析中的结果是相一致的。从影响时长上来看，经济政策不确定性对于入境旅游的直接冲击持续时期更长，在第 8 期该影响才完全消失。相比经济政策不确定性通过影响宏观经济再对入境旅游产生影响的传导机制而言，经济政策不确定性直接给入境旅游带来的冲击更加显著，持续时间也更长。

四 稳健性检验

（一）调整变量顺序

时间序列模型中非常强调变量的顺序，在前文的模型中，选择将入境旅游波动放在最后。此处为了检验变量排序对实证结果可能产生的影响，变换变量顺序，将入境旅游波动置于宏观经济波动前面，观察经济政策不确定性对入境旅游和宏观经济的影响。由图 6 和图 7 发现，入境旅游波动和宏观经济波动对经济政策不确定性的冲击响应方向和趋势并未发生明显变化。

（二）替换入境旅游变量

为了再次检验基准模型的稳健性，本文用入境旅游外汇收入替代入

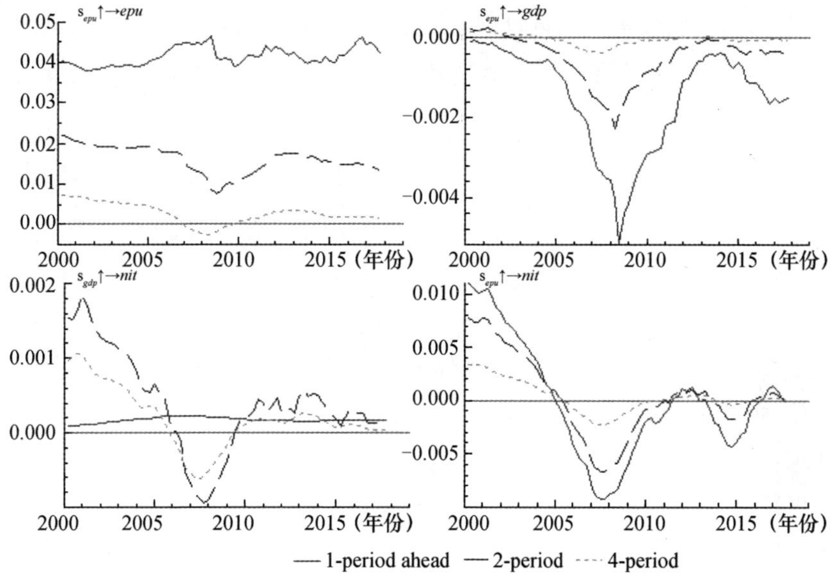

图6　稳健性检验：调整变量顺序（等间隔脉冲响应）

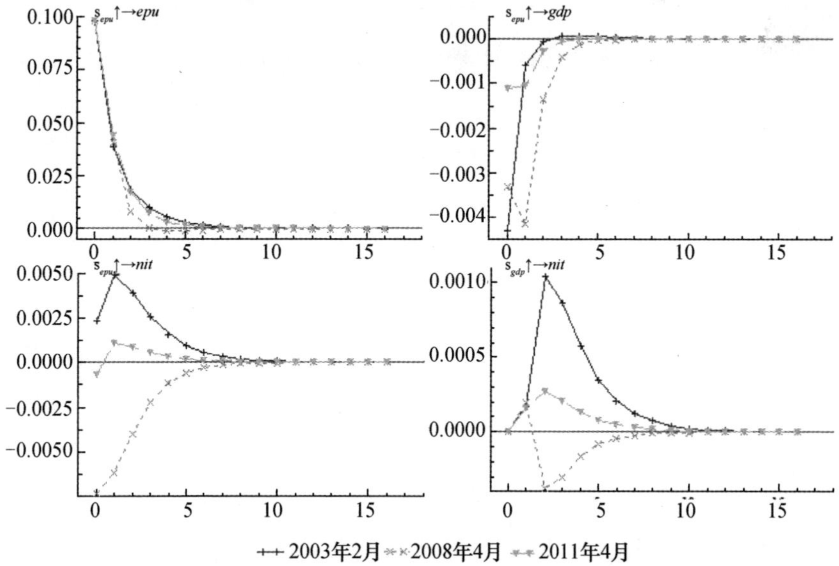

图7　稳健性检验：调整变量顺序（时点脉冲响应）

境旅游人数，此变量依然进行季度调整以及 HP 滤波处理，并且变量的顺序保持不变。对比图 8、图 9 和图 4、图 5，发现替换变量后，入境旅游

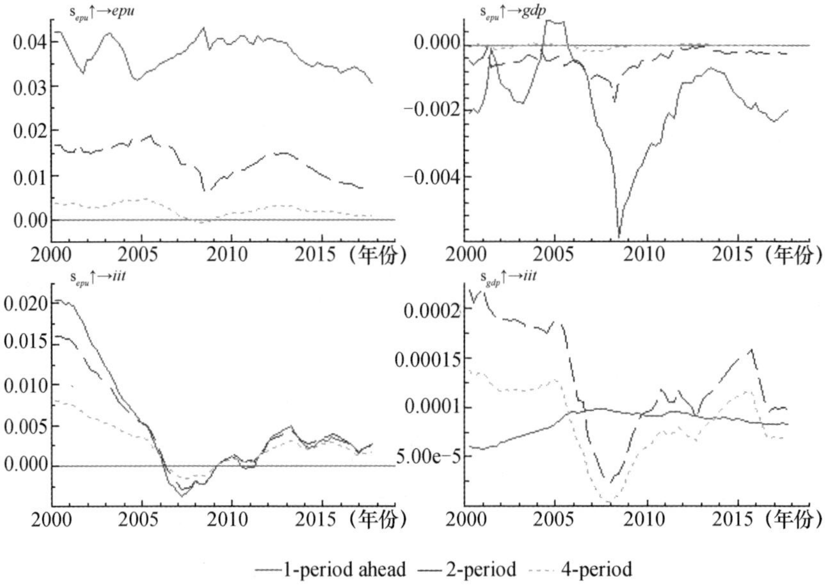

图 8　稳健性检验：变量替换（等间隔脉冲响应）

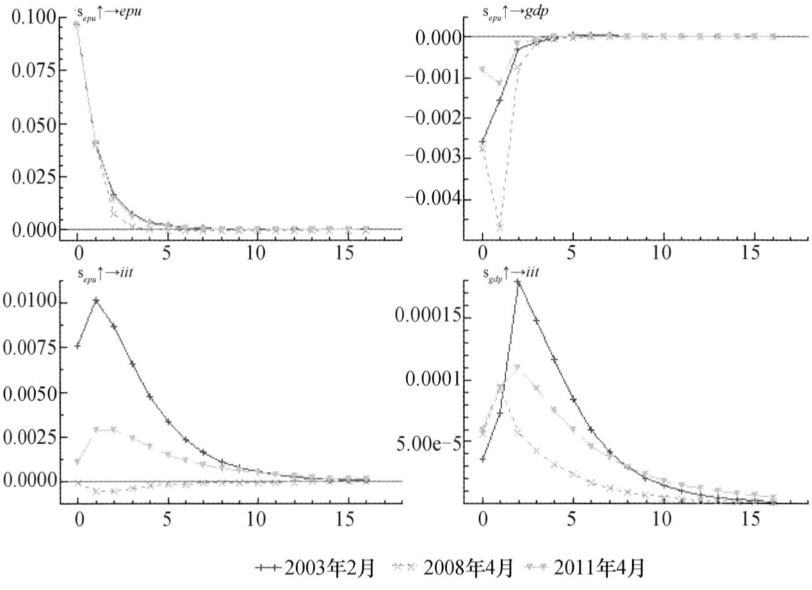

图 9　稳健性检验：变量替换（时点脉冲响应）

指标波动和宏观经济波动对经济政策不确定性的冲击响应方向和趋势依然没有发生明显变化，但是脉冲的数值发生了一定变化，说明经济政策不确定性对入境旅游外汇收入的影响比经济政策不确定性对入境旅游人数的影响效应要大。

五 结论与启示

本文通过建立三变量的 TVP-VAR 模型检验了经济政策不确定性对中国入境旅游的直接以及间接影响，通过脉冲响应结果得到以下主要结论：(1) 不同滞后期脉冲响应的结果显示，经济政策不确定性对入境旅游的直接冲击在不同年份呈现出不同的效应，即存在明显时变特征，且该冲击主要为短期及中期影响，长期中该影响趋于0；(2) 经济政策不确定性对宏观经济波动影响为短、中期的负向效应，而宏观经济波动和入境旅游之间存在相互的正向效应，这一结论也与之前的学者研究结论相符；(3) 经济政策不确定性对入境旅游的直接冲击比通过宏观经济传导对于入境旅游的间接冲击影响更加显著，且持续时期更长；(4) 结合等间隔的脉冲响应和特定时点的脉冲响应分析，在本文研究的 2000—2017 年的统计范围内，经济政策不确定性对入境旅游的负面冲击主要体现在 2008 年前后，2008 年经济政策不确定性对宏观经济冲击到达最大负值，而宏观经济对入境旅游的正向效应也在 2008 年到达最低值。

由于本文选取的时点都是具有经济意义的特殊重大事件的时点，不同时点的脉冲响应结果显示不同时点上经济政策不确定性对入境旅游的影响存在差异。相同时点上，经济政策不确定性对入境旅游波动的影响短期和中期比较明显，长期波动趋于平缓，直至影响消失。影响旅游服务行业的因素有很多，包括经济、政治、文化以及环境等各个方面。本文并没有对这些因素一一进行分析，只是选取了经济政策以及宏观经济波动的角度进行研究，并且通过实证模型验证了经济政策不确定性和宏观经济波动对入境旅游有着重要影响作用，而且发现经济政策不确定性对入境旅游指标的直接影响比间接影响效应更为显著。

本文研究再次证实旅游服务业容易受到外部冲击的影响，存在一定的脆弱性。为了降低经济政策不确定性对中国入境旅游的影响，本文认为，一方面减少经济政策的频繁变化是必要的，实施稳定、持续的政策有利于加强公众对政府的信任程度，对于入境旅游的良好发展有重要的推动作用；另一方面增加经济政策的透明度，保持和公众的信息沟通，引导公众合理预期，有利于增强旅游经济应对外部冲击的抵抗力，将政策不确定性对旅游业的不利影响化解到最小范围。

参考文献

[1] 杜富荣:《国际金融危机对我国旅游业的影响及对策研究》,《南方经济》2009 年第 5 期。

[2] 黄甫喆、陈孝伟:《人口老龄化对中国宏观经济增长路径的影响——基于 TVP-VAR 模型的实证研究》,《上海金融》2020 年第 1 期。

[3] 金春雨、张德园:《世界主要经济体宏观经济不确定性的时变双向溢出效应分析》,《经济问题探索》2019 年第 8 期。

[4] 金雪军、钟意、王义中:《政策不确定性的宏观经济后果》,《经济理论与经济管理》2014 年第 2 期。

[5] 李九全、李开宇、张艳芳:《旅游危机事件与旅游业危机管理》,《人文地理》2003 年第 6 期。

[6] 李军、保继刚:《旅游经济脆弱性特点与产业联系——基于张家界旅游经济的实证研究》,《旅游学刊》2011 年第 6 期。

[7] 李维维、马晓龙:《国内旅游经济周期与宏观经济周期同步吗?——基于 MS-VAR 模型时变特征的验证》,《旅游学刊》2017 年第 11 期。

[8] 刘长生、简玉峰:《中国入境旅游市场需求的影响因素研究》,《产业经济研究》2006 年第 4 期。

[9] 刘汉、宋海岩、王永莲:《入境旅游人数，收入与我国经济增

长——基于混频 Granger 因果关系检验的实证研究》,《经济管理》2016 年第 9 期。

[10] 庞超然、杜奇睿:《经济政策不确定性,金融周期及宏观经济效应——基于 TVP-SV-VAR 模型的分析》,《经济问题探索》2019 年第 8 期。

[11] 乔宁宁、陈建宝:《宏观经济波动对我国入境旅游发展的影响分析》,《旅游学刊》2013 年第 2 期。

[12] 宋丹丹、张东、尹齐炜、何富美:《网络新闻,需求者关注与房价——基于时变参数向量自回归模型的研究》,《南方经济》2019 年第 4 期。

[13] 宋瑞:《旅游服务贸易,经济增长与汇率——基于美国数据的 VAR 模型分析》,《经济管理》2015 年第 10 期。

[14] 王纯阳、黄福才:《基于 VAR 模型的入境旅游需求影响因素研究》,《江西财经大学学报》2010 年第 1 期。

[15] 王兆峰、刘红:《突发事件对旅游产业发展的影响研究》,《财经理论与实践》2012 年第 1 期。

[16] 文艳、孙根年:《旅游服务贸易国际分工及中国角色演化研究》,《经济管理》2020 年第 9 期。

[17] 杨玉英、刘辉、闫静:《中国入境旅游演变特征及发展策略》,《宏观经济研究》2019 年第 7 期。

[18] 杨玉英、闫静、胡雨凯、王丹鹤、龚慧:《中国入境旅游业功能定位与宏观驱动因素研究》,《宏观经济研究》2020 年第 2 期。

[19] 张华:《我国入境旅游发展策略研究》,《生态经济》2013 年第 2 期。

[20] 张华初:《中国国际旅游收入的时间序列模型》,《经济评论》2007 年第 2 期。

[21] 张玉娟、赵定涛:《中国入境旅游需求影响因素分析》,《经济理论与经济管理》2008 年第 5 期。

[22] 朱瑞博、张路:《国内经济不确定性是否抑制了外商直接投

资? ——基于时变参数向量自回归模型分析》,《上海经济研究》2019 年第 8 期。

[23] Baker, S. R., Bloom, N., & Davis, S. J., "Measuring Economic Policy Uncertainty", *The Quarterly Journal of Economics*, 2016, 131 (4): 1593 - 1636.

[24] Gabauer, D., & Gupta, R., "On the Transmission Mechanism of Country-specific and International Economic Uncertainty Spillovers: Evidence from a TVP-VAR Connectedness Decomposition Approach", *Economics Letters*, 171: 63 - 71.

[25] Huang, Y., & Luk, P., "Measuring Economic Policy Uncertainty in China", *China Economic Review*, 59.

[26] Nakajima, J., Kasuya, M., & Watanabe, T., "Bayesian Analysis of Time-varying Parameter Vector Autoregressive Model for the Japanese Economy and Monetary Policy", *Journal of the Japanese and International Economies*, 25 (3): 225 - 245.

Influence of Economic Policy Uncertainty on the Inbound Tourism Industry in China

XU Chensheng HU Tian

Abstract: This paper establishes a time-varying parameter vector autoregressive model (TVP-VAR) to analyze the response of China's inbound tourism to economic policy uncertainty and macro economy. Monthly data of economic policy uncertainty index, GDP and the number of foreign inbound tourists from 2000 to 2017 are applied by using MCMC method. The results show that economic policy uncertainty has a short-term negative impact on macroeconomic environment, and China's inbound tourism will be positive impacted by macroeconomic fluctuation in the short term. On the same time, inbound tourism has a significant time-varying characteristic in response to the direct impact of economic policy uncertainty, and the impact of this direct impact is more significant and longer than the indirect impact on inbound tourism through macroeconomic transmission.

Keywords: Economic Policy Uncertainty; China's Inbound Tourism; TVP-VAR Model

新冠肺炎疫情对中国对外贸易的影响及对策分析

——兼与“非典”疫情的影响相比较

刘　芹①

摘　要：2003年“非典”疫情对中国对外贸易产生了一定的的影响和冲击。2020年新冠肺炎疫情暴发，国内外疫情均十分严峻，叠加近几年中国内外经济环境的变化，疫情出现将在短期内一定程度影响中国货物贸易发展，严重冲击中国旅游服务贸易，对外商直接投资的影响也不可忽视。面对疫情，各部门、各层面应该快速反应和积极行动，从根本上控制和消除疫情，政府应该采取积极的经济干预措施，最大限度减弱疫情对中国对外贸易带来的影响和冲击。

关键词：“非典”疫情；新冠肺炎疫情；对外贸易；影响；冲击；对策

2019年12月8日，武汉出现首个新冠肺炎病例，紧接着该病症在武汉境内爆发流行。2020年1月23日武汉发布封城通告前，疫情已严重扩散至湖北境内及全国各省市，全国31个省（直辖市、自治区）陆续启动重大突发公共卫生事件一级响应。2020年1月30日，世界卫生组织（WHO）将新冠肺炎疫情列为“国际关注的突发公共卫生事件”

---

① 刘芹，广东外语外贸大学经贸学院讲师。

(PHEIC)。目前疫情在全球范围扩散，疫情形势十分严峻。截至2020年4月25日9时37分，全球已有200个国家、领地和地区出现病例，中国境外尤以美国、西班牙、意大利、法国、德国、英国的情况最让人揪心。中国境内确诊病例84327，新增病例已输入型为主，死亡人数4642，病死率约为5.50%；中国境外确诊病例已达2714442，死亡人数达到192584，病死率约为7.09%。专家解读新冠肺炎疫情还不能确切说是季节性疾病，因此未来疫情发展还未可知。

新冠肺炎疫情的出现必将对今年甚或未来几年中国对外贸易产生重大影响。回看突发公共卫生危机事件对中国经济特别是中国对外贸易造成的冲击，2003年的“非典”疫情较具可比性。2020年是中国“十三五”规划收官之年，要确保各项目标任务落到实处，工作如期完成，全面建成小康社会，从根本上控制和消除疫情以及疫情影响成为工作的重中之重。

一　2003年“非典”疫情前后中国对外贸易发展状况

2003年上半年，多位专家学者对当年中国对外贸易进行预测。佟家栋等（2003）认为，“非典”疫情不会影响外商直接投资，但是短期内对出口特别是农产品出口影响较大，全年进出口贸易增长率会显著下降，但绝对量减少的可能性不大。牛犁（2003）判断，“非典”对服务贸易的影响大于货物贸易，对中国出口的影响将在下半年逐步显现，外商直接投资也会减少或延迟，但不会改变中国对外贸易的基本增长趋势。黄兆银的研判是，短期内“非典”疫情对经济的冲击难以忽视，下半年中国外经贸形势不容乐观，但不会改变中国对外贸易和引进外资的内在动力和发展的长期趋势。下文做一个事后的数据整理和分析，来了解一下“非典”对中国对外贸易发展的短期和长期影响。“非典”疫情前后这个概念对于时间段的划分有两个标准：一是短期标准，以2003年全年的月度数据来展示；二是长期标准，选择2001年中国加入世界贸易组织到2010年的年度数据。

（一）“非典”疫情前后中国货物贸易发展状况

1. “非典”疫情前后短期内中国货物贸易和农产品贸易发展状况

2003年全年中国货物贸易的月度数据来自国家统计局网站，中国农产品贸易的月度数据来源于RESSER海关系列数据库，通过手选相关产品获得农产品进出口当月数据。由于数据来源不同，表1中2003年农产品贸易额月度数据加总后的当年贸易额是298.2亿美元，与国家统计局网站公布的农产品（第一类活动物、第二类植物产品、第三类动植物油、脂及其分解产品；精制的食用油脂；动植物蜡的相加）年度数据263.9亿美元略有差异，但不影响分析。

表1　　2003年全年中国货物贸易和农产品贸易月度数据

时间	出口总额 10亿美元	进口总额 10亿美元	贸易总额 10亿美元	贸易总额同比增长（%）	农产品出口额 10亿美元	农产品进口额 10亿美元	农产品贸易额 10亿美元	农产品贸易额同比增长（%）
1月	29.78	31.02	60.79	49.5	1.08	0.86	1.94	40.46
2月	24.46	23.78	48.24	37.6	1.16	0.50	1.66	42.39
3月	32.09	32.55	64.64	39.6	1.31	0.93	2.23	44.08
4月	35.62	34.60	70.22	33.8	1.16	1.23	2.39	47.70
5月	33.84	31.60	65.45	39.0	1.05	1.06	2.11	82.95
6月	34.48	32.34	66.81	36.1	1.42	1.19	2.61	112.34
7月	38.11	36.51	74.62	32.8	1.37	1.13	2.50	36.48
8月	37.42	34.62	72.04	27.2	1.27	1.43	2.70	32.77
9月	41.94	41.65	83.59	35.5	1.41	1.60	3.01	46.90
10月	40.93	35.19	76.12	38.0	1.59	0.66	2.25	11.09
11月	41.76	36.89	78.66	31.2	1.57	0.95	2.52	3.13
12月	48.06	42.34	90.40	49.1	2.44	1.45	3.90	52.88
2003全年	438.27	393.90	832.17	37.07	16.83	12.99	29.82	41.79

数据来源：http：//data. stats. gov. cn/，RESSER海关系列数据库。

月度数据表明，2003 年中国货物贸易整体依旧保持前低后高的趋势，全年均匀稳定增长；农产品贸易波动较大，前 4 个月增长稳定，“非典”最肆虐的 5 月和 6 月反而呈现爆发性增长，之后增长回落，11 月出现增长低谷。农产品贸易的波动主要因为农产品贸易的季节性，并非来自“非典”的影响。

2. “非典”疫情前后十年中国货物贸易发展状况

2001 年中国加入世界贸易组织，开启了中国对外贸易的新纪元，货物贸易飞速发展。2003 年“非典”疫情能否阻碍中国货物贸易这辆高速列车。

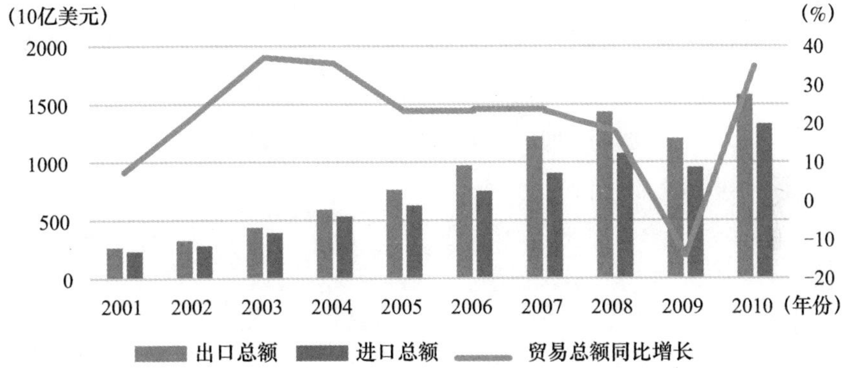

图 1　2001—2010 年中国货物贸易发展状况

数据来源：http：//data. stats. gov. cn/。

通过对中国货物贸易总额同比增长趋势的观察，可以发现，受“9·11”事件影响，2001 年第四季度的贸易急遽下滑导致全年中国货物贸易增长受阻；受美国次贷危机影响，2008 年增长明显下降，2009 年出现负增长；其余年份均保持 20%—37% 的增长率。从长期来看，“非典”疫情只是一次突发事件，对中国货物贸易长期发展几乎没有影响。

（二）“非典”疫情前后中国服务贸易发展状况

“非典”疫情对中国服务贸易的影响要远远大于货物贸易，尤其不能忽视对旅游服务贸易的影响，旅游服务一直是中国服务贸易的重要组成部分。由于服务贸易的特殊性，中国对外服务贸易的月度数据不可获得。2001—2010 年中国服务贸易和旅游服务贸易状况如图 2、图 3 所示。

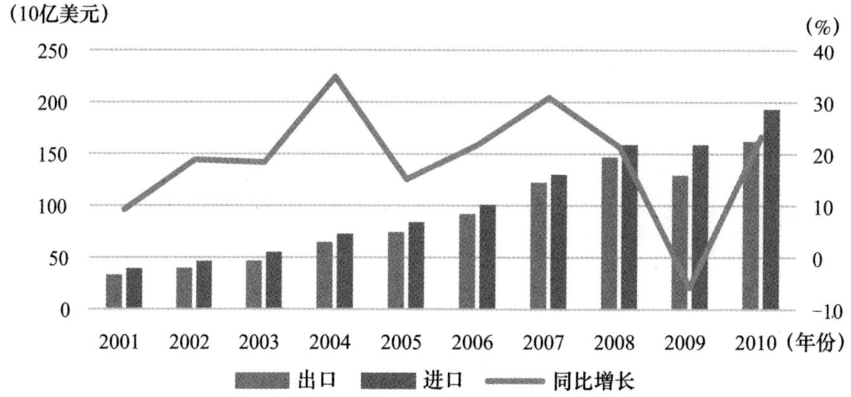

图 2 2001—2010 中国服务贸易发展状况

数据来源：http：//data. stats. gov. cn/。

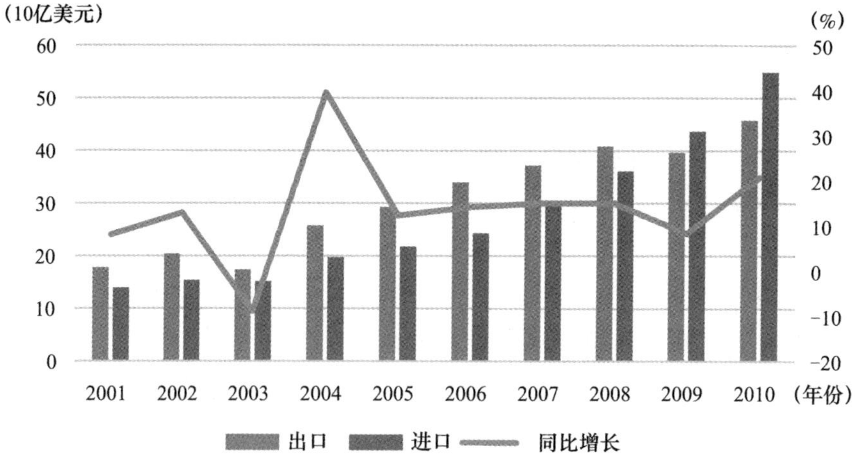

图 3 2001—2010 年中国旅游服务贸易发展状况

数据来源：http：//data. stats. gov. cn/。

2001—2010 年这十年间，抛开 2008 年美国次贷危机对服务贸易带来的影响，2003年的“非典”疫情是冲击中国服务贸易发展的主要因素。2003年，服务贸易增长速度明显缓与其他年份，其中旅游服务贸易是负增长，作为重灾区的中国，来华游客急速下降。拿春季广交会来说，2003年春交会只有23128位客商到会，这与2002年春交会到会客商逾12万人相比，其下滑幅度显而易见（黄兆银，2003）。随着疫情的消除，2004年的旅游消费得以释放，来华游客增长迅速，带动与旅游相关的餐饮、酒店、景点和交通运输业，旅游服务贸易爆发性增长，服务贸易整体也较其他年份增长快很多，出现明显的峰值。

（三）“非典”疫情前后中国引进对外直接投资状况

整体而言，“非典”疫情对中国引进外国直接投资影响不大，短期有冲击，长期由于中国经济体制改革、机构改革以及加入世贸组织后所创造的良好投资环境，国内对各种产品特别是对汽车、住房、电子信息产品等需求的持续高速增长，外商直接投资的预期收益不变。另外，疫情还推动政府运行机制透明度提高、政府领导作风转变，将进一步改善投资环境。因此“非典”疫情造成合同外资金额的减少是暂时的。

表2　“非典”前后中国引进外商直接投资短期和长期状况

年份	合同利用外商直接投资项目数（个）	实际利用外商直接金额（10亿美元）	实际利用外资同比增长（%）	2003年（月份）	合同项目数累计值（个）	累计同比增长（%）	实际利用外资金额累计值（10亿美元）	累计同比增长（%）
2001	26140	46.88	15.14	1月	3349	33.7	3.593	48.2
2002	34171	52.74	12.51	2月	5392	32.2	7.543	53.6
2003	41081	53.51	1.44	3月	8624	36.6	13.086	56.7
2004	43664	60.63	13.32	4月	12198	34.2	17.823	51.0
2005	44001	60.33	-0.50	5月	15175	29.0	23.271	48.2
2006	41473	65.82	9.11	6月	18877	22.3	30.255	34.3

续表

年份	合同利用外商直接投资项目数（个）	实际利用外商直接金额（10亿美元）	实际利用外资同比增长（%）	2003年（月份）	合同项目数累计值（个）	累计同比增长（%）	实际利用外资金额累计值（10亿美元）	累计同比增长（%）
2007	37871	74.77	13.59	7月	22245	19.3	33.354	26.6
2008	27514	92.40	23.58	8月	25730	19.1	36.674	18.4
2009	23435	90.03	-2.56	9月	29539	18.6	40.238	11.9
2010	27406	105.74	17.44	10月	32696	18.0	43.556	5.8
				11月	36616	19.3	47.154	0.2
				12月	41081	20.2	53.505	1.4

数据来源：http：//data. stats. gov. cn/。

在2003年疫情严重时期，中国实际利用外商直接金额累计同比增长（最后一列）30%以上，下半年外商直接投资实际到位金额的增幅明显低于去年同期。相较其他年份，除2005年人民币升值和2009年美国次贷危机影响中国引进外商直接投资金额负增长，2003年受“非典”疫情影响，增长速度下跌至1.44%，说明“非典”疫情对中国引进对外直接投资的短期冲击确实存在。

（四）“非典”疫情下中国对外贸易持续增长的原因分析

持续长达9个月的2003年“非典”疫情，中国货物贸易、服务贸易、引进外商直接投资依然保持持续快速增长，主要源于以下三大因素。

一是国际制造业加速向中国转移，为中国进出口增长提供有力支持。中国政治稳定，经济持续快速增长，市场潜力巨大，产业配套能力强，劳动力质高价低，对外商有很大吸引力。2003年特别是以信息技术为代表的制造业，向中国转移的势头加快。长三角和珠三角地区通过吸引国际产业转移，形成了一大批面向国际市场的外商投资制造企业，进口需求和出口产能明显增大。

二是国内外市场环境逐步好转，为中国进出口增长奠定需求基础。2003年，世界经济缓慢复苏，国际市场需求有所回升，为中国出口的快速增长创造了良好的外部环境。中国多年以来坚持扩大内需的经济政策，国民经济实现持续较快增长，国内居民收入显著提升，居民消费结构逐步升级，国内市场容量不断扩大，同时带动进口需求的进一步增长。

三是中国加入世界贸易组织的积极效应进一步显现，新的增长点不断形成。加入世界贸易组织后中国认真履行承诺，扩大开放领域，建立健全法律法规体系，改善投资环境，增强外商对华投资信心。随着外贸经营权的放开，各类市场经营主体特别是民营企业进出口能力得以释放，进出口自主增长的能力明显增强。2003年中国关税总水平下调，非关税措施逐步减少，刺激了进口的快速增长。

二　新冠肺炎疫情对中国对外贸易可能造成的影响和冲击

与2003年“非典”疫情相比，始于2019年年底的新冠肺炎疫情，其病毒传播方式更接近于流感，具有更高的强传染性，扩散覆盖面更广，病死率虽低于“非典”肺炎，但绝对死亡人数远远高于当年，已引起很大程度恐慌。相比较2003年“非典”疫情时期，今天的中国无论在政治体制、法律法规，还是经济改革、外贸发展、外资引进上都发生了翻天覆地变化，然目前中国所面临的内外部环境十分严峻，势必对中国对外贸易造成一些长期影响和短期冲击。

（一）新冠肺炎疫情对中国货物贸易的影响

面对严峻的境内外疫情发展以及中国内外经济环境的变化，在2019年中国货物进出口同比增长仅3.07%的基数上，2020年的增长将十分有限。

第一，新冠肺炎病毒的传染性十分强，导致部分省域停运停工。预计将出现较长时期的“返工难”“开工难”等问题，这就会打乱整个生产配套体系，拉长生产周期，严重制约出口企业承接新订单的能力和意愿。停运停工同时直接增大贸易交易成本，使得贸易急剧下滑。

第二，2020年中国面临的外部贸易环境更加严峻。2003年“非典”时期尚有中国加入世界贸易组织带来的国际制度红利产生的贸易放大效应。而目前中国外贸在不久前遭受2018—2019年中美贸易摩擦升级后又面临执行《中美第一阶段经贸协议》苛刻条款，很可能产生贸易抑制效应。另外，以美国为首的多个国家开启停止航空、禁止入境的条例，又将带来严重的贸易破坏效应。

第三，当前中国对全球货物贸易市场空间已处于边际递减阶段。中国外贸增长已面临较大的边际增长牵引力困境，即便没有疫情也会呈现贸易边际递减，这就使得2020年上半年中国的外贸状况变得更加严峻。根据中国海关统计显示，2020年一季度中国货物贸易进出口总值6.57万亿元，比2019年同期下降6.4%；其中出口3.33万亿元，下降11.4%；进口3.24万亿元，下降0.7%。随着国内工业生产和居民生活逐步恢复，中国强大的国内市场潜力逐步释放，内需极大地推动进口增长。

（二）新冠肺炎疫情对中国旅游服务贸易的影响

一直以来，突发公共卫生危机事件对服务贸易的冲击大于对货物贸易的影响，尤其对旅游服务贸易的冲击首当其冲。

首先，新冠肺炎病毒毒性强、高度人传人的特性，导致民众足不出户，中国旅游服务贸易将遭重创。中国是2003年“非典”的重灾区，入境人数同比下降6.38%，旅游出口下降17.12%，当年中国旅游贸易为8.92%的负增长（见图3）。美国、意大利、英国、韩国、西班牙、法国、德国是近几年中国公民热衷的旅游目的地，疫情在这些国家严重扩散，加上境外输入病例的持续增加，可以想见，2020 年除来华游客大幅下降之外，旅游出境人数也将大幅下滑。

其次，世界多个国家限制入境和中国加强入境健康管理，为出入境树起了一道人为高墙。中国疫情严重时期，全球有 134 个国家限制中国公民入境，很多签证中心还没有确定具体开放时间。有些国家在华签证业务虽然恢复，但都集中在上海领区。中国外交部发言人表示，针对新冠肺炎疫情海外的扩散态势，需加强入境健康管理，对来自或去过境外严重地区的入境人员需进行集中医学观察 14 天。这些条例和规定必将造成 2020 年中国旅游出入境人数直线下滑。

最后，由于东西方文化和医疗体制的差异、各国对防疫宣传以及疫情控制力度不同，出入境人数均将严重下滑但有分化。西方人认为健康的人可以自由活动，有病的人才需要戴口罩；国内的防疫宣传和专家建议，必须首先保护好自己和家人，无论是否有病出门都必须戴好口罩，最好宅在家中。中国作为疫情严重的国家，防疫工作已经取得阶段性胜利，需要最大限度保证成果。

表 3　　2010—2019 年中国旅游服务贸易发展状况

年份	旅游外汇收入（10 亿美元）	旅游外汇收入同比增长（%）	入境人数（万人）	入境人数同比增长（%）	出境人数（万人）	出境人数同比增长（%）
2010	45.81		13376		5739	
2011	48.46	5.78	13542	1.24	7025	22.41
2012	50.03	3.23	13241	-2.22	8318	18.41
2013	51.66	3.27	12908	-2.51	9819	18.05
2014*	105.38	103.97	12850	-0.45	10728	9.26
2015	113.65	7.85	13382	4.14	11689	8.96
2016	120.00	5.59	13844	3.45	12203	4.40
2017	123.42	2.85	13948	0.75	13051	6.95

续表

年份	旅游外汇收入（10 亿美元）	旅游外汇收入同比增长（%）	入境人数（万人）	入境人数同比增长（%）	出境人数（万人）	出境人数同比增长（%）
2018	127.10	2.98	14120	1.23	14972	14.72
2019	131.30	3.30	14500	2.69	15500	3.53

注：* 2013 年及之前的数据来源国家统计局网站，2014 年开始，入境人员在中国境内的消费均计入旅游收入，因此该年的旅游收入及同比增长比例与往年相比有较大变动。

数据来源：http：//data. stats. gov. cn/，https：//www. mct. gov. cn/。

表 3 显示，近十年中国入境人数年均变化不大，基本保持在 1.28 亿—1.45 亿人次，相比而言，由于中国经济发展带来国民收入快速上涨，出境游成为很多中国公民的消费选择，出境人数十年间涨幅达到 2.7 倍之多。基于以上因素分析，保守估计，疫情将导致 2020 年中国旅游出入境人数同比均下滑 50% 以上。

（三）新冠肺炎疫情对中国引进外商直接投资的影响

2003 年“非典”疫情对中国引进外商直接投资尚有明显的冲击，2020 年新冠肺炎疫情叠加内外经济环境的恶化将使得中国引进外资的形势更加严峻。

其一，中国制造业是全球价值链当中的重要一环，由于疫情引起的复工延误，将导致一些产品的国际生产线断裂。例如，此次疫情造成中国零部件供应中断，韩国现代汽车不得不宣布暂停所有在韩生产线，起亚汽车也宣布将暂时减少产量（沈国兵，2020）。这些状况的出现都会引起外国投资者的警惕，并进一步导致直接投资谈判的推迟和实际引进外资的减少。“非典”疫情对当年中国引进对外直接投资的短期冲击就是一个典型例子：2003 年中国引进外商直接投资增长仅为 1.44%，大大低于 2002 年的 12.51% 和 2004 年的 13.32%（见表 2）。

其二，中国人口红利逐渐消失，资本边际报酬递减出现，2011—

2019年中国引进外商直接投资增长乏力（见表4）。蔡昉（2011）认为，中国人口红利最大化时期在抚养比2013年降到最低点之前达到，并且于2013年之后迅速消失。人口红利的消失意味着一直以来中国所拥有的质高价廉劳动力优势的丧失，资本回报率降低，中国市场对外商投资者的吸引力大打折扣。

表4　　2011—2019年中国引进外商直接投资的发展状况

年份	合同利用外商直接投资项目（个）	实际利用外商直接金额（10亿美元）	实际利用外资同比增长（%）
2011	27712	116.01	9.72
2012	24925	111.72	-3.70
2013	22773	117.59	5.25
2014	23778	119.56	1.68
2015	26575	126.27	5.61
2016	27900	126.00	-0.21
2017	35652	131.04	4.00
2018	60533	134.97	3.00
2019	40888	138.10	2.32

数据来源：http：//data.stats.gov.cn/。

表4数据显示，相较上一个十年的年均两位数增长（见表2），2011—2019年，中国引进外商直接投资基本为个位数增长，且增长速度有逐年下降趋势，其中2012年和2016年为负增长。

其三，2018—2019年中美贸易摩擦导致大批外商从中国撤资，或原定于在中国投资的项目转向东南亚国家和地区。“非典”疫情发生的2003年正值国际制造业加速向中国转移的阶段，中国市场潜力和优质劳动力的巨大优势成为吸引外资的主要因素。中美贸易摩擦期间，美国对来自中国产品进口加征关税，大大增加进口商的成本，阻碍中国产品出口，使得以美国为主要出口市场的外资企业纷纷转向其他国家和地区进行生产。

综合分析该阶段中国所面临的国内外环境，可以预测，2020 年中国引进外商直接投资金额负增长的结局将是注定的。但是，我们也要看到，中国在控制和消除疫情方面所做的努力和所取得的成绩，在防治过程中运行机制和信息透明，这将树立投资者对未来投资中国的信心，因此未来几年的外资引入将会重新走向稳定增长的道路。

三 面对新冠肺炎疫情中国对外贸易发展的对策建议

随着对疫情的有效控制和根本消除，疫情对中国对外贸易的长期影响是有限的，但是短期内对中国外贸发展和外资引进必将形成较大冲击。要消除长期影响和短期冲击，首先在长期要做好对突发公共卫生危机事件的应急管理与危机管理，创造良好的社会环境和营商环境。其次在危机事件发生之后，各部门能够迅速反应，取得民众信任和树立民众信心，及时调整策略和采取积极的干预措施，切实消除疫情和疫情对中国对外贸易发展带来的负面影响。

从长期来看，政府应规范应急管理和危机管理制度（闪淳昌等，2008），创设稳定的社会环境和营商环境，切实消除疫情对中国经济和外贸外资的长期影响。

第一，全面加强以“一案三制”（应急预案，应急管理体制、机制和法制）为核心内容的应急管理体系建设。“非典”期间出台的《突发公共卫生事件应急条例》，标志着中国卫生应急处理工作开始实现法制化。随着“一案三制”体系建设，中国的应急管理工作逐渐进入制度化、规范化、法制化轨道。

第二，要建立一个全方位、立体化、多层次、综合性的公共卫生应急管理网络，应对类似“非典”、新冠疫情等来自外部的突发公共卫生危机事件。横向政府职能部门能通力合作，协同作战，纵向各级公共卫生部门能高效协调，统一行动，同时重视与世界卫生组织（WHO）等国际机构的交流与合作（薛澜等，2003）。钟南山院士提出需加强疾病预防控制中心（CDC）的建设并提升其地位。

第三，对于重大危机突发事件，必须进行全过程和全方位的管理方略。一是事前增强风险意识。切实做到未雨绸缪、居安思危，加强各种风险及危机的分析、规避、防范与预备；二是事中快速反应和协调应对。既有统一指挥，又有责任分工，及时控制事态蔓延，减少负面影响；三是事后调查总结与反思。要认真进行调查总结，深入反思问题，善于变危机为机遇，实现共同发展与进步；四是通力合作，实现共生共存。树立多元主体合作参与的理念，充分调动一切积极因素，有效规避、防范和减轻有关突发紧急乃至危机事件的实际威胁。

面对新冠疫情带来的短期外部冲击，任何国家政府都应该采取积极的干预措施，切实消除疫情和疫情对中国经济和外贸带来的负面影响和冲击。

第一，充分认识新冠疫情的复杂性，从根本上控制和消除疫情。国内多个省市已实现连续多日病例零增长，目前确诊病例以输入型为主，因此要根本控制并消除全国疫情，还取决于三个因素：一是控制传染源，切断传染途径，防止疫情反复；二是防范境外传染源的输入。目前国外疫情十分严峻，必须充分估计疫情的复杂性，清醒评价疫情防治工作的成果；三是寻求有效的治疗方案和提高科学防疫手段。

第二，及时解除不必要的关卡和对人员流动的限制，恢复经济生活的正常秩序。现阶段国内防疫的成绩显著，但主要是靠实施严格的隔离及限制人员流动等措施，这些措施对于迅速遏制疫情是必要和有效的，但对经济运行和人民生活会造成一些影响。应引导和帮助出口制造企业尽快返工复产，为中小企业创造更加公平的营商环境；转变即将到来的广交会运作模式，开展云谈判、云操作和云交易；控制和消除疫情助力下半年进博会的顺利召开。

第三，采取适度宽松的货币政策和积极的财政政策，降低出口企业特别是中小微型出口企业的融资成本和税收负担。受疫情影响，宏观经济短期内受到较大负面冲击，央行通过多种方式和渠道向市场注入流动性，并相应引导利率下行，最近的一些操作包括 LPR 下调、利率下调就是给市场释放一个信号。这些操作虽然降低了中小微企业的融资成本，但也要关注后续可能带来的通胀压力。政府要扩大对出口企业特别是中小型出口企业给予补贴和降低税负，保证他们顺利复工复产并有一定的营收。

第四，加强知识产权等领域的改革和制度创新，提升营商环境来增强吸引外资、促进外贸发展，实现中国经济的可持续增长。党的十九届四中全会强调要坚定制度自信、发挥制度优势、推进制度建设。中国对外贸易要实现可持续发展，需要加快推动由商品和要素流动型开放向规则等制度型开放转变，建设更高水平开放型经济新体制，完善涉外经贸法律法规，深化外贸体制改革，坚持市场化原则，强化科技创新、制度创新、模式和业态创新，切实改善营商环境，增强对外资的吸引力，促进货物进口与出口、货物贸易与服务贸易、贸易与双向投资、贸易与产业全面均衡协调发展。

第五，加强与新冠肺炎病毒有关的技术检验标准和卫生检疫标准的建设。公共卫生危机事件的爆发，使民众对产品的卫生标准产生了更高的要求。2003 年“非典”疫情期间，中国农产品、纺织和轻工等行业的出口受到较大冲击。2020 年由于新冠肺炎疫情暴发，人们将更加注重商品卫生标准及其可信度。为保证中国出口产品的质量，需要尽快出台与新冠病毒有关的卫生检疫标准和检疫技术，并予以公布和执行，为厂商提供产品未受新冠病毒感染的科学证明。

参考文献

[1] 蔡昉:《中国的人口红利还能持续多久》，《经济学动态》2011 年第 6 期。

[2] 牛犁:《未改变基本增势——SARS 对中国外贸的滞后影响》，《国际贸易》2003 年第 7 期。

Impacts of the COVID – 19 Epidemic on China's Foreign Trade and Related Countermeasures

LIU Qin

Abstract: SARS epidemic of 2003 brought some influences and impacts on China's foreign trade in some degree. The outbreak of COVID epidemic in 2020, along with the change in economic environment domestically and abroad in recent years, will influence the development of China's commodity trade to some extent, have a heavy hit on China's tourism service trade, also bring out some impacts on inward FDI. Facing the severe epidemic, all departments and all levels should respond as soon as possible and act positively, controlling and eliminating the epidemic, the government should call for fresh measures to interfere with the economy, relieving the epidemic's impacts on China's foreign trade to the greatest degree.

Keywords: SARS Epidemic; COVID – 19 Epidemic; Foreign Trade; Influences; Impacts; Countermeasures

税基流动条件下粤港澳大湾区税收协作的损益分析

李传喜[①]

摘　要： 在税基可流动条件下（如转移定价），粤港澳大湾区内广东省、香港特别行政区、珠三角各市之间的税收竞争导致的非合作均衡，不仅会造成整个大湾区内总贸易量和税收收入水平下降，还会导致省区间重复征税或漏征税的情况。而大湾区内相关省市区之间进行税收协作，则会提升整个大湾区内的税收收入总量，减少对企业的双重征税、避免企业恶意转移利润，同时也能促进大湾区内总贸易量的增多，实现“多赢”格局。此外，通过贸易量的增加还能提高大湾区内跨国（省）公司的总利润水平。而在广东省、香港特别行政区、广州深圳等市等政府间实施“转移支付补偿”条件下，区域税收协作也能够增加大湾区内全部省、区、市政府各自的税收收入量。结论是：争则损，合则益。

关键词： 税收竞争；税收协作；损益分析

本文基于企业税基可流动的条件（如通过转移定价），从理论上对广东省、香港区及珠三角各市（如广州、深圳等）之间的税收如何进行协作及其损益问题进行探讨。就国际税收竞争这一主题，众多国内外

① 李传喜，广东外语外贸大学经济贸易学院教授、博士、硕士生导师。

学者已经进行过探讨，研究结果表明，若各国均在税收领域进行恶性竞争，实行单边主义政策，将严重损害各国自身的经济发展。推而广之，一个国家各个省份（包括粤港澳大湾区内）之间的税收竞争也具有同样的特征。由于存在“三地三制”，粤港澳大湾区内各省市区税制、征管制度和税收优惠政策，以及外汇管理体制等完全不同，实际税收负担率和征收率等客观上也存在较大差异。广东省内各市区之间由于一定程度的地方税权分权、税收优惠政策差异和征管力度差异等客观存在，同样使得税收负担率的实际差异客观存在。而税制和税收负担率的差异会影响到广东、香港、深圳市等企业的经营决策和相关政府的税收收入水平，影响到大湾区内贸易总量和经济发展水平的高低①。

一 假定和模型

本文以一个经济模型为例来探讨这种现象及其结果。

假设某大型跨国公司在广东（A）、香港（B）两省区经营两家子（分）公司。产品在广东省（A）进行生产后全部运输到香港（B）进行销售（反之亦可，也可以从香港进口原材料运到广东加工后复出口外销香港），产品数量为 S，销往香港的内部转移价格（调拨价格）为 q（表面看也是产品市场价），香港公司（B）再外销给最终消费者的价格为 P（均为单价）。广东（A）、香港（B）两省区的企业所得税实际负担率分别为 t_A、t_B [t_A、$t_B \in (0, 1)$]，且假设 $t_A > t_B$（也可以是 $t_A < t_B$。可以证明，总结论不变）（$t_A \neq t_B$）。

假设 1：①广东省、香港区政府（税务部门）都符合亚当·斯密提出的经济人假说；②宏观上大湾区内不同的省区实行不同的税收政策和征收率，因而使得微观上各省区市的企业实际税收负担指标不同，即不同省区企业税收综合负担率的差异体现了不同地区税赋差异；③各省区市政府（税务部门）之间进行的是完全信息博弈，故不存在信息不对

① 中共中央、国务院印发《粤港澳大湾区发展规划纲要》，新华网，2019 年 2 月 18 日。

称的情况。各省区税收相关的决策都基于对其他省区市政相关决策的充分了解。

假设2：假设可用企业所得税（公司税、利得税）的实际税收负担率来体现企业的税赋情况。该假设是考虑到增值税和消费税等税种可以税负转嫁和出口退税，且很少有优惠（增值税为价外税），因此，我们这里主要考虑企业所得税负担率。

（一）关于基本模型的讨论

在无法律约束的条件下，集团公司为了操纵集团总利润，将进行内部关联交易，如从高税负的省区（如广东）生产或加工产品，而后再出口到低税负的省区（如香港）进行销售。为了使得总利润或者联合利润最大化，该跨国（省区）经营的公司倾向于选择以较高的进货价格从香港购进原材料及零部件，加工生产完成后再在香港市场上以较低的内部转移价格进行销售，以便将集团公司的经营利润转移至低税区的香港，使得整个集团公司总的税后净利润最大化。诸如此类，公司实际税负的降低会使得高税省份广东的税基降低（最低可低至零甚至亏损）。广东省的税务部门税收减少、最糟糕时甚至可无该公司所得税可征收（据实际调查，珠三角外商投资企业几十年“长亏不倒”现象长期存在）。整个跨国公司的税负人为降低应纳税额，造成了企业所得税税基在广东省和香港特别行政区之间的不正常转移。诚然，这是极端情况。可以证明，这相当于跨国公司与香港政府一起合谋瓜分了本应该属于广东省部分税收（另外还有一小部分税收因为该税基转移行为被豁免掉了）。如果香港税负较高而广东省税负较低（如设立税收特区等），情况反之同理。

上述从香港购进原材料及零部件同样也可以是购进机器设备等固定资产、借贷资金（价格为利率）、购进或外包服务、支付无形资产专利技术使用费等。反之，从广东外销香港的产品种类也可以推至这些资产或服务。

（二）对基本模型的改进

首先，为了避免诸如上述的极端情况，我们依据国际转移定价准则进一步做出假定，即假定粤港澳大湾区内各省区市政府（税务机关）都是明智的，且其间信息完全。各政府规定一个必要的内部调拨价格区间——在企业所得税年度汇算清缴时，在税收法规上规定一个必要的“正常市场交易价格”（arm's-length price）区间——对跨国公司的内部关联交易实行价格限定，强制将其交易价格规定在一个法定合理区间内，并且按照该合理市价来计算应纳税所得额和报税（同期资料准备、关联交易价格申报、汇算清缴计税等）[①]，否则将进行特别纳税调整。于是，产品税收负担相对较低的进口省区政府会倾向于规定较低的产成品内部交易价格，例如，产成品进口地区香港 B 倾向于利用税收政策减少企业进口成本。得益于该政策，企业进口产品成本的减少会使其获得相对较高的应税利润（税基）。而出口省市（区）政府（税务机关）（如广东省）则希望规定较高的内部转移价格，以便增加自己税基。这种各自制定自己［本省（区、市）］税收政策和各自独立认可“正常市场交易价格”的行为就是“非合作”的含义之一，即企业所得税纳税清缴时独立认可本国（省、区）的关联交易公平市价。

其次，“非合作”的含义也可以理解为由于两省区税制不同或两省区税务部门缺乏价格沟通合作机制，进而导致价格信息不畅通，使得跨国公司在两省区之间可以依据不同的税收政策使用不同的报税价格 Q、q 计算报税（报送年度同期资料及计算纳税等）。在现实中，由于商品（原材料、无形资产、固定资产和劳务、服务等）种类繁多，各省区市税务部门并没有从数量上具体规定某种商品的“正常价格区间”，但这种税收宏观控制制度客观存在，并且定期强制抽查[②]。国际贸易中，跨

---

① 详见《特别纳税调整实施办法》（国税发〔2009〕2 号）、《国家税务总局关于完善关联申报和同期资料管理有关事项的公告》（国家税务总局公告 2016 年第 42 号）等。

② 如见《广东省税务局企业年度关联业务往来报告表（2016 年版）填报范例及要点》、《深圳市税务局关于 2018 年度关联申报与同期资料准备的通告》等。

国公司内部交易量占到整个国际贸易量的60%以上，很多商品国际市场价格就是该跨国公司产品内部交易的转移（调拨）价格。跨省（区）贸易企业（集团公司）很容易通过转移定价将某省区（如广东）税基调节至零。一般而言，迫于税法压力，我们可理解为跨国企业依据自身风险水平进行估计测评或者说依据企业良心而将其利润（税基）控制在合理范围内，这一范围称为“内部转移价格区间”。

下面以大湾区内该集团公司在广东、香港的税负差异为前提，本文将就该公司内部转移定价转移利润避税的问题，在合作与非合作博弈的纳什均衡状态下，对两省区市政府（税务机关）的税收竞争与合作进行分析。

二 分析比较合作与非合作均衡下的各要素量

（一）从跨国贸易集团公司的视角探究税负差异对大湾区贸易量的影响

为简便起见，先假定该跨国公司广东子公司全部原材料在广东 A 本地采购，A 公司产品产量为 S，全部外销给香港 B 公司，内部转移价格为 q（调拨价格，暂视为固定）。包含材料成本在内的产品总成本为 C $[C=C(S)]$，合理假定该产品的边际成本 $\frac{\partial C}{\partial S}=C'$ 为常数。

按税法规定，广东省 A 公司报告给广东省税务机关的税前利润量是：

$$\pi_A = S \cdot q - C(S) \tag{1}$$

同理，B 公司报告给香港税务机关的税前利润量是：

$$\pi_B = R(S) - S \cdot Q \tag{2}$$

其中，当销售数量为 S 时，$R(S)$ 是香港 B 子公司的产品流向最终消费者时的销售收入。$R=R(S)$。按照经济学原理和边际收益递减规律，应该有 $R'(S)>0$，$R''(S)<0$。

假设两个公司分别按各自所在省区的实际税率缴纳企业所得税（公

司税和利得税），其中 A 公司依照税率 t_A 报税，B 公司依照税率 t_B 报税。现实情况是广东省、香港区、澳门区税率不等、税基也不同。在“三地三制”下，A、B 公司确实是分别按各自所在省区的实际税率缴纳企业所得税或利得税，而如前所设，Q 是 B 公司按香港（B）税收法规要求报告的该产品内部转移价格，q 是 A 公司按广东省（A）汇算清缴法规报告给广东省税务机关的该产品内部关联交易价格（转移价格或调拨价格）。上述“非合作”的情况是指 q、Q 公平价格分别由各省区政府税务机关独立认定（或跨国企业自定），q、Q 可以相等或不相等。

A、B 公司税后利润分别为（不考虑关税、对港贸易税等）：

$$\pi_A = (1-t_A)\ [S \cdot q - C(S)]$$

$$\pi_B = (1-t_B)\ [R(S) - S \cdot Q]$$

将该跨国集团公司税后总利润或联合利润（Total Net Profit）记为 π：

$$\begin{aligned}\pi &= \pi_A + \pi_B \\ &= (1-t_A)\ [S \cdot q - C(S)] + (1-t_B)\ [R(S) - S \cdot Q] \\ &= (1-t_B) \cdot R(S) - (1-t_A) \cdot C(S) + (1-t_A) \cdot S \cdot q - (1-t_B) \cdot S \cdot Q \\ &= (1-t_B) \cdot R(S) - (1-t_A) \cdot C(S) + t_B \cdot S \cdot Q - t_A \cdot S \cdot q + S \cdot (q-Q)\end{aligned}$$

下面分析为使整个公司的税后利润 π 最大化，跨国公司该如何选择销售量（贸易量）S 由利润最大化条件（最佳 S 条件）（π_S 对 S 求导数并令其等于 0），即：

$$\frac{\partial \pi}{\partial s} = (1-t_B) \cdot R' - (1-t_A) .\ C' + t_B .\ Q - t_A \cdot q + q - Q = 0,$$

得：$(1-t_B) \cdot R' = (1-t_A) \cdot C' - t_B \cdot Q + t_A \cdot q + Q - q$

$$\therefore R' = \frac{1-t_A}{1-t_B} \cdot C' - \frac{1-t_A}{1-t_B} q + Q \qquad (3)$$

在符合经济学原理的基础上，我们将问题简化：假设产品国际市场需求函数 S 是线性的，产品边际成本 $C' = \frac{\partial C}{\partial S}$ 为常数[3]，A 公司产量等于其销量，也等于B公司进销量（B公司产品 S 全部销售，库存为零），即 S 也等于国际市场需求量。P 是产品的国际市场价格（香港B公司销售给最终消费者的价格，为外生变量，即 $\frac{\partial P}{\partial S}=0$）。

设线性需求函数为：$S=a-b\cdot P$（a、b 为常数） (4)

由B公司：$R(S)=P\cdot S$，得：$\frac{\partial R}{\partial S}(R')=P$ (4)′

将（3）式、(4)′式代入（4）式得：

$$S=a-b\cdot P=a-b\cdot R'$$

$$=a-\frac{1-t_A}{1-t_B}.b.\ (C'-q)\ -b.Q \quad (5)$$

从（5）式可以看到，A、B省区间内部最佳商品转移量（贸易量）S 由以下因素决定：所生产产品的边际成本 C'、内部转移价格（或报税价格）q 和 Q，以及广东、香港两省区企业所得税实际负担率 t_A、t_B。

进一步讨论：

当两省企业所得税实际负担率相等时，即 $t_A=t_B$，由（5）式可知：

$$S=a-b\cdot C+b\cdot q-b\cdot Q,$$

其中，右端不包含 t_A、t_B，即：$t_A=t_B$时，两地企业所得税实际负担率的高低不影响A、B间的最佳贸易量 S 值。

结论：

若 $t_A\neq t_B$，则广东（省）和香港（区）之间最佳贸易量 S 的大小决定于两省区企业所得税实际负担率 t_A、t_B的高低、产品内部转移价格（或报税价格）q、Q，以及产品的边际成本 C'。若 $t_A=t_B$，则A、B间的最佳贸易量 S 与两地所得税负担率 t_A、t_B数值无关。

（二）从广东省、香港特别行政区地方政府的角度分别考虑各要素决定

假设广东省、香港特别行政区的企业所得税实际负担率为外生变量（t_A、t_B已定）。现在广东省、香港特别行政区政府（税务机关）的问题是各自希望最大化本省（区）子公司A、B的应税利润（税

基），以便扩大其自身企业所得税（香港为公司税或利得税）的税收收入 T_A 或 T_B。

1. 从广东省政府（A）角度看其最佳转移价格 q^* 决定

对广东省政府（税务机关）而言，作为产品出口方，它希望 A、B 公司间内部转移价格 q 设置越高越好，这样可以增加广东省 A 公司的应纳税利润（税基）。而对于跨国公司集团来说，内部转移价格 q 越低于自身越有利，这样可将利润转移至低税区的香港 B 公司。广东省政府和跨国企业两者期望目标不一致，存在博弈问题。

设此时广东省税务机关认可的跨省公司内部转移价格（汇算清缴公平价格）为 q，广东 A 公司上交广东省（税务机关）的企业所得税为：

$$T_A = t_A \cdot [S \cdot q - C(S)]$$

由偏导数含义及函数值最大化条件，要使广东省政府税收最大化必须满足条件：$\frac{\partial T_A}{\partial q}=0$。

得：$\frac{\partial T_A}{\partial q}=t_A.\left(\frac{\partial S}{\partial q}.q+S-\frac{\partial C}{\partial S}\frac{\partial S}{\partial q}\right)=0$

因为 $t_A \neq 0$，上式也即：$\frac{\partial S}{\partial q}.q+S-\frac{\partial C}{\partial S}\frac{\partial S}{\partial q}=0$ （6）

设此时广东省政府 A 希望的最佳转移价格记为 q^*，合理假定产品边际成本 $\frac{\partial C}{\partial S}=C'$ 为常数，并考虑到收入最大化时最终产品的边际收益 $\frac{\partial R}{\partial Q}$ 等于其边际成本 $\frac{\partial C}{\partial S}=C'$（为常数），将（5）式代入（6）式，得：

$$\frac{\partial S}{\partial q}q+a-\frac{1-t_A}{1-t_B}bC'+\frac{1-t_A}{1-t_B}bq-bQ-C'\times\frac{\partial S}{\partial q}=0 \qquad (7)$$

并由（5）式对 S 求导数，代入（7）式，变形、化简，得广东省政府 A 希望的最佳转移价格 q^* 为：

$q^*=\frac{Qt_A}{2t_A}+\frac{1}{2}C'+\frac{r(1-t_B)}{2t_A b}$（其中：设 $r=a-\frac{1-t_A}{1-t_B}aC'$）

考虑到实际情况 q^* 不能为负数，所以：

$$q^{*}=max\ [\frac{Qt_{A}}{2t_{A}}+\frac{1}{2}C'+\frac{r\ (1-t_{B})}{2t_{A}b};\ 0]\tag{8}$$

由（8）式可知，q^*在此是 Q 的函数，即 $q^*=f(Q)$。也表明广东省政府 A 与香港区政府 B 希望的最佳转移价格 q^*与 Q 之间构成函数关系。同时，q 也是产品的边际成本 C'、两省区企业所得税率 t_A、t_B以及需求函数斜率 b 等的函数。结果显示：q^*与 q^*之间存在博弈，无法各自单独决定。

2. 从香港特别行政区政府（B）角度看转移价格决定

同理，对于产品进口方香港特别行政区政府（税务机关）而言，则 A、B 公司间的内部转移价格设定越低对其税收的增加越有利。香港 B 公司通过减少进口商品成本，提升了其应纳税利润或税基。该集团公司总部对进口商品价格的期望与香港特别行政区政府（税务机关）一致，借此公司可以将利润转移至低税的香港区。跨国公司集团与香港特区政府利益一致。

如前，假设此时跨国子公司 A、B 间内部转移价格设置为 Q（实际上 Q 可以等于 q 为同一数值），则有该 B 公司上交香港特区政府的企业所得税（公司税、利得税）收入为：

$$T_{B}=t_{B}\ (R-SQ)$$

由税收收入最大化条件$\frac{\partial T_B}{\partial Q}=0$及偏导数含义，得：

$$\frac{\partial T_{B}}{\partial Q}=t_{B}\ (\frac{\partial R}{\partial S}.\ \frac{\partial S}{\partial Q}-S-\frac{\partial S}{\partial Q}Q)\ =0$$

因为 $t_A\neq 0$，上式也即：

$$\frac{\partial R}{\partial S}.\ \frac{\partial S}{\partial Q}-S-\frac{\partial S}{\partial Q}.\ Q=0\tag{9}$$

将（5）式之 S 代数式，以及 S 对 Q 求导数$\frac{\partial S}{\partial Q}$之代数式，分别代入（9）式右端，并考虑到收入最大化时产品的边际收益$\frac{\partial R}{\partial Q}$等于其边际成本$\frac{\partial C}{\partial S}=C'$（为常数），化简变形后，得到于 B 最有利的最佳转移价格 Q

（Q 大于 0）。

$$\therefore\ Q^* = \frac{qt_A}{t_B\ (2 - t_B)} + \frac{1 - t_A}{2 - t_B}.\ C' - \frac{r\ (1 - t_A)^2}{b\ (1 - t_B)\ t_B}$$

它是 q、C' 等的函数，即 $Q^* = f\ (q)$。

同理，考虑到实际中 Q^* 不能为负数，所以：

$$Q^* = max\ [\frac{qt_A}{t_B\ (2 - t_B)} + \frac{1 - t_A}{2 - t_B} \cdot C' - \frac{r\ (1 - t_A)^2}{b\ (1 - t_B)\ t_B};\ 0] \qquad (10)$$

也就是说，香港政府（B）希望的最佳转移价格 Q^* 是广东省政府（A）规定的公平转移价格 q^*（A 公司报告的转移价格）的函数，也是产品的边际成本 C'、两省区企业所得税负担率 t_A、t_B，以及需求函数斜率 b 等的函数。

综上可得，各个因素相互影响，香港特区政府 B 希望的最佳转移价格 Q^* 也需要与广东省政府（税务机关）进行协商所得，无法由单方意愿决定。

（三）非合作均衡下的各要素量分析

1. 非合作纳什均衡状态

由上可知，非合作状态下，两省区政府 A、B，为了各自税收收入最大化，二者独立制定企业所得税汇算清缴规定。从（8）式与（10）式我们可得，当跨国（省区）经营的贸易公司依照不同税收法规报税，将得到不同的最佳转移价格 Q^* 与 q^*。但 Q^* 与 q^* 值等或不等还与企业报税价格的情况有关。

现令两者相等（$Q^* = q^*$），考察政府间不进行税收协作时能否达到纳什均衡。

联立（8）式与（10）式，解方程组，得：

Q^*_{nc}、q^*_{nc} 分别为：

$$Q^*_{nc} = max\ [\frac{C' -\ (1 - t_B)\ (1 - 2t_B)\ (a/b - C')}{(3 - 2t_B)\ t_B};\ 0] \qquad (11)$$

$$q_{nc}^{*}=\begin{cases}C'+(1-t_B)(a/b-C')/(3-2t_B)t_A,\ 当\ Q_{nc}^{*}>0\ 时\\ 1/2C'+r(1-t_B)/(2bt_A),\ 当\ Q_{nc}*=0\ 时\end{cases} \tag{12}$$

考察（11）式、（12）式可看到：当 $t_B<0.5$ 时，公司 B（香港特区政府方）总会设置最佳 Q_{nc}^{*} 低于 C'，使得利润最大化。反之，广东省 A 总会设置转移价格 q_{nc}^{*}，使其高于边际成本 C'。如果贸易发生在完全独立的公司间，且产业或产品是竞争性的，则按照边际收益等于边际成本的利润最大化原则，应该使得边际收益 R' 等于边际成本 C'，边际成本 C' 代表正常市场交易价格，而 $t_B<0.5$ 时的 Q_{nc}^{*}、q_{nc}^{*} 却不等于边际成本。故这种非合作均衡时 Q_{nc}^{*}、q_{nc}^{*} 的设置是低效率甚至无效率的。

再考察 $q_{nc}^{*}-Q_{nc}^{*}$ 的符号：因为 $0\leqslant t_A$、$t_B\leqslant 1$（实际小于 0.5），故 $(3-2t_B)>0$，$(1-2t_B)\geqq 0$，$(1-t_A)>0$，$(1-t_B)>0$；且 a、b 均大于零；$(a/b-C')>0$，$(1-t_B)/(3-2t_B)t_A>-(1-t_B)(1-2t_B)/(3-2t_B)t_B$，因可以推断出上述 $q_{nc}^{*}-Q_{nc}^{*}$ 大于零，因此，对上述非合作均衡，总有 $q_{nc}^{*}\geqslant Q_{nc}^{*}$。

由上可知，在非合作纳什均衡的情况下，广东省政府（A）为了实现本省应税利润最大化，倾向于采取一个更高的内部转移价格（比香港特区政府 B 能允许的价格上限还高）。此举会导致对跨省区经营的公司利润的重复征税（Q_{nc}^{*}、q_{nc}^{*} 差异引致），即当集团公司将产品销至香港地区时，如果售价达不到广东省政府限定的最低价格，该集团公司将为实际售价与限定价格之间的差价纳税。而企业若以反向不同价格报税，则会导致所得税的漏征。对于集团公司和香港特区政府（B）来说，当企业通过税收筹划设置较低的内部转移价格时（低价进货），可以通过降低成本将利润转移至低税区的香港公司（B），此举与广东省政府（A）的税收利益相悖。

2. 非合作纳什均衡时的贸易量

将（11）式、（12）式代入（5）式，得到跨国（省区）公司的销售量是：

$$S_{nc} = \begin{cases} (a - bc')/[(3 - 2t_B)] & \text{若 } \hat{Q} \geq 0 \\ a/2 - bC'/[2(1 - t_B)] & \text{若 } \hat{Q} < 0 \end{cases} \tag{13}$$

S_{nc}就是非合作均衡状态下的贸易量。

在无税收规则限制的情况下，跨国公司会简化税收函数。令边际收入等于边际成本，此时的正常市价下最佳转移量（贸易量）表示为（特殊情况）：

$$S_{c0} = b\ (a/b - C') = a - b \cdot C'$$

3. 非合作纳什均衡时的总税收收入

非合作均衡状态下，广东、香港两省区税务机关征收的税收总量为：

$$T_{nc(A+B)} = t_B \cdot [R\ (S) - S \cdot Q] + t_A\ [S \cdot q - C\ (S)]$$

非合作均衡状态下，将各相应 q、Q、S 值代入，得：

$$T_{nc(A+B)} = b\frac{4 - 3t_B}{2\ (3 - 2t_B)^2}\ (a/b - C')^2 \quad \text{如果 } Q > 0 \tag{14}$$

4. 非合作均衡时跨国（省）公司的总税后利润

由上，可求出跨国公司的全球税后净利润为：

$$\pi_{nc(A+B)} = \frac{1 - t_B}{3 - 2t_B}\ (a/b - C')\ S_{nc} - \frac{1 - t_B}{2b} S_{nc}^{\ 2} \quad \text{如果 } Q > 0 \tag{15}$$

5. 小结

在省区间政府非合作条件下，我们得到了区域税收总量、贸易量，以及跨省（区）公司的税后总（净）利润。它们均与进口省区香港和出口省区广东的所得税负担率高低有关。在非合作纳什均衡状态下，出口国总是希望比进口国更高的内部转移价格，而这往往会导致对跨国公司利润的双重征税现象。这些数据为后文分析省区间政府在合作均衡条件下的各要素量提供了比较对象。

（四）合作均衡下的各要素量

1. 合作的纳什均衡状态

假设在此处将“合作”的含义定义为：

①税收政策的统一。该统一包括广东和香港两省区的税务机关统一

认定一个“公平的、单一的”计税正常市场价格（$q^* = Q^*$）。建立起税收协作机制，跨省区的大公司定期交换产品或服务价格信息。两省区税务机关应当定期整理并交换跨省区企业产品或服务的价格信息，从而迫使跨省区企业在该区域内使用统一且公平的正常交易价格报税（$q^* = Q^*$）。

②两省区税收优惠和税率的统一。目的是使得广东省和香港特别行政区的企业税收负担率基本相等。但这较难通过税收立法实现。不过，可以通过抵免、税收优惠、退税等其他合作方式实现。其实，在粤港澳大湾区内，已开始进行个人所得税方面的税收征管实务协调。

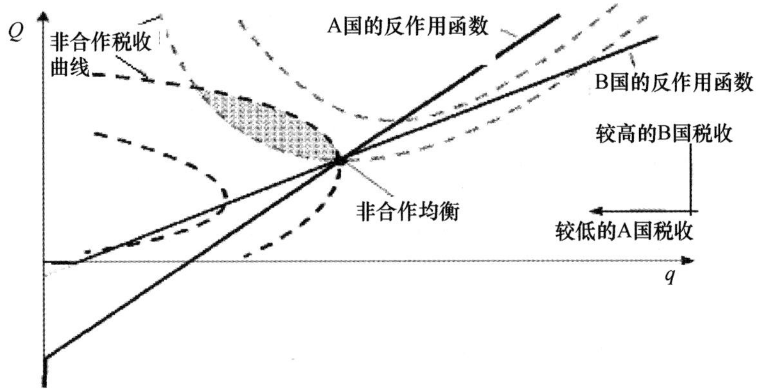

图1　非合作均衡和合作空间

图1表示政府收入的反作用函数，交叉点处表示纳什均衡。虚线代表粤港澳大湾区内各省（区）税收收入的常数水平。可以清楚看到，在图上均衡点的左上部有一块阴影空间（合作区域），在其中大湾区内各省、区、市政府都能获得较高的税收收入。原理上，它可以通过大湾区内各省、区、市的政策合作达到。然而，要获得这样专门的“协作解”，需要粤港澳大湾区各省、区、市政府达成一种协商一致的转移价格 $q^* = Q^*$。因此，协作程序不仅仅是一种假设，也提供了一种必要的分析程序。

分析：设合作目标是最大化粤港澳大湾区的总税收收入：

$$\underset{Q^*,q^*}{Max} T_{co(A+8)} = t_B \cdot [R(S) - SQ^*] + t_A[Sq^* - C(S)] \quad (16)$$

则最大化条件可以写成：

$$q^* = Q^* = max\{C' - (1-t_B)^2(a/b - C')/[(t_B - t_A)(2-t_B)];0\} \quad (17)$$

可见，从理论上来说，这种合作均衡是存在的。在合作情况下，两省区总税收收入会比非合作情况下的税收之和更大（下面将证明）。

2. 合作纳什均衡时的贸易量

将（17）式代入（5）式，得出这种“粤港澳大湾区内部合作解”的销售量是：

$$S_{CO} = (\alpha - bC') / (2 - t_B)$$

并与（13）式比较［因为 $(3-2t_B) > (2-t_B)$，且均大于1］，

则有：$Snc < Sco$

可见：合作均衡条件下，省区间贸易量会变大。

3. 合作均衡条件下的税收收入

将（16）式中的协作解 Q^*、“粤港澳大湾区内部合作解”的销售量 S_{CO}代入（14）式中，得到：

$$T_{co(A+8)} = b\frac{1-t_B}{2(2-t_B)^2}(a/b - C')^2 \quad (18)$$

将（18）式与（14）式比较，可以清楚看到：在大湾区域内，省区间合作可以提升税收收入总量。

为了改善两省区的税收状况，只要能使得区域总税收（引致值）增加，那么采取合理的税收再分配程序（单边支付方式）则具有一定的可行性（两省区进行税收合作后，税收增加较多的省区拿出部分新增税收用于补偿税收增加较少甚至减少的省区）。

4. 合作均衡时跨国公司的总税后利润

根据上面各式，可以计算出合作均衡条件下跨国公司的税后净利润，即：

$$\pi_{co} = \frac{1-t_A}{2-t_B}(a/b - C')S_{co} - \frac{1-t_B}{2b}S_{co}^{\ 2} \quad (19)$$

将 S_{nc} 和 S_{co} 分别代入（11）式，通过比较可得：$\pi co > \pi nc$。即通过合作，跨国（跨省区）集团公司的税后总（净）利润可以得到有效提高。

综上可得，在粤港澳大湾区内，跨省区间的税收协作可以得到 $S_{co} > S_{nc}$，$T_{co(A+B)} > T_{nc(A+B)}$，$\pi_{co} > \pi_{nc}$ 的结果。也就是说，粤港澳大湾区间的跨省区税收协作可以提高该区域内的贸易总量、税收收入总量以及跨国（省区）公司的税后总（净）利润。

如果用拉弗曲线（Laffer curve）来解释，可以看到非合作均衡点在拉弗曲线顶点的左方。粤港澳大湾区内跨省（区）间对企业重复征税或漏征税的问题可以通过跨省（区）间的税收协作、统一转移价格限制等手段得到部分甚至彻底解决。在跨省（区）贸易总量增长的基础上，该区域内的各方政府也将获得更多的税收收入，该区域内的跨省公司也将获得更多的税后净利润。综上，粤港澳大湾区内的税收协作将会使得区域总体受益。

5. 税收协作虽然使得区域总体受益，但有可能使得某些参与方利益受损

从以上计算可知，在税收收入方面，粤港澳大湾区在进行省区间税收合作后，可能会发生以下情况：在出现某一省区的税收收入增加的同时，存在着另一省区的税收收入减少的情况。例如在高税收省广东省 A 的税收增加时，低税收地区香港特别行政区 B 的税收减少。由此可见，通过牺牲一方的利益来实现总体利益增加的措施是有失公平的，需要采取一定的手段来弥补其给合作方造成的损失。为了使合作在可持续发展的前提下顺利进行，减少或者消除该区域内对企业双重征税或者漏征税的情况，政府必须实施一定形式的单边转移支付程序，比如税收转移或补退补偿等。为了保证这种转移支付程序的实现，该区域内各省区政府应当主动进行协调，或者中央财税部门进行统一调控。

反之，如果政府间转移支付程序无法实现，则出口省市（如广东省或深圳市）也可以将税率设置成相对较低的水平（比如设立经济特区或某种低税自贸区等），在此条件下，从内部非合作纳什解（$Q \neq q$）到

合作均衡的纳什解 $Q^* = q^*$ 的转变也会使 B 省区（如香港）政府的税收收入减少。换而言之，如果两省区税率不等，且低税省（区）无法通过转移支付程序得到补偿，则税收协作 $Q^* = q^*$ 将会造成不公平的结果：通过税收协作，高税省（区）得益而低税省（区）利益受损，这样的“合作”是不可持续的。

因此，在粤港澳大湾区跨省区间税收协作程序中，如果承认暨得利益，则有必要实施转移支付补偿程序。只有这样，才有可能实现“多赢”局面，使得各省区市政府，以及企业多方均能从中受益。否则，只能通过采取硬性规定，例如统一税收优惠政策和统一征收率，强制统一该区域内各省区企业的实际所得税负担率来实现均衡。

三 结论或建议

（一）争则损，合则益

在非合作均衡背景下，当粤港澳大湾区不同地方的省区市政府（税务部门）为了寻求自身税收收入最大化就同一家跨国（省）公司的税基进行竞争时，该公司在进行纳税申报时（内部关联交易、同期资料、特别纳税调整），需要根据不同省区税率的差异使用不同的内部转移价格，只有这样才有可能实现企业利润最大化。但这种非合作均衡会对该区域的税收产生负面影响，如出现对企业同一利润的双重征税或漏征税的情况，进而影响粤港澳大湾区总贸易量、降低区域整体贸易量水平。而在合作均衡条件下，广东省和香港特别行政区之间的税收协作则可能从三个方面带来税收利益，即区域的税收总收入的增加、跨省区公司的税后利润总额的增加，以及粤港澳大湾区内区域贸易总量的增加。

（二）有必要建立起转移支付等补偿程序，以使大湾区内各省区间税收合作可持续进行

从模型中可看出，尽管大湾区内各省区间的税收合作在理论上来说可以获益，但若各省区政府在“转移支付补偿程序”和“价格情报协

作”等问题上难以达成一致，那么即使各省区间达成一个共同转移价格协议，该协议的有效性也有待考验。在以上措施均不可行的情况下，统一大湾区内各省区市的企业所得税的实际负担率不失为另一种实现均衡的选择，如统一税收优惠待遇、征收率，或者退还超收部分之税收等。但这在目前“三地三制”的条件下也较难实现。

因此，为了顺利实现粤港澳大湾区内各省区市间的税收合作，一方面要从税收程序上着手，通过建立政府联席会议制度、税收征管协作、税务稽查合作等程序，完善区域内税收相关法律法规；另一方面也要从税收信息上进行改善，跨省区间经营纳税人的征管资料要定期交换，税收管理相关的政务信息及经济数据要在各省区政府之间公开透明，跨省区税收协作或利益协调机制［如大湾区内“跨省区大公司产品（服务）价格情报交换”和“跨省区间税收协作转移支付补偿程序”］等要得到落实。

（三）各方应自律慎行，拒绝单边主义政策，为促进区域资源合理共享及有效利用共同发力

首先，“税收协作”贵在“协作”二字，为保证其顺利进行，大湾区内各省区市都应当遵守以下规则：不擅自减免税赋、不为了一己之利单独出台税收优惠措施、不参与税收的恶性竞争、不实施单边主义政策。其次，为提高区域内资源利用效率，使得各方合理共享资源，各方政府应对重复征税或者漏征税的情况采取相关措施、制定相关政策。各方应当在现有基础上积极开拓税收新领域、寻求税收新途径、争取税收新空间，打造一个互促、互补、互利的区域经济发展格局，实现“多赢”的共同发展目标。最后，为了保证区域税收合作顺利进行，各方还应当争取中央的支持，在实行税收优惠政策的时候要注重协调统一，加强不同省区间的税收交流与合作。特别是要在“三地三制”政策下，科学地测定不同省区间税收综合负担率的差异，制定一个更合理的转移支付补偿程序。

参考文献

[1] 李传喜：《跨国公司转移定价避税——分析与治理》，经济科学出版社 2007 年版。

[2] Schjelderup, Guttorm, A. J. Weichenrieder, and A. Weichenrieder, "Trade, Multinationals and Transfer Pricing Regulations", CESifo Working Paper Series, 1998.

[3] Weichenrieder M. A. J., "Tax Competition and Transfer Pricing Disputes", *Finanzarchiv*, 2001, 58 (1): 1 - 11.

Analysis of Profit and Loss for the Tax Cooperation between Provinces in Guangdong-Hong Kong-Macao Greater Bay Area Under the environment of Tax Base shifting

LI Chuanxi

Abstract: This paper indicates that the non-cooperative equilibrium caused by tax competition between Provinces in Guangdong-Hong Kong-Macao Greater Bay Area Under the environment of Tax Base shifting no only may led to a depressed level of domestic trade, a depressed level of tax revenues received, it also can lead to double taxation or evasion of corporate profits. Conversely, tax cooperation between provinces could increase trade and decrease double taxation or evasion. At the same time, cooperation could increase tax revenues of all provinces creating a win-win situation. Apart from this, after realising a trade increase the trans-provincial companies would achieve a greater profits level. And in the case of a "Transfer payment compensation" between Guangdong Province, Hong Kong Special Administration

District, and the cities of Guangzhou and Shenzhen, a regional agreement will result in increasing provincial, regional, and city revenues received. The conclusion being, competition harms where as cooperation profits.

Keywords: Tax Competition; Tax Cooperation, Profit and Loss

中国货币政策利率传导与宏观稳定效应*

吴周恒　张晶晶　曾国相①

摘　要： 本文使用2006年10月至2019年6月的多种类多期限的货币市场利率与存贷款利率以及2008—2017年的省级面板数据，检验了中国货币政策利率对不同期限存款与贷款利率的即期与长期传导效应，以及利率传导阻滞对宏观稳定的影响。研究发现：第一，中国货币政策利率对短期存款利率和长期贷款利率的传导存在严重阻滞，期限错配风险加深了利率传导阻滞。第二，利率传导阻滞对宏观稳定的负面影响存在非线性特征，期限越长的货币市场利率的利率传导阻滞越大，且对宏观稳定的单位负面效应亦越大。本文研究表明巩固7天以内货币市场利率作为政策利率的基本功能，并进一步促进存贷利率定价市场化，有利于加强货币政策有效性和促进宏观经济周期稳定。

关键词： 货币政策有效性；利率传导阻滞；期限结构；宏观稳定

---

* 本文得到国家自然科学基金项目“新货币政策框架下的货币政策传导与宏观稳定、金融稳定功能的研究”（71703029）、广东省自然科学基金面上项目“人民币汇率波动形成机制与中央银行汇率调控策略——基于外汇市场交易者异质性预期微观市场结构的研究”（2019A1515011008）的资助。

① 吴周恒，广东外语外贸大学金融学院副教授博士，研究生导师；张晶晶，广东外语外贸大学经济贸易学院讲师；曾国相，广东外语外贸大学经济贸易学院本科生。

一 引言

中国货币政策框架正在由数量型为主转向由价格型为主转型，然而利率工具的有效使用需要货币政策利率对各类金融市场利率具有有效传导，且能够对实体经济发挥有效调控。因此，货币政策利率至下游利率的传导程度及其对宏观经济周期稳定的作用是利率传导有效性研究的两个关键环节。由于中国企业融资仍然以银行信贷为主（截至2019年11月末，社会融资规模中人民币贷款占比仍高达68%）。因此，货币政策利率对存贷款利率的传导效应及其对宏观稳定的影响是货币政策利率传导中的重要部分。基于此，本文采用ARDL和VECM模型对货币政策利率至存贷款利率的即期与长期传导程度进行了实证估计，并采用省级面板数据对利率传导阻滞的宏观稳定负面影响进行了实证分析。此外，本文研究采用了SHIBOR、REPO、FR和DR等多种类3个月以下期限的货币市场利率与多期限的存款与贷款利率，因此亦有助于对现行有效货币市场利率指标做出判断。本文研究发现：第一，货币政策利率对短期存款利率和长期贷款利率的传导存在严重阻滞，表明期限错配风险阻碍利率传导，降低货币政策有效性，利率传导阻滞对于宏观稳定存在负面影响；第二，对于1年期以内的贷款利率，隔夜拆放利率传导程度最高，甚至存在超额传导，7日以内的货币市场利率均接近完全传导，表明应逐步确立7天以内货币市场利率作为政策利率的基本功能；第三，利率传导阻滞对宏观稳定的负面影响存在非线性特征，期限越长的货币市场利率的利率传导阻滞越大，且对宏观稳定的单位负面效应亦越大。

在货币政策利率传导的相关研究中，部分国外文献对利率传导程度及其影响因素进行了分析。例如，Horvath等（2018）运用面板协整方法研究了2008年1月至2016年10月欧盟地区的利率传导机制，研究发现货币政策利率至仅对小型企业贷款利率具有较强的传导效应，对于大型公司贷款利率、住房贷款利率、消费贷款利率等传导不畅，并且金融市场碎片化、主权信用风险与量化宽松政策会影响利率传导。Gregor 和 Melecky（2018）估计了捷克共和国的货币政策利率传导，研究发现仅中小企业贷款利率存在完全传导性，而其他贷款利率的传导效应并不显著，且银行去杠杆化对利率传导效应产生结构性影响。不少学者亦对中国货币政策利率传导程度进行了实证分析。例如，张旭等（2016）使用 MS-VAR 模型进行实证分析，研究显示中国渐进式利率市场化改革强化了公开市场操作为代表的货币市场利率的作用，但认为货币市场利率对实体经济体的影响仍未发现显著转变。李维林和朱文君（2017）采用 2006—2016 年的 SHIBOR、CHIBOR 和 REPO 利率数据对货币政策传导有效性进行分析，研究显示对于 3 个月以内期限，以传导有效性为标准，SHIBOR 最适合作为基准利率。由于数据可得性因素，以上分析均基于宏观总量数据。仅有郭豫媚等（2018）综合使用了宏观总量数据与微观调研数据以分析 2008—2017 年的货币政策利率传导，他们使用宏观总量数据进行了格兰杰因果关系检验，并且基于华东地区三个省份的 56 家银行的微观调研数据进行了面板回归分析，研究显示基准利率是影响金融机构贷款加权平均利率的主要因素，在 2013 年 7 月贷款利率管制完全放开后，货币市场利率的传导效应出现显著提升，基准利率的传导效应虽略有下降但仍占主导，微观层面的贷款利率定价机制的变化是中国利率传导效应出现变化的主要原因。

在中国利率传导程度的影响因素方面，Liu（2019）使用了中国 2008—2018 年的宏观季度数据和协整检验的方法估计了货币政策利率传导效应及其影响因素，研究显示政策利率传导受到不良贷款率和影子银行规模的负面影响，放开贷款利率浮动上下限的政策显著提升了利率传导。马骏等（2016）以及连飞（2019）则通过 DSGE 模型模拟或估计对利率传导路径和影响因素进行了理论机制分析。马骏（2016）等发现贷存比限制、存款准备金率和贷款规模限制会弱化政策利率的传导，且由于利率传导效应会部分被风险溢价抵消，因此利率传导具有非对称性，经济下行周期需要更大的货币政策利率调整，才能够对实体经济产生有效影响。连飞发现在利率管制取消后利率传导渠道更加通畅，同时存款准备金率和贷款价值比约束对利率传导具有一定影响。

在货币政策利率传导的宏观稳定影响方面，Scharler（2008）构建了一个包含利率定价摩擦的 DSGE 模型模拟分析了利率传导程度对产出波动的影响，研究显示在流动性冲击下，利率传达程度越高有利于降低通胀波动但会损害产出波动。Kwapil 和 Scharler（2010）应用 ARDL 和 VECM 模型研究了 1995 年 1 月至 2003 年 9 月美国和欧盟地区的利率传导效应，研究发现美国货币政策利率对存款利率有近乎完全的传导效应，而对贷款利率的传导则较低，而欧盟地区货币政策利率对存贷款利率的传导均低于美国，研究认为其原因在于欧洲地区更加的依赖银行信贷，信贷市场摩擦降低了利率传导程度，且更不利于宏观稳定。现有文献中，中国货币政策利率传导的宏观稳定影响的相关研究较为缺乏。

本文研究与已有文献的不同之处在于：首先，在利率传导效应分析方面，第一，由于考虑了不同文献以及中国人民银行货币政策报告中对于最为市场化或基准货币市场利率的认识并不统一，因此，本文使用了多种类的 3 个月以下期限的货币市场利率进行利率传导研究；第二，考虑到不同期限的存款与贷款利率对实体经济存在不同的影响路径，例如，非耐用品消费主要受到短期存款利率的影响，企业短期营运主要受到短期贷款利率的影响，而企业资本投资主要受到长期贷款利率的影响，因此，区分货币政策利率对不同期限存贷款利率的传导，有利于厘清货币政策的作用路径及有效性。其次，在利率传导的宏观稳定影响方面，本文首次使用了省级面板数据进行估计分析，有助于有效量化利率传导阻滞对于宏观稳定的负面效应，即厘清改善利率传导的宏观稳定收益。本文研究结果亦有深化，我们发现：第一，中国货币政策利率对短期存款利率和长期贷款利率的传导存在严重阻滞，期限错配风险加深了利率传导阻滞。第二，利率传导阻滞对宏观稳定的负面影响存在非线性特征，期限越长的货币市场利率的利率传导阻滞越大，且对宏观稳定的单位负面效应亦越大。

本文余下部分结构安排如下：第二部分构建一个包含信贷利率黏性定价的 DSGE 模型，得到关于利率传导的理论 ARDL 与 ECM 形式；第三部分使用多种货币市场利率与存贷款利率估计了即期与长期利率传导；第四部分采用省级面板回归分析了利率传导阻滞对中国宏观稳定的影响；最后是本文的结论以及政策建议。

二 理论模型构建

本文基于 Kwapil 和 Scharler（2010）构建了一个信贷市场利率滞后传导的 DSGE 模型，并根据模型结构推导了货币市场利率至贷款利率动态传导的自回归分布滞后方程式及其误差修正形式，从而得到利率传导的即期效应与长期效应的模型代表式，并阐述了利率传导与宏观稳定之间的理论联系。

（一）家庭部门

假设家庭部门在预算约束下选择消费和劳动供给进行终身效用最大化，家庭部门的终生效用函数表示如下：

$$E_t \sum_{t=1}^{\infty} \beta^t \frac{(C_t)^{1-\sigma}}{1-\sigma} - \frac{N_t^{1+\eta}}{1+\eta} \tag{1}$$

其中，$\beta \in (0, 1)$ 为主观贴现因子，C_t 为消费支出；σ 为相对风险规避系数；N_t 为劳动供给；η 是劳动供给弹性。家庭部门选择消费 C_t、投资 I_t 和银行存款 D_t，获得工资收入 $W_t N_t$、资本要素回报 $R_t^K K_{t-1}$、名义利率为 R_t^D 的储蓄本息收益以及来自厂商和银行的股息收入 Div_t。因此，家庭部门的预算约束表示如下：

$$W_t N_t + R_t^K K_{t-1} + R_{t-1}^D D_{t-1} + Div_t = P_t C_t + P_t I_t + D_t \tag{2}$$

资本积累方程表示如下：

$$K_t = (1-\delta) K_{t-1} + I_t \tag{3}$$

其中，δ 为资本折旧率。

计算得到效用最大化的一阶最优条件表示如下：

$$(C_t)^{-\sigma} = \beta E_t [(C_{t+1})^{-\sigma} \frac{R_t^D P_t}{P_{t+1}}] \tag{4}$$

$$\frac{W_t}{P_t} = \frac{N_t^{\eta}}{(C_t)^{\sigma}} \tag{5}$$

(二) 生产部门

假设柯布道格拉斯生产函数，表示如下：

$$Y_t = A_t K_t^{\alpha} N_t^{1-\alpha} \tag{6}$$

其中，K_t 为资本需求量，N_t 为劳动需求量，α 是资本产出比。假设生产商存在短期营运资本约束，需贷款 L_t 以支付工资 $W_t N_t$，厂商在每一期的期末偿还贷款。生产商实际边际成本 φ_t 表示如下：

$$\varphi_t = \frac{1}{\alpha^{\alpha}(1-\alpha)^{1-\alpha}}\left(\frac{R_t^K}{P_t}\right)^{\alpha}\left(\frac{R_t^L W_t}{P_t}\right)^{1-\alpha} \tag{7}$$

其中，R_t^L 为贷款利率，R_t^K 为资本租金率。假设生产商进行 Calvo 等（2001）黏性定价，每一期 $1-\theta_p$ 比例的厂商重新设定价格水平，其余 θ_p 比例的厂商保持价格不变，根据 Gali 等，重新设定价格的厂商中，$1-\omega_p$ 比例的厂商进行最优定价，其余 ω_p 比例的厂商使用指数调整名义价格，得到对数线性化的菲利普斯曲线表示如下：

$$\hat{\pi}_t = \gamma_f E_{t-1}\hat{\pi}_{t+1} + \gamma_b \hat{\pi}_{t=1} + \kappa_P E_{t-1}\hat{\varphi}_t \tag{8}$$

其中，$\gamma_f = \beta\theta / \{\theta_P + \omega_P[1-\theta_P(1-\beta)]\}$，$\gamma_b = \omega_P / \{\theta_P + \omega_P[1-\theta_P(1-\beta)]\}$，$\kappa_P = (1-\theta_P)(1-\beta\theta_P)(1-\omega_P)/\{\theta_P + \omega_P[1-\theta_P(1-\beta)]\}$。

(三) 银行部门

假设银行部门为垄断竞争，其利润表示如下：

$$\Pi_t^{bank} = R_t^L L_t - R_t^D D_t - R_t^M B_t \tag{9}$$

其中，L_t 为贷款量，D_t 为存款量，R_t^D 是存款利率，B_t 是货币市场的净头寸，R_t^M 为货币市场利率。银行资产负债表约束表示如下：

$$L_t = D_t + B_t \tag{10}$$

根据 Freixas 和 Rochet，假设存款与货币市场再融资为完全替代，那么，存款利率等于货币市场利率 $R_t^D = R_t^M$。假设银行 Calvo 黏性利率定价，每一期存在 $1-\tau$ 比例的银行进行利率的重新定价，其余 τ 比例的银行保持利率不变，因此，总贷款利率表示为：

$$R_t^L=[(1-\tau)(R_t^{L*})^{1-\zeta}+\tau(R_{t-1}^L)^{1-\zeta}]^{1/(1-\zeta)} \tag{11}$$

其中，R_t^{L*} 为最优贷款利率。银行在资产负债表约束下根据利润最大化原则进行最优贷款利率定价，最优化问题表示如下：

$$E_t\sum_{l=0}^{\infty}\tau^l\Lambda_{t,t+l}L_{t+l}[R_t^{L*}-R_{t+1}^M] \tag{12}$$

计算得到一阶最优条件表示如下：

$$R_t^{L*}=\frac{\zeta}{\zeta-1}\frac{E_t[\sum_{l=0}^{\infty}\tau^l\Delta_{t,t+l}(R_{t+l}^L)^{\zeta}L_{t+l}R_{t+l}^M]}{E_t[\sum_{l=0}^{\infty}\tau^l\Delta_{t,t+l}(R_{t+l}^L)^{\zeta}L_{t+l}]} \tag{13}$$

（四）中央银行与市场出清

中央银行根据泰勒货币规则调整政策利率，对数线性化后的泰勒利率规则如下：

$$\hat{R}_t^M=\mu_1\hat{R}_{t-1}^M+(1-\mu_1)[\mu_\pi\hat{\pi}_t+\mu_{\hat{Y}}\hat{Y}_t]+z_t^M \tag{14}$$

其中，μ_1 为利率平滑参数，μ_π 为通货膨胀率 $\hat{\pi}_t$ 的政策参数，$\mu_{\hat{Y}}$ 为产出缺口 $\hat{Y}_t$ 的政策参数，z_t^M 为货币政策冲击。在模型均衡，所有市场出清。

（五）利率传导与宏观稳定

将总贷款利率函数式（11）与贷款利率最优定价方程式（13）对数线性化，联立得到货币市场利率至贷款利率传导的自回归分布滞后（ARDL）表达式：

$$\hat{R}_t^L=\frac{\beta\tau}{1+\beta\tau^2}E_t\hat{R}_{t+1}^L+\frac{\tau}{1+\beta\tau^2}\hat{R}_{t-1}^L+\frac{(1-\beta\tau)(1-\tau)}{1+\beta\tau^2}\hat{R}_t^M \tag{15}$$

其中，$\hat{X}_t$ 为稳态偏离的百分比，$\hat{X}_t=\ln(X_t)-\ln(\bar{X})$。可见，利率动态传导关系取决于利率定价黏性系数 τ。为了得到解析解，假设 $\hat{R}_t^M$ 符合带趋势的白噪声过程：$\hat{R}_t^M=R^M+u_t^M$。基于此，可得到利率传导的误差修正（ECM）表达式表示如下：

$$\Delta\hat{R}_t^L = \frac{(1-\tau)(1-\beta\tau)}{1+\beta\tau^2}\Delta\hat{R}_t^M - (1-\tau)\left[\hat{R}_{t-1}^L - \frac{(1-\beta\tau)}{1+\beta\tau^2}\hat{R}_{t-1}^M - \frac{\beta\tau(1-\tau)}{1+\beta\tau^2}R^M\right] \tag{16}$$

根据（16）式，即期利率传导为$f(\tau)=\frac{(1-\tau)(1-\beta\tau)}{1+\beta\tau^2}$，长期利率传导为$g(\tau)=\frac{\beta\tau(1-\tau)}{1+\beta\tau^2}$。即期传导效应与长期传导效应均受到贷款利率定价黏性τ的影响，且$\frac{\partial f(\tau)}{\partial\tau}<0$，$\frac{\partial g(\tau)}{\partial\tau}<0$。当贷款利率定价黏性$\tau$提高，即期与长期利率传导程度均降低，若$\tau=0$，即贷款利率完全灵活调整，则即期与长期利率传导效应均为1，即为完全传导。根据Kwapil和Scharler（2010），如果银行相对于家庭部门亦具有市场势力，可对存款利率定价进行同样的设置，得到货币市场利率至存款利率的利率传导效应，其ARDL与ECM形式将与对贷款利率的传导效应形式一致。

利率传导程度关系到宏观经济稳定性，Kwapil和Scharler（2010）通过新凯恩斯主义DSGE模型模拟得到利率传导程度越高，则宏观经济波动越稳定的结论，相关经济意义在于：假设经济体初始处于稳态，当受到一个正向的生产率冲击，经济体向上偏离稳态，即产出缺口为正，根据货币政策规则，货币政策利率应当上升（紧缩货币政策）以应对潜在的经济过热，货币利率的向上调整，将传导至贷款利率与存款利率，因此，企业信贷需求与家庭消费需求均下降，对实体经济产生紧缩效应。因此，泰勒货币政策规则起到了稳定宏观经济波动的作用，并且货币政策利率向存贷款利率的传导程度越高，货币政策规则的稳周期效果越强。然而，Scharler和Scharler的DSGE模型模拟研究得到相反的结论，有限的利率传导能够降低宏观经济波动，其原因在于：Scharler和Scharler经济体受到的外生冲击来自企业部门的流动性冲击，企业部门的信贷需求增大，生产成本提高与产出降低，引起成本推动型通货膨胀，此时泰勒货币政策规则将同时对通胀缺口和产出缺口做出反应，货币市场利率的变动方向取决于通胀缺口与产出缺口的政策参数。若货币市场利率，将引起企业信贷成本进一步提高，引起更大的波动。类似地，如果经济体受到的外生冲击为货币政策冲击，更高的利率传导也将引起更大的宏观波动。因此，由于内生性利率规则的存在，利率传导程度与宏观经济稳定性之间的关系取决于经济体受到的外生冲击的种类，若经济体受到实际冲击，则良好的利率传导能够降低产出波动；若经济体受到名义冲击，则良好的利率传导反而增加产出波动。基于此，本文则尝试对中国利率传导的具体特征及其与宏观稳定（产出稳定）之间的关系进行实证检验。

三 利率传导分析

本文将使用自回归分布滞后（ARDL）模型与向量误差修正（VECM）模型对利率传导的长期与即期效应进行估计。

（一）数据说明与数据处理

本文使用2006年10月至2019年6月的不同期限的存款、贷款和货币市场利率数据进行利率传导程度分析。表1显示了各变量的定义以及数据来源。其中，使用的贷款利率包括1—5年期限的各类贷款利率以及1年期金融机构贷款加权平均利率，由于中国人民银行公布的金融机构贷款加权平均利率为季度数据，如果进行低频向高频的频度转换会损失较多的数据信息，因此本文参照郭豫媚等（2018）的处理方法，使用货币利率浮动区间占比和贷款基准利率数据计算月度的金融机构贷款加权平均利率。使用的存款利率包括活期利率和3个月至3年期限的定期存款利率。对于货币市场利率，我们选用了最具有代表性的上海银行间同业拆放利率（SHIBOR）、银行间回购定盘利率（FR）、质押式回购利率（REPO）和存款类金融机构利率债质押回购利率（DR）。

表1　　变量定义和数据来源

变量名称		变量定义	数据来源
贷款利率	LR_1Y	1年以内（含）	CEIC
	LR_1－5Y	1—5年（含）	CEIC
	LR_5Y	5年以上	CEIC
	LRH_1－5Y	个人住房公积金贷款：5年以下（含）	CEIC
	LRH_5Y	个人住房公积金贷款：5年以上	CEIC
	WLR	金融机构贷款加权平均利率：1年期	WIND
存款利率	DR	活期	CEIC
	DR_3M	定期：3个月	CEIC
	DR_6M	定期：6个月	CEIC
	DR_1Y	定期：1年	CEIC
	DR_2Y	定期：2年	CEIC
	DR_3Y	定期：3年	CEIC
货币市场利率	SHIBOR1	上海银行间同业拆放利率：1天	WIND
	SHIBOR7	上海银行间同业拆放利率：7天	WIND
	SHIBOR3M	上海银行间同业拆放利率：3个月	CEIC
	FR001	银行间回购定盘利率：1天	CEIC
	FR007	银行间回购定盘利率：7天	CEIC
	REPO1	银行间质押式回购加权利率：1天	WIND
	REPO7	银行间质押式回购加权利率：7天	WIND
	DR001	存款类金融机构利率债质押回购利率：1天	WIND
	DR007	存款类金融机构利率债质押回购利率：7天	WIND

上海银行间同业拆放利率（SHIBOR）是由18家信用等级较高的银行自主报价形成的货币市场利率，3个月期限的SHIBOR为宏观文献中最为广泛使用的货币市场利率，但近期亦有不少文献（纪敏等，2016）认为银行间回购定盘利率（FR）是一个重要的货币市场利率，FR由国家开发银行与全国银行间同业拆借中心联合发布。REPO是以回购定盘利率（FR007）为基准的银行间质押式回购利率。DR亦是质押回购利率，但其交易方式和市场参与主体与REPO有所不同，中国人民银行发布的2017第二季度的《中国货币政策执行报告》指出，DR007是目前

银行间市场最具代表性的利率指标。在政策利率期限的选择上，从国际经验来看，隔夜利率是最具代表性的货币政策利率，但郭豫媚等（2018）认为从中国的市场交易规模和政策实践来看，目前中国可能更注重7天期限的利率。为了保证研究结果的代表性和全面性，本文的实证研究使用了多种的货币市场利率进行考察。表2显示了所有变量的描述性统计。

表2　　变量的描述性统计

	均值	最大值	最小值	标准差	样本数量
LR_1Y	5.57	7.47	4.35	0.97	138
LR_1－5Y	5.96	7.74	4.75	0.94	138
LR_5Y	6.13	7.83	4.90	0.95	138
LRH_1－5Y	3.62	4.77	2.75	0.69	138
LRH_5Y	4.11	5.22	3.25	0.68	138
WLR	6.52	8.58	5.23	0.94	138
DR	0.43	0.81	0.35	0.15	138
DR_3M	2.04	3.33	1.10	0.76	138
DR_6M	2.30	3.78	1.30	0.80	138
DR_1Y	2.54	4.14	1.50	0.83	138
DR_2Y	3.19	4.68	2.10	0.88	138
DR_3Y	3.79	5.40	2.75	0.88	138
*SHIBOR*1	2.52	5.01	0.80	0.94	138
*SHIBOR*7	3.09	8.22	0.94	1.21	138
SHIBOR3M	3.77	6.39	1.21	1.21	138
*FR*001	2.41	6.41	0.82	0.83	138
*FR*007	2.99	6.65	0.94	0.98	138
*REPO*1	2.42	6.39	0.81	0.83	138
*REPO*7	3.02	6.72	0.94	0.99	138
*DR*001	2.39	6.64	0.81	0.85	138
*DR*007	2.93	6.92	0.94	1.00	138

为避免时间序列数据不平稳引起的伪回归问题，本文采用了两种单

位根检验方法 Augmented Dickey-Fuller（ADF）和 Phillps-Perron（PP）对变量进行平稳性检验。表 3 显示了平稳性检验结果，所有的存款利率、贷款利率和货币市场利率均为一阶差分平稳序列。由于变量均为同阶单整，我们继而进行变量间的协整关系检验。表 4 显示了 Johansen 协整关系检验的迹统计量和最大特征值统计量检验结果，结果我们所要进行回归的变量组合均具有协整关系。

表 3　　平稳性检验结果

变量	ADF 检验			PP 检验		
	[c, t, k]	检验值	P 值	[c, t, d]	检验值	P 值
LR_1Y	[1, 1, 1]	-2.344	0.407	[1, 1, 7]	-2.373	0.392
ΔLR_1Y	[0, 0, 0]	-7.471***	0.000	[0, 0, 4]	-7.607***	0.000
LR_1-5Y	[1, 1, 1]	-2.319	0.421	[1, 1, 7]	-2.360	0.399
ΔLR_1-5Y	[0, 0, 0]	-7.747***	0.000	[0, 0, 4]	-7.876***	0.000
LR_5Y	[1, 1, 1]	-2.254	0.456	[1, 1, 6]	-2.220	0.475
ΔLR_5Y	[0, 0, 0]	-7.822***	0.000	[0, 0, 4]	-7.894***	0.000
LRH_1-5Y	[1, 1, 1]	-2.351	0.404	[1, 1, 7]	-2.102	0.540
ΔLRH_1-5Y	[0, 0, 0]	-7.445***	0.000	[0, 0, 4]	-7.607***	0.000
LRH_5Y	[1, 1, 2]	-2.459	0.348	[1, 1, 7]	-2.105	0.538
ΔLRH_5Y	[0, 0, 0]	-7.586***	0.000	[0, 0, 4]	-7.746***	0.000
WLR	[1, 1, 0]	-1.668	0.760	[1, 1, 6]	-2.149	0.514
ΔWLR	[0, 0, 0]	-9.087***	0.000	[0, 0, 5]	-9.327***	0.000
DR	[0, 0, 0]	-2.017	0.587	[0, 0, 2]	-2.092	0.546
ΔDR	[0, 0, 0]	-11.654***	0.000	[0, 0, 1]	-11.654***	0.000
DR_3M	[1, 1, 1]	-2.218	0.475	[1, 1, 7]	-2.296	0.433
ΔDR_3M	[0, 0, 0]	-8.091***	0.000	[0, 0, 5]	-8.383***	0.000
DR_6M	[1, 1, 1]	-2.355	0.402	[0, 1, 7]	-2.377	0.390
ΔDR_6M	[0, 0, 0]	-7.740***	0.000	[0, 0, 5]	-7.949***	0.000
DR_1Y	[1, 1, 1]	-2.480	0.338	[1, 1, 7]	-2.480	0.338
ΔDR_1Y	[0, 0, 0]	-7.728***	0.000	[0, 0, 5]	-7.913***	0.000
DR_2Y	[1, 1, 1]	-2.275	0.445	[0, 1, 7]	-2.350	0.404
ΔDR_2Y	[0, 0, 0]	-8.136***	0.000	[0, 0, 6]	-8.473***	0.000

续表

变量	ADF 检验			PP 检验		
	[c, t, k]	检验值	P 值	[c, t, d]	检验值	P 值
DR_3Y	[1, 1, 1]	-2.412	0.372	[0, 1, 7]	-2.454	0.351
Δ*DR_3Y*	[0, 0, 0]	-7.962***	0.000	[0, 0, 5]	-8.183***	0.000
*SHIBOR*1	[0, 0, 2]	-0.974	0.294	[0, 0, 5]	-1.196	0.211
Δ*SHIBOR*1	[0, 0, 1]	-12.958***	0.000	[0, 0, 24]	-23.089***	0.000
*SHIBOR*7	[0, 0, 0]	-0.642	0.438	[0, 0, 1]	-1.364	0.159
Δ*SHIBOR*7	[0, 0, 4]	-8.620***	0.000	[0, 0, 69]	-30.124***	0.000
*SHIBOR*3*M*	[0, 0, 0]	-0.944	0.306	[0, 0, 2]	-0.971	0.295
Δ*SHIBOR*3*M*	[0, 0, 0]	-9.823***	0.000	[0, 0, 0]	-9.774***	0.000
*FR*001	[0, 0, 3]	-0.802	0.366	[0, 0, 23]	-1.006	0.281
Δ*FR*001	[0, 0, 2]	-9.654***	0.000	[0, 0, 42]	-22.143***	0.000
*FR*007	[0, 0, 3]	-0.720	0.403	[0, 0, 34]	-0.838	0.351
Δ*FR*007	[0, 0, 2]	-9.821***	0.000	[0, 0, 64]	-22.371***	0.000
*REPO*1	[0, 0, 3]	-0.803	0.366	[0, 0, 31]	-1.022	0.275
Δ*REPO*1	[0, 0, 2]	-9.645***	0.000	[0, 0, 47]	-22.554***	0.000
*Repo*7	[0, 0, 3]	-0.727	0.399	[0, 0, 31]	-0.854	0.344
Δ*Repo*7	[0, 0, 2]	-9.721***	0.000	[0, 0, 58]	-20.999***	0.000
*DR*001	[0, 0, 3]	-0.826	0.356	[0, 0, 31]	-1.071	0.255
Δ*DR*001	[0, 0, 2]	-9.879***	0.000	[0, 0, 55]	-25.444***	0.000
*DR*007	[0, 0, 3]	-0.770	0.381	[0, 0, 40]	-0.967	0.296
Δ*DR*007	[0, 0, 2]	-9.970***	0.000	[0, 0, 58]	-31.902***	0.000

注：ADF 检验中的 [c, t, k]，c 代表单位根检验时是否带含有常数项，c=1 表示含有常数项，c=0 表示不含常数项；k 表示自回归的滞后阶数，根据 SIC 准则自动确定。PP 检验中的 [c, t, d]，c 和 t 同理，d 代表带宽，根据 Newey-West 准则自动确定，ADF 和 PP 检验的原假设为序列存在单位根，*** 表示 1% 的显著水平。Δ 表示经过一阶差分后的变量。

表 4　　Johansen 系统协整检验

		迹统计量	P 值	最大特征值统计量	P 值
与 SHIBOR3M 之间的协整关系	LR_1Y	55.740***	0.000	39.188***	0.000
	LR_1 - 5Y	55.838***	0.000	38.814***	0.000
	LR_5Y	57.387***	0.000	39.351***	0.000
	LRH_1 - 5Y	56.922***	0.000	39.649***	0.000
	LRH_5Y	57.151***	0.000	39.308***	0.000
	DR	64.160***	0.000	42.270***	0.000
	DR_3M	53.769***	0.000	39.155***	0.000
	DR_6M	54.690***	0.000	38.892***	0.000
	DR_1Y	54.493***	0.000	37.962***	0.000
	DR_2Y	55.391***	0.000	39.307***	0.000
	DR_3Y	56.275***	0.000	39.369***	0.000
与 WLR 之间的协整关系检验	SHIBOR1	30.106***	0.001	22.735***	0.007
	SHIBOR7	34.035***	0.000	27.382***	0.001
	SHIBOR3M	21.227**	0.020	14.108	0.131
	FR001	28.196***	0.002	21.350**	0.012
	FR007	26.296***	0.003	19.371**	0.023
	REPO1	27.363***	0.002	20.234**	0.017
	REPO7	26.504***	0.003	19.346**	0.024
	DR001	27.866***	0.002	17.148**	0.015
	DR007	29.182***	0.001	22.457***	0.008

注：***、** 分别表示 1%、5% 的显著水平。

（二）利率传导实证结果

由于协整检验结果显示变量间存在一阶协整关系，因此，本文使用 VECM（1）模型与 ARDL（1，1）模型分析货币市场利率与存贷款利率之间存在的即期传导效应 α 与长期传导效应 λ。我们首先讨论货币市场利率至不同期限的存贷款利率的即期与长期传导效应，由于 3 个月期限的 SHIBOR 为宏观经济文献中最常用的货币市场利率指标，因此使用该指标与不同期限的存贷款利率进行回归。表 5 显示了 3 个月 SHIBOR

与不同期限存贷款利率之间的回归结果。VECM 模型与 ARDL 模型的滞后阶数均为 1 阶。VECM 模型与 ARDL 模型得到的估计结果基本一致。

对于长期传导效应，VECM 模型的估计结果均在 1% 或 5% 的水平显著，而 ARDL 模型的部分贷款利率的估计结果则存在不显著的情况。从传导程度来看，不论是对存款利率还是贷款利率，即期传导效应均小于 0.05，且远小于长期传导效应，说明利率传导存在一定的时滞。对于长期传导效应，3 个月 SHIBOR 至不同期限贷款利率的长期传导效应约为 0.47—0.58，即 3 个月期限 SHIBOR 上涨 1 个百分点，贷款利率约上涨 0.45—0.58 个百分点；3 个月 SHIBOR 至不同期限定期存款利率的长期传导效应为 0.54—0.63，即 3 个月期限 SHIBOR 上涨 1 个百分点，存款利率约上涨 0.54—0.63 个百分点。比较同期限的贷款利率与存款利率可见，SHIBOR 对贷款利率的传导仍然强于对存款利率的传导。总体而言，3 个月 SHIBOR 至存贷款利率的即期和长期传导均为不完全传导。

从结果中，我们亦可总结得到关于长期传导效应的以下特征：第一，存贷款利率的长期传导效应具有不同的特征，期限越长的贷款利率的传导程度越小，而期限越短的存款利率的传导程度越小，该结果表明利率定价基本符合银行利润最大化和降低期限错配风险的需要，即为了减小资产（贷款）和负债（存款）之间的期限错配风险，银行对于长期存款和即期贷款支付和收取相对最为市场化的利率水平。第二，商业贷款利率的传导效应大于个人住房公积金贷款利率的传导效应，即商业贷款利率定价更加市场化。

对于即期传导效应，ARDL 模型得到的估计结果均在 1% 或 5% 的水平显著，而 VECM 模型的部分估计结果则存在不显著的情况。对比不同种类的利率以及不同的期限，即期传导效应与长期传导效应体现出相同的特征。

货币政策利率对存贷款利率传导效应的期限结构特征表明期限错配风险对货币政策效果存在制约作用。由于存款利率长期期限的传导较高，表明货币政策对家庭部门耐用品消费的影响大于非耐用品消费，由于贷款利率短期期限的传导较高，表明货币政策对企业运营投资的影响大于企业资本投资，以上特征将抑制货币政策的宏观稳定效果。

表5　　3个月SHIBOR至不同期限贷款与存款利率的传导

变量	VECM（1）				ARDL（1，1）			
	α	t 值	λ	t 值	α	t 值	λ	t 值
LR_1Y	0.027	0.933	0.574***	7.216	0.112***	4.154	0.559*	1.755
LR_1-5Y	0.027	0.959	0.549***	7.085	0.107***	4.082	0.542	1.605
LR_5Y	0.026	0.939	0.541***	7.110	0.108***	4.152	0.546	1.538
LRH_1-5Y	0.044**	2.180	0.489***	7.587	0.070***	3.564	0.460*	1.876
LRH_5Y	0.037*	1.854	0.469***	7.535	0.076***	4.018	0.497	0.629
DR	0.005	0.722	0.362**	2.188	0.021***	3.153	0.036	1.486
DR_3M	0.046*	1.708	0.598***	7.456	0.100***	4.199	0.637**	2.136
DR_6M	0.034	1.241	0.566***	7.557	0.106***	4.213	0.597**	2.072
DR_1Y	0.027	0.957	0.540***	7.345	0.109***	4.236	0.570*	1.967
DR_2Y	0.041	1.298	0.630***	8.074	0.115***	4.058	0.625*	1.847
DR_3Y	0.033	0.980	0.610***	8.418	0.121***	4.043	0.584**	2.045

注：***、**、*分别表示1%、5%、10%的显著水平。

表6显示了不同货币市场利率至（1年期）金融机构贷款加权平均利率的传导估计结果。VECM模型与ARDL模型得到的估计结果亦基本一致。所有长期传导效应的估计结果均在1%或5%的水平显著，但仅有SHIBOR3M在ARDL模型中的即期传导效应的估计在1%水平下显著，这表明SHIBOR3M确实为相对有效的货币市场利率的衡量指标。首先，我们比较不同期限的货币市场利率的传导效应。从结果可见，期限越短的货币市场利率长期传导效应越大，该特征在VECM与ARDL的估计结果中均显著成立，且对于不同种类的货币市场利率均存在，表明货币市场参与者以隔夜拆放利率作为主要货币政策信号。

其次，我们比较不同种类的货币市场利率的传导程度。根据VECM的估计结果，第一，隔夜拆放利率具有最强的长期传导效应，为1.17—1.24，均存在超额传导，即货币政策利率上涨1个百分点，隔夜拆放利率上涨 1. 17—1. 24 个百分点。其中 REPO 隔夜拆放利率的长期传导效应最高，FR 与 DR 次之，SHIBOR 最小；第二，7 日拆放利率的长期传导效应为 0. 86—0. 97，其中亦是 REPO7 日拆放利率的长期传导效应最高，FR 与 DR 次之，SHIBOR 最小。然而，根据 ARDL 的估计结果：第一，仅有 SHIBOR 隔夜拆放利率存在超额传导，约为 1. 01，其他隔夜拆放利率的长期传导约为 0. 96—0. 98，非常接近完全传导，REPO 的传导效应仍然大于 FR 与 DR。第二，7 日拆放利率的长期传导效应为 0. 82—0. 85，其中 SHIBOR 的长期传导效应最大，REPO、FR 与 DR 的传导效益十分接近。虽然 VECM 模型与 ARDL 模型对于不同种类货币市场利率的传导程度估计的相对大小存在差异，但基本可认为隔夜与 7 日拆放利率的长期传导效应均接近完全传导。

从传导效应的统计显著性而言，仅有 SHIBOR 隔夜拆放利率在 VECM 模型中估计得到的短期与长期传导效应均统计显著，以及 3 个月 SHIBOR 在 ARDL 模型中估计得到的短期与长期传导效应均在 1% 水平显著，由此再次印证 SHIBOR 为市场化程度较高且具有代表性的货币市场利率。

表 6 不同货币市场利率至（一年期）金融机构贷款加权平均利率的传导

变量	VECM				ARDL			
	α	t 值	λ	t 值	α	t 值	λ	t 值
*SHIBOR*1	0. 043 *	1. 806	1. 175 ***	9. 504	0. 030	1. 297	1. 014 **	2. 554
*SHIBOR*7	0. 017	0. 831	0. 864 ***	10. 370	0. 021	1. 065	0. 845 ***	3. 561
SHIBOR3M	0. 045	1. 102	0. 688 ***	7. 489	0. 106 ***	2. 751	0. 744 ***	2. 998
*FR*001	0. 019	0. 623	1. 211 ***	10. 140	0. 025	0. 824	0. 965 **	2. 160
*FR*007	0. 017	0. 564	0. 967 ***	10. 522	0. 033	1. 159	0. 827 **	2. 367
*REPO*1	0. 017	0. 547	1. 240 ***	9. 693	0. 023	0. 794	0. 979 **	2. 101
*REPO*7	0. 015	0. 507	0. 972 ***	10. 330	0. 028	0. 993	0. 821 **	2. 256
*DR*001	0. 020	0. 673	1. 211 ***	9. 752	0. 025	0. 883	0. 976 **	2. 215
*DR*007	0. 019	0. 650	0. 920 ***	11. 222	0. 034	1. 250	0. 826 ***	2. 768

注：***、**、* 分别表示 1%、5%、10% 的显著水平。

综上分析，从存贷款利率的期限结构上看，贷款利率呈现出期限越长，利率传导越小的特点，而对于存款利率则呈现出期限越短，利率传导越小的特点，体现出金融机构对于长期存款和短期贷款的偏好，以减小期限错配风险。从不同货币市场利率的传导效应来看，即期传导效应非常有限，表明传导存在一定时滞，货币市场利率期限越短，传导效应越大，隔夜拆放利率的长期传导效益接近完全传导，甚至存在超额传导，即货币市场参与者以隔夜利率作为主要政策信号继而进行下游定价调整，该结果亦潜在说明中国人民银行对隔夜或 7 日的短期利率进行公开市场操作所起的货币政策效果较为明显，而中长期工具（3 个月、6 个月）的货币政策效果相对较小。

四　利率传导与宏观稳定

为了探究中国利率传导对宏观稳定的作用，本部分采用中国 2008 年至 2017 年 30 个省（直辖市、自治区）数据和面板模型进行分析。

（一）实证模型

$$VY_{it} = \beta_0 + \beta_1 NPT_t + \beta_3 X_{it} + \gamma_i + \lambda_t + \varepsilon_{it} \tag{17}$$

其中，VY_{it} 为产出波动性，VY_{it} 取值越大，宏观稳定性越低；NPT_t 为利率传导阻滞，即货币市场利率未能传导至贷款利率的部分，假设各省份在相同年份存在相同的货币政策利率传导阻滞；γ_i 是个体截距项，λ_t 是时间截距项；X_{it} 是控制变量。本文主要管制利率传导阻滞对产出波动的影响，如果强利率传导对宏观稳定存在正面影响，则 $\beta_1 > 0$；若强利率传导对宏观稳定存在负面影响，则 $\beta_1 < 0$。

（二）数据选取与变量说明

变量说明如表 7 所示。本文使用滚动窗口方法计算多个变量的滚动标准差，具体计算方法为：对于变量时间序列为 $\{y_t\}$，$t = 1, 2, \cdots, T$，t 时期的滚动标准差为：$\sigma_t = 1/k \sum_{i=t-k+1}^{t} (y_i - \bar{y}_t)^2$，$k$ 为滚动窗口时长

(取 $k=5$)。所有数据来自 CEIC 和中经网宏观数据库。

变量说明如下：首先，被解释变量为产出波动性（*VY*）：人均实际 GDP 的滚动标准差，使用各省名义人均 GDP 除以对应的 CPI 指数计算人均实际 GDP，CPI 指数以 1980 年 CPI = 100 为基准计算。其次，关键解释变量为利率传导阻滞（*NPT*）：使用前文各货币市场利率至 WLR 的 ARDL 模型回归得到的残差的绝对值，即货币政策利率未能传导至贷款利率的部分。余下为控制变量：（1）金融深化（*M2/GDP*）：使用各省金融机构存贷款之和/各省名义 GDP。（2）资本形成率（*K*）：使用各省资本形成总额除以支出法 GDP。（3）贸易开放度（*TO*）：使用标准的贸易开放度衡量指标即进出口贸易总额与 GDP 的比例衡量。（4）人口规模（*PL*）：使用各省年末总人口数的增长率衡量，用于衡量经济体规模对宏观经济波动的影响。（5）金融开放度（*FO*）：使用各省对外投资总额与 GDP 比例衡量。对外经济贸易对中国经济波动的影响主要通过两个路径：一方面利用外资和外贸对中国经济周期波动的直接影响；另一方面为通过外资和外贸的世界经济周期传导（贾怀勤，2009）。（6）金融效率（*SI*）：用各省年度资本形成总额与金融机构存款余额比值表示。（7）财政收支波动性（*VF*）：财政支出与财政收入比值的滚动标准差，控制财政政策的影响。（8）通货膨胀波动性 VIFL：使用各省 CPI 通货膨胀率的滚动标准差。（9）投资波动性（*VI*）：人均实际投资的滚动标准差，人均实际投资等于固定资产形成额除以年末人口数后再除以 CPI 指数。（10）消费波动性（*VC*）：人均实际消费的滚动标准差，人均实际消费等于最终消费除以年末人口数后再除以 CPI 指数。表 8 显示了变量的描述性统计。

表 7　　变量说明

变量	名称	定义与衡量方法
	被解释变量	
VY	产出波动性	各省人均实际 GDP 的滚动标准差，衡量经济周期波动稳定性

续表

变量	名称	定义与衡量方法
核心解释变量		
NPT	利率传导阻滞	货币政策利率未能传导至贷款利率的阻滞部分
控制变量		
M2/GDP	金融深化	各省金融机构存贷款之和占各省名义 GDP 比例
K	资本形成率	各省资本形成总额除以支出法 GDP 比例
TO	贸易开放度	进出口贸易总额与名义 GDP 比例
PL	人口规模	各省年末总人口数增长率
FO	金融开放度	各省对外投资总额与名义 GDP 比例
SI	金融效率	各省年度资本形成总额与金融机构存款余额比值
VF	财政收支波动性	各省财政支出与财政收入的比值的滚动标准差波动性
VIFL	通货膨胀波动性	各省 CPI 通货膨胀率的滚动标准差
VI	投资波动性	各省全社会固定资产投资的滚动标准差
VC	消费波动性	各省人均实际最终消费的滚动标准差

表 8　　描述性统计

	均值	最大值	最小值	标准差	样本数量
SHIBOR001	0. 121	0. 353	0. 049	0. 085	300
SHIBOR007	0. 119	0. 348	0. 052	0. 083	300
SHIBOR3M	0. 126	0. 329	0. 062	0. 074	300
FR001	0. 121	0. 356	0. 054	0. 086	300
FR007	0. 121	0. 351	0. 056	0. 084	300
REPO1	0. 121	0. 357	0. 055	0. 086	300
REPO7	0. 121	0. 352	0. 055	0. 085	300
DR001	0. 121	0. 356	0. 055	0. 086	300
DR007	0. 121	0. 351	0. 053	0. 084	300
VY	7. 569	19. 992	0. 484	3. 515	300
M2	2. 911	7. 575	1. 284	1. 088	300
K	0. 619	1. 485	0. 333	0. 178	300

续表

	均值	最大值	最小值	标准差	样本数量
TO	0. 338	3. 142	0. 017	0. 438	300
PL	0. 768	5. 782	-5. 066	1. 115	300
FO	0. 026	0. 104	0. 000	0. 020	300
SI	0. 410	0. 987	0. 069	0. 165	300
VF	0. 129	0. 702	0. 010	0. 108	300
VIFL	0. 017	0. 035	0. 003	0. 008	300
VI	3. 801	14. 729	0. 151	2. 758	300
VC	3. 842	10. 775	0. 527	1. 646	300

（三）利率传导阻滞的实证结果

本文使用 Pooled IV/Two-stage EGLS（Cross-section weights）方法，即使用工具变量/两阶段广义最小二乘法修正内生性和横截面异方差问题，并使用了面板聚类稳健标准误（cluster robust standard error）解决异方差和自相关问题。表 9 与表 10 显示了回归结果。模型（1）至模型（9）使用不同类型与期限的货币市场利率传导阻滞，其中的 *NPT* 分别为 SHIBOR1、SHIBOR007、SHIBOR3M、FR001、FR007、REPO1、REPO7、DR001 和 DR007。回归结果显示：第一，所有利率传导阻滞的估计值均在 1% 的水平上显著，估计值为正，表明利率传导阻滞增长将使得产出波动增加，即损害宏观稳定。第二，比较不同期限货币市场利率的传导阻滞影响可见，期限越长的货币市场利率的传导阻滞的影响越大。这表明利率传导阻滞对宏观稳定的负面效应可能存在非线性特征，前文 ARDL 与 VECM 分析显示期限越长的货币市场利率的长期传导效应越小，即阻滞越大，而此处面板数据分析显示期限越长的货币市场利率的传导阻滞对宏观稳定的单位负面影响亦越大。

表 9　　利率传导阻滞对产出波动的影响

	模型（1） VY	模型（2） VY	模型（3） VY	模型（4） VY	模型（5） VY
SHIBOR001	9.740 *** (2.83)				
SHIBOR007		9.799 *** (2.83)			
SHIBOR3M			11.603 *** (2.83)		
FR001				9.568 *** (2.83)	
FR007					9.808 *** (2.83)
M2/GDP	1.866 ** (2.29)	1.866 ** (2.29)	1.866 ** (2.29)	1.866 ** (2.29)	1.866 ** (2.29)
K	-10.948 *** (-3.97)	-10.948 *** (-3.97)	-10.948 *** (-3.97)	-10.948 *** (-3.97)	-10.948 *** (-3.97)
TO	0.362 (1.26)	0.362 (1.26)	0.362 (1.26)	0.362 (1.26)	0.362 (1.26)
PL	0.478 (1.51)	0.478 (1.51)	0.478 (1.51)	0.478 (1.51)	0.478 (1.51)
FO	10.575 (0.70)	10.575 (0.70)	10.575 (0.70)	10.575 (0.70)	10.575 (0.70)
SI	19.083 *** (4.46)	19.083 *** (4.46)	19.083 *** (4.46)	19.083 *** (4.46)	19.083 *** (4.46)
VF	-0.420 (-0.33)	-0.420 (-0.33)	-0.420 (-0.33)	-0.420 (-0.33)	-0.420 (-0.33)
VIFL	-93.254 ** (-2.07)	-93.254 ** (-2.07)	-93.254 ** (-2.07)	-93.254 ** (-2.07)	-93.254 ** (-2.07)
VI	0.471 *** (3.45)	0.471 *** (3.45)	0.471 *** (3.45)	0.471 *** (3.45)	0.471 *** (3.45)

续表

	模型（1） VY	模型（2） VY	模型（3） VY	模型（4） VY	模型（5） VY
VC	0.536 *** (3.10)	0.536 *** (3.10)	0.536 *** (3.10)	0.536 *** (3.10)	0.536 *** (3.10)
样本数	300	300	300	300	300
R^2	0.655	0.655	0.655	0.655	0.655
个体固体效应	是	是	是	是	是
年度固定效应	是	是	是	是	是

注：①***、**、*分别表示通过1%、5%、10%显著性水平检验；②小括号内为t值。

表10　　　　利率传导阻滞对产出波动的影响

	模型（6） VY	模型（7） VY	模型（8） VY	模型（9） VY
REPO1	9.613 *** (2.83)			
REPO7		9.751 *** (2.83)		
DR001			9.598 *** (2.83)	
DR007				9.708 *** (2.83)
M2/GDP	1.866 ** (2.29)	1.866 ** (2.29)	1.866 ** (2.29)	1.866 ** (2.29)
K	-10.948 *** (-3.97)	-10.948 *** (-3.97)	-10.948 *** (-3.97)	-10.948 *** (-3.97)
TO	0.362 (1.26)	0.362 (1.26)	0.362 (1.26)	0.362 (1.26)
PL	0.478 (1.51)	0.478 (1.51)	0.478 (1.51)	0.478 (1.51)
FO	10.575 (0.70)	10.575 (0.70)	10.575 (0.70)	10.575 (0.70)

续表

	模型（6） VY	模型（7） VY	模型（8） VY	模型（9） VY
SI	19.083 *** (4.46)	19.083 *** (4.46)	19.083 *** (4.46)	19.083 *** (4.46)
VF	-0.420 (-0.33)	-0.420 (-0.33)	-0.420 (-0.33)	-0.420 (-0.33)
VIFL	-93.254 ** (-2.07)	-93.254 ** (-2.07)	-93.254 ** (-2.07)	-93.254 ** (-2.07)
VI	0.471 *** (3.45)	0.471 *** (3.45)	0.471 *** (3.45)	0.471 *** (3.45)
VC	0.536 *** (3.10)	0.536 *** (3.10)	0.536 *** (3.10)	0.536 *** (3.10)
样本数	300	300	300	300
R^2	0.655	0.655	0.655	0.655
个体固体效应	是	是	是	是
年度固定效应	是	是	是	是

注：①***、**、*分别表示通过1%、5%、10%显著性水平检验；②小括号内为t值。

五 结论和启示

本文使用2006年10月至2019年6月的宏观时间序列数据与2008—2017年的省级面板数据，检验了中国货币政策利率对不同期限存款与贷款利率的即期与长期传导效应，以及利率传导阻滞对宏观稳定的影响。研究发现，第一，货币政策利率对长期存款利率以及短期贷款利率的传导程度最高，存款期限越短或贷款期限越长，利率传导程度越低，表明期限错配风险影响利率传导程度，降低货币政策有效性。第二，利率传导存在时滞，即期利率传导效应均不统计显著。第三，货币政策利率的期限越长，其利率传导程度越低，其中，隔夜拆放利率存在超额传导，7日拆放利率约为0.86—0.97，接近完全传导，而3个月期限的拆放利率传导则为0.68，表明金融机构以隔夜拆放利率变动作为主要政策信号。第四，利率传导阻滞对宏观稳定存在负面影响，期限越长的货币政策利率的利率传导阻滞形成宏观稳定损害越大。

本文研究的政策意涵在于：目前中国虽然已经放开存贷款利率上下限，但仍然保留了存贷款基准利率，过多的政策工具可能对市场利率定价形成干扰，利率传导阻滞不仅降低了货币政策有效性，且对宏观经济周期稳定存在负面影响。因此，首先，应完善衡策利率操作体系，巩固7天以内货币市场利率作为政策利率的基本功能，取消存贷款基准利率，商业银行才有意愿将短期货币政策利率纳入定价基础。其次，中国应促进提高商业银行的市场化程度，特别是负债方的市场化程度。商业银行凭借存贷款基准利率的利差以及对于存款利率的垄断定价获得超额利润，使得商业银行过分依赖存款负债，而对货币市场拆借负债需求相对较低。完全市场化的拆放利率无法有效反映到下游的存贷款利率中，将降低货币政策有效性。此外，商业银行利率定价调整也存在较长的时滞，未能及时反映货币政策利率的变化，潜在造成货币政策的时间不一致性问题。然而，过快的推进存贷款利率市场化可能对银行造成一定的压力，产生金融风险，可通过进一步推进现行的大额存单制度和LRP贷款定价机制逐步深化利率市场化程度。

参考文献

[1] 郭豫媚、戴赜、彭俞超：《中国货币政策利率传导效率研究(2008—2017)》，《金融研究》2018年第12期。

[2] 纪敏、张翔、牛慕鸿、马骏：《货币政策通过银行体系的传导》，《中国人民银行工作论文》2016年第4期。

[3] 李维林、朱文君：《我国市场基准利率的选择与培育——基于价格型货币政策传导渠道的分析》，《宏观经济研究》2017年第8期。

[4] 连飞：《双支柱框架下利率"两轨合一轨"与宏观金融政策调控——基于动态随机一般均衡分析》，《财贸研究》2019年第30期。

[5] 马骏、施康、王红林、王立升:《利率传导机制的动态研究》,《金融研究》2016 年第 1 期。

[6] 张旭、刘晓星、李绍芳:《渐进式利率市场化对我国货币政策传导的影响——基于利率期限结构的非线性分析》,《世界经济文汇》2016 年第 2 期。

[7] Galí, J. , Gertler, M. , López-Salido, J. D. , "European Inflation Dynamics", *European Economic Review*, 2001, 45: 1237 - 1270.

[8] Gregor J. , M. Melecky, "The Pass-through of Monetary Policy Rate to Lending Rates: The Role of Macro-financial Factors", *Economic Modelling*, 2018, 73: 71 - 88.

[9] Horvath R. , J. Kotlebova, M. Siranova, "Interest Rate Pass-through in the Euro Area: Financial Fragmentation, Balance Sheet Policies and Negative Rates", *Journal of Financial Stability*, 2018, 36: 12 - 21.

[10] Johann Scharler, "Do Bank-based Financial Systems Reduce Macroeconomic Volatility by Smoothing Interest Rates?", *Journal of Macroeconomics*, 2008, 30: 1207 - 1221.

[11] Kwapil C. , J. Scharler, "Interest Rate Pass-through, Monetary Policy Rules and Macroeconomic Stability", *Journal of International Money and Finance*, 2010, 29: 236 - 251.

[12] Liu K. , "The Determinants of China's Lending Rates and Interest Rates Pass-through: A Cointegration Analysis", *Research in Economics*, 2019, 73: 66 - 71.

Chinese Monetary Policy Rate Pass-through and Macroeconomic Stability

WU Zhouheng ZHANG Jinjin ZENG Guoxiang

Abstract: This paper uses 2006M10 to 2019M6 time series data of multiple money market rate and 2008 to 2017 provincial panel data, to study the monetary policy rate pass-through to deposit and lending rate with different maturity and their effects on macroeconomic stability. It finds that: first, there are severe stickiness in interest rate pass-through to long-term lending rate and short-term deposit rate. The maturity mismatch worsen the interest rate pass-through. Second, the interest rate non-pass-through has non-linear negative impact on macroeconomic stability. The longer the maturity, the worse the effect. Our study implies that within-7 days money market rate can be taken as effective monetary policy rate. The further marketization of interest rate pricing can strengthen the monetary policy efficiency and macroeconomic stability.

Keywords: Monetary Policy Efficiency; Interest Rate Pass-through; Maturity Structure; Macroeconomic Stability

广东省出口增速的周期性波动与趋势判断*

钟晓凤①

提　要：本文基于各经济变量之间的相互关系及经济理论建立了广东省出口增速的动态均衡模型、短期波动模型、中期波动模型和长期波动模型。为了检验各模型的模拟分析效果，本文将各模型1994—2018年的预测值与实际值进行对比，发现动态均衡模型的预测值与真实值拟合度高。动态均衡模型模拟预测表明，广东省出口增速呈“W”形的周期性波动，且总体呈下降趋势。模型预测2019—2025年广东省出口的平均增速为－2.05%，2025年的出口增速预测值为－6.02%。针对广东省未来5年出口增速的周期性波动与走势，短期政策应以平抑中短期经济波动、稳定出口增长为主，中长期政策应以稳定外部环境、促进出口结构转变升级为主，力争实现出口平稳较快增长与出口结构优化升级的良性循环。

关键词：出口增速；周期性波动；趋势判断；模拟预测

---

* 本文得到广东省教育厅哲学社科课题普通高校青年创新人才类项目“全球化对收入分配的影响机制与政策研究”（2019WQNCX162）；广东外语外贸大学南国商学院青年科研项目“中间产品贸易对劳动力需求的影响研究”（20—002C）的资助。

① 钟晓凤，广东外语外贸大学南国商学院商务系老师。

一 前言

国际贸易是世界经济的重要组成部分，也是中国经济增长的重要动力，而广东省作为中国对外贸易的重要门户，在地理上毗邻港澳，具有一定的地缘优势，是全国改革开放的排头兵。统计数据显示，2018 年广东省外贸出口额占中国外贸出口总量的 25.05%，中国成为世界第一贸易大国广东省功不可没。在经济全球化和中美贸易摩擦背景下，复杂多变的国内外贸易环境导致外贸环境恶化的趋势不断增强，外贸风险不断加大。而广东省外贸依存度高达 73.45%，其中出口依存度为 43.94%。外贸环境的恶化以及贸易风险的增大为广东省的经济发展带来了极大的挑战。近几年广东省出口增速大幅下降，自 2011 年的 26.25% 下降到 2018 年的 4.06%。广东省外贸出口是其经济增长的重要支柱，面对出口增速的下降，归纳总结其发展规律和特点，找出应对之策及时做出调整，对促进广东省外贸出口及全国对外部风险的抵御能力都具有重要现实意义和理论意义。

经济运行常表现出一定的周期性或趋势性。本文采用 BP 滤波技术构建立了广东省出口增速的动态均衡模型、短期波动模型、中期波动模型和长期波动模型。为了检验各模型的稳定性与有效性，本文使用 1994—2018 年的数据，基于 VAR 分析最终确定了各模型的有效解释变量。为了检验各模型的模拟分析效果，本文将各模型 1994—2018 年的预测值与实际值进行对比，并依据预测模型对广东省出口增速 2019—2025 年情况进行预测与分析。最后，基于对研究结论做出的进一步分析，提出了有针对性的政策建议。

二 数据与方法

（一）数据分析

本部分主要利用历年的统计数据对广东省出口的基本情况进行描

述，主要介绍了广东省出口总额及其增长情况，以及出口结构情况，其中包括出口方式与出口产品类别等的介绍。

1. 广东省出口总额及增长

2001—2018 年广东省出口总额整体呈现先增后减的态势，增长速度呈现波动向下的趋势。从图 1 可以看出，自中国加入世贸组织（WTO）以来的十年间广东省出口经历了迅猛增长，虽然 2008—2009 年由于受全球金融危机影响，出口总额出现了较为明显的波动，但是在 2010—2011 年迅速得到恢复，到 2015 年一直保持稳定缓慢上升的趋势，近几年开始出现下滑趋势。具体而言，广东省出口总额从 2001 年的 919. 19 亿美元增加到了 2011 年的 4531. 91 亿美元，增长近五倍，出口年平均增长率为 18% 。自 2011 年以后广东省出口增长速度开始波动下降，出口总额到 2015 年达到历年最高值 6460. 87 亿美元，2016—2017 年开始出现负增长，到 2018 年出口总额为 6228. 73 亿美元，相较 2017 年的 5985. 64 亿美元出现了小幅度的上升，但出口增速下降明显，从 2011 年 26% 的正增长下降到 2017 年近 7% 的负增长。总体看来，广东省出口较为稳定，但出口增速不断下降，需要尽快找出应对措施，应对经济全球化带来的挑战与机遇。

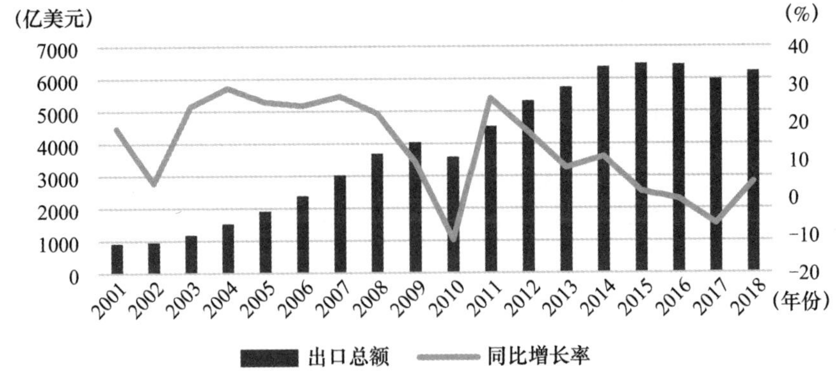

图 1　广东省 2001—2018 年出口总额及增长情况

2. 广东省出口结构

依据广东统计年鉴数据，将主要出口产品分为农产品、机电产品和高新技术产品三大类，如图 2 所示。广东省农产品出口 2018 年为 102.7 亿美元，仅占出口份额的 1% 左右，出口占比远远低于其他两种产品，对出口商品结构的影响较小。机电产品 2018 年出口达 4470.83 亿美元，占出口总额的 65% 左右，是出口产品中占比最高的大类，从 2014 年到 2018 年的统计数据看出口份额相对稳定，其中以电器及电子产品出口为主，占机电产品出口总额的 58% 左右，其次是机械及设备占 21% 左右。高新技术产品 2018 年出口了 2337.57 亿美元，占比稳定在 34% 左右，其中以计算机与通信技术出口为主，占比高达高新技术产品出口的 78%，其次是电子产品占比为 14%。科技竞争是各国在全球竞争中的重要方面，而科技竞争的核心体现在高新技术类产品的出口竞争力方面。2018 年中美贸易摩擦主要体现在技术领域，尤其是高新技术类产品的进出口贸易方面（曾浩等，2019）。广东省具有较好的外贸基础和有利的地缘优势，但高新技术类产品的出口占比仍有待提升。

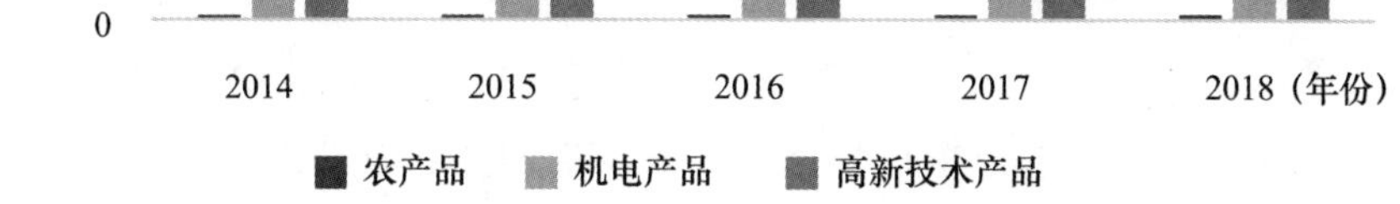

图 2　2014—2018 年广东省出口产品类别

中国加入 WTO 以来广东省出口贸易方式经历了较大的变化。2001 年一般贸易和进料加工贸易占出口的贸易比例为 17% 和 51%，2018 年的比例为 47% 和 35%，如图 3 所示。广东省出口贸易方式整体正逐渐从附加值较低的加工贸易向附加值较高的一般贸易转变。

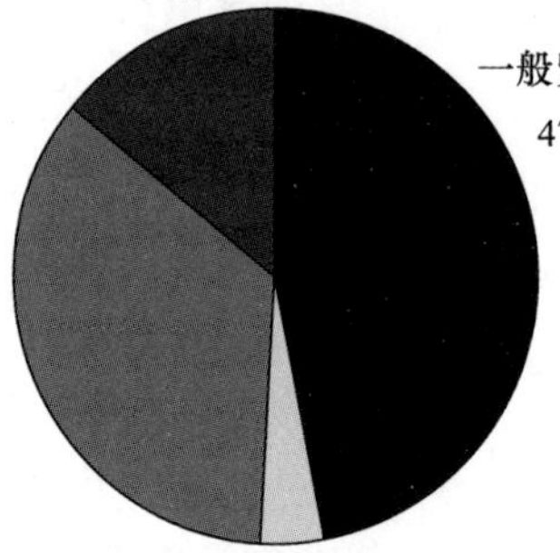

图3　2018年广东省出口贸易方式占比情况

(二) 模型预测分析工具

为了准确认识广东省出口增速的周期性与趋势性，本文借鉴经济周期模型进行分析。李建伟（2015）基于对经济增长周期的内生机制研究表明，经济总是存在由居民收入分布的正太特征而决定的收入分布增长周期，以及由于市场产品供给滞后或更新换代引致的价格调整或创新需求增长周期。传统通常使用一般时间序列模型来分析经济运行周期中被解释变量与解释变量之间的相关关系。但该方法存在一定的弊端。首先，由于经济运行中经济结构与各影响因子的不断变化，基于经济变量的总量或增速构建的模型方程稳定性较差；其次，由于经济结构不断变化，中长期预测分析可能由于建模的结构缺乏时效性而存在较大的偏差。李建伟（2015）对经济增长周期的动态均衡增长状态分析表明经济增速存在动态均衡值增长状态，其表现出的实际波动情况是一种复合现象，是由多种周期性波动现象共同作用后的结果。据此，本文结合传统的经济理论与经济增长周期理论，构建了能够反映经济运行不同波动特征的经济增长周期模型，以广东省出口增速为被解释变量对广东省出口增长周期进行分析与预测。

1. 出口增速的影响因素分析方程

本文所有内生变量数据均为年度累计实际增速。统计数据主要来源于《广东省统计年鉴》以及国际清算银行。基于已有数据，本文根据各经济变量之间的相互关系及经济理论，利用 BP 滤波技术构建出了广东省出口增速的 4 个子模型，分别是动态均衡值模型（*DT*）、短期波动模型（*DQ*）、中期波动模型（*ZQ*）和长期波动模型（*CQ*）。本文最终选取地区生产总值（*GDP*）、实际利用外商直接投资（*FDI*）和国际市场主要国家进口需求（*MC*）作为广东省出口增速的内生变量，将人民币名义有效汇率（*REEP*）作为影响出口的政策因素，同时加入出口增速（*CKZS*）的滞后项以体现广东省出口增速的内在趋势。基于此，建立出口影响因素的基本分析方程如下：

$$CKZS_T = C + \varphi_1(CKZS_T)_{-t} + \varphi_1 GDP_T + \varphi_3 MC_T + \varphi_4 FDI_T + \mu_1 REEP_T + \varepsilon_T$$

其中，$T = DT$，DQ，ZQ，CQ，分别表示动态均衡值、短期波动模型、中期波动模型和长期波动模型，$CKZS_T$代表模型 T 对应的出口增速；$(CKZS_T)_{-t}$代表 T 模型下出口增速的 t 期滞后值；C 表示常数项；ε_T表示随机干扰项；φ 为内生变量系数；μ 为政策变量系数。

2. 预测模型分析

本文为了检验各模型的稳定性与有效性，基于 VAR 分析最终确定了各模型的有效解释变量。根据相关经济理论，确定了内生变量的影响因素分析方程。具体而言，首先是滞后阶数检验，根据滞后长度准则信息确定出口增速动态均衡方程的最优滞后阶数为4，因此建立 VAR（4）模型。为了确定各变量滞后值是否与被解释变量存在显著性影响，继续利用格兰杰因果检验对该模型进行了外生性验证，地区生产总值（*GDP*）、实际利用外商直接投资（*FDI*）和国际市场主要国家进口需求（*MC*）的 P 值显示完全拒绝原假设，表明这些变量对出口增速存在显著的影响，且通过图形法和数值法对 VAR（4）模型进行了稳定性检验，结果表明特征值落在单位圆内，特征根的模都小于 1，即出口增速动态均衡的 VAR（4）模型是稳定的，模型回归结果如表 1 所示。采用同样的方法，分析得出短期波动、中期波动以及长期波动模型的最优滞后阶数为2，因此建立 VAR（2）模型，最终通过外生性与稳定性检验，确定了短期波动、中期波动以及长期波动模型的回归方程，具体回归结果统计如表 1 所示。

表 1　广东省出口增速周期性波动及其动态均衡值的模拟分析结果

	动态均衡（*DT*）	短期（*DQ*）	中期（*ZQ*）	长期（*CQ*）
CKZS（-1）	0.286334 [1.60201]	0.389384 [1.35373]	0.396767 [1.95345]	0.349284 [1.70643]
CKZS（-2）	0.353180 [2.34448]	0.108513 [0.56283]	0.781539 [3.26821]	0.785976 [3.15467]
MC（-1）	0.340095 [2.59006]	0.278657 [1.37495]	0.169857 [3.02192]	0.013902 [2.95974]
MC（-2）	0.428520 [2.96799]	0.452116 [1.76777]	0.163822 [3.40276]	0.013514 [3.41894]
GDP（-1）	2.345118 [5.54369]	1.610912 [2.34297]		
GDP（-2）	-0.094395 [-0.14766]	-0.865668 [-1.53595]		
REEP（-1）	/	/	0.492613 [2.81580]	0.040950 [2.81727]
REEP（-2）	/	/	0.319980 [2.21108]	0.026951 [2.25581]
FDI（-1）	0.025256 [0.33052]	/	/	/
FDI（-2）	0.075798 [0.98728]	/	/	/
C	-22.81710 [-6.72592]	-8.338625 [-1.31236]	-21.20345 [-2.81031]	-1.725464 [-2.76791]
R^2	0.993476	0.785326	0.702865	0.676371
Adj. R^2	0.967380	0.656522	0.624584	0.582194

注：[ ] 内数值为该参数估计的 *T* 检验值。

回归结果显示，动态均衡模型的回归方程拟合优度均较高，表明该模型能够较好地由解释变量进行解释。具体来看，出口增速动态均衡方程的拟合优度最高，R^2高达0.99，调整后的R^2为0.97。中期和长期波动模型方程的拟合优度偏低，调整后的R^2不到0.65。中期和长期波动模型方程拟合优度较低，主要在于中期和长期波动受人民币名义有效汇率的影响较大。经济的内部传导机制常会导致外部冲击的影响表现出一定的滞后性。在政策调整、外部冲击等因素的作用下，通常会使各变量增速偏离其内在关联关系，导致作用变量异常波动，并且由于政策存在一定的滞后性，这种异常波动主要体现在中长期波动之中，导致中长期模型中被解释变量与解释变量间的相关性降低。

为了进一步明确各影响因素对出口增速的解释程度，作者做了进一步的方差分解。各模型的方差分解结果见表2。出口增速动态均衡模型的主要影响因素是地区生产总值（GDP），对出口增速的解释程度高达63.31%；短期波动模型的主要影响因素是自身积累，也即前期的出口情况，占比高达55.03%；中期和长期波动的主要影响因素为人民币名义有效汇率（REEP），占比为49.53%和51.31%。

表2　　广东省出口增速不同时期主要影响因素的方差分解

	动态均衡（*DT*）	短期（*DQ*）	中期（*ZQ*）	长期（*CQ*）
CKZS	4.510930	55.02646	46.39270	45.16325
MC	16.91304	35.42035	3.773734	3.526684
GDP	63.30887	9.553189	/	/
REEP	/	/	49.53357	51.31007
FDI	14.86717	/	/	/

三　模型模拟运行与预测分析

（一）模型预测前提条件

模型预模拟运行与预测分析的假定前提条件之一是假定外生政策性

变量保持2018年水平不变，即2019—2025年一年期人民币名义有效汇率保持在115.7的水平不变。模型预模拟运行与预测分析的假定前提条件之二是GDP增速的动态均衡值是由投资、消费、进出口和工业存货实际增速动态均衡值等的周期性波动走势共同决定的，这里为了简化研究，依据已有研究的预测假设其保持年均增速6.5%。

模型模拟运行与预测分析的假定前提条件之三是假定内生变量［美欧日进口（*MC*）、实际利用外商直接投资增速（*FDI*）］各自保持1994—2018年增速周期性波动的内在趋势。由上文分析可得，国际市场需求是广东省出口的重要决定因素，文章选择美、欧、日三大经济体的进口（*MC*）作为国际市场需求的替代指标，为简化分析，我们仅根据1994—2018年的数据对美、欧、日进口增速周期性波动的内在趋势做出分析。根据美、欧、日进口增速周期性波动的内在趋势，2018年以后美、欧、日进口增速呈周期性波动，先下降后回升，整体表现出下降的趋势。根据实际利用外商直接投资增速（*FDI*）周期性波动的内在趋势，2018年以后广东省实际利用外商直接投资增速将波动向上，到2021年增速逐渐表现为平稳向上的趋势。

（二）模型预测结果与分析

1. 广东省出口增速动态均衡模型预测结果分析

广东省出口增速动态均衡模型预测结果显示：尽管广东省出口增速呈现出一定的周期性波动，但总体呈下降趋势。具体而言，动态均衡模型预测结果表明广东省出口增速将从2018年的4.06%下降到2025年的-6.02%，2019—2025年广东省出口的平均增速为-2.05%。如图4所示。根据前文分析可知，广东省出口增速的动态均衡模型预测值与实际值拟合度高达96.74%，能较准确地反映广东省出口增速的实际变化情况，能为预测提供较强的参考价值。

在动态均衡模型分析中，影响广东省出口增速的因素主要包括地区生产总值（*GDP*）、国际市场主要进口需求（*MC*）、实际利用外商直接投资（*FDI*）以及自身前期积累（*CKZS*），其对出口增速的解释占比程度依次为63%、17%、15%、5%。可见，在动态均衡模型下，广东省出口增速受地区生产总值的影响最大，表明广东省经济整体发展状况与出口紧密相关。同时，国际市场主要进口需求的影响表明广东省出口增速与外部环境和国际市场息息相关。因此，对于广东省出口增速更准确的判断需要紧密结合广东省经济整体发展态势与国际环境动态变化情况进行分析。

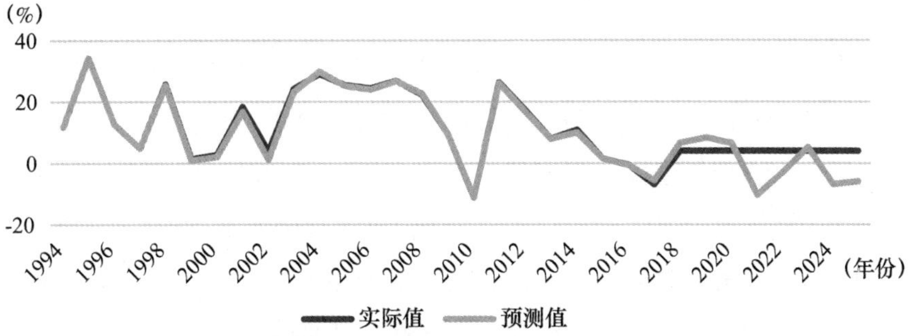

图4　1994—2025年广东省出口增速的动态均衡模型预测情况

注：实际值表示2018年以前数据为广东省出口增速的实际值，2019—2025年的数值同2018年的实际增速（下同）；1994—2025年的预测值是根据上文动态均衡模型模拟预测得到。

2. 广东省出口增速短期波动模型预测结果分析

广东省出口增速短期波动模型预测结果显示：广东省出口增速呈降中趋稳的周期性波动态势。具体而言，短期动态模型预测结果表明广东省出口增速将从2018年的4.06%下降到2025年的4.04%，2019—2025年广东省出口的平均增速为－0.23%。短期动态均衡模型模拟预测值较实际值偏低，仅有65.65%的拟合优度，无法达到准确预测广东省出口增速大小的目的，但能在一定程度上反映广东省出口增速的发展波动情况与变化趋势。具体如图5所示。

在短期波动模型分析中，影响广东省出口增速的因素主要包括地区生产总值（*GDP*）、国际市场主要进口需求（*MC*）以及自身前期积累（*CKZS*），其对出口增速的解释占比程度依次为10%、35%、55%。可

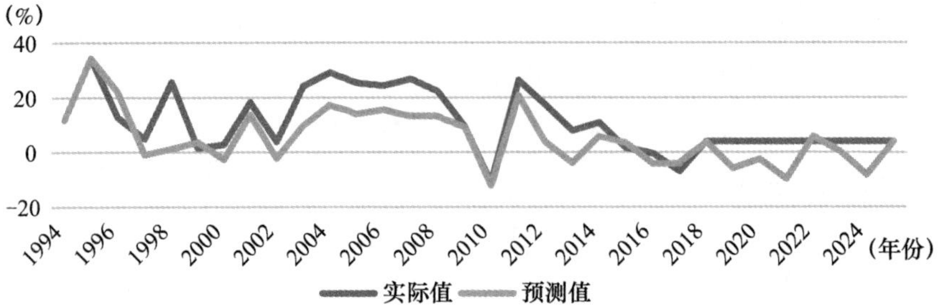

图5　1994—2025年广东省出口增速的短期波动模型预测情况

见，在短期波动模型下，广东省出口增速短期受自身前期积累的影响最大，表明广东省出口增速的发展短期来看受自身出口结构与出口总量的影响较大。前文分析表明广东省主要出口三大类产品：农产品、机电产品以及高新技术产品，其出口占比依次为1%、65%和35%。科技竞争是各国在全球竞争中的重要方面，而科技竞争的核心体现在高新技术类产品的出口竞争力方面。2018年中美贸易摩擦主要体现在技术领域，尤其是高新技术类产品的进出口贸易方面（曾浩等，2019）。广东省高新技术产品出口占比仍有较大的提升空间，风险抵御能力有待进一步加强。

3. 广东省出口增速中期波动模型预测结果分析

广东省出口增速中期波动模型预测结果显示：广东省出口增速呈波动向下的周期性波动态势。具体而言，中期动态模型预测结果表明广东省出口增速将从2018年的4.06%下降到2025年的1.27%。中期动态均衡模型模拟预测值较实际值偏低，仅有62.46%的拟合优度，无法达到准确预测广东省出口增速大小的目的，但能在一定程度上反映广东省出口增速的发展波动情况与变化趋势。具体如图6所示。

在中期波动模型分析中，影响广东省出口增速的因素主要包括国际市场主要进口需求（*MC*）人民币名义有效汇率（*REEP*）以及自身前期积累（*CKZS*），其对出口增速的解释占比程度依次为4%、50%、46%。

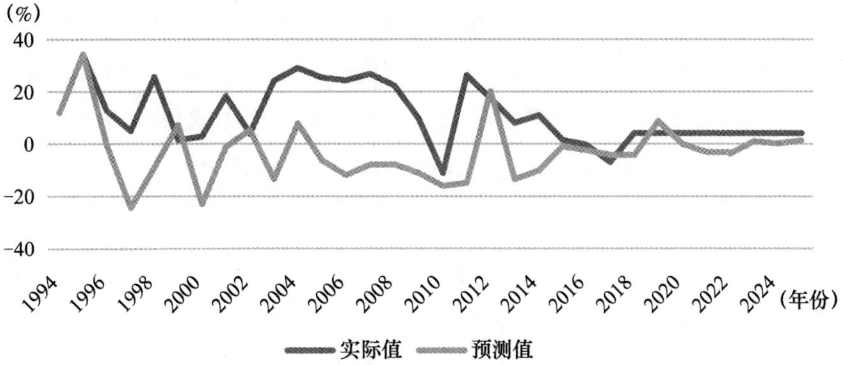

图 6　1994—2025 年广东省出口增速的中期波动模型预测情况

4. 广东省出口增速长期波动模型预测结果分析

广东省出口增速长期波动模型模拟预测值较实际值偏低，拟合优度较差，无法达到准确预测广东省出口增速大小的目的。具体如图 7 所示。在长期波动模型分析中，影响广东省出口增速的因素主要包括国际市场主要进口需求（*MC*）人民币名义有效汇率（*REEP*）以及自身前期积累（*CKZS*），其对出口增速的解释占比程度依次为 4%、51%、45%。广东省出口增速长期受人民币名义有效汇率的影响最大，通常外部因素的冲击必然引起人民币名义有效汇率的波动，从而对出口造成影响。然而，由于前期假设条件对人民币名义有效汇率进行了限制，长期

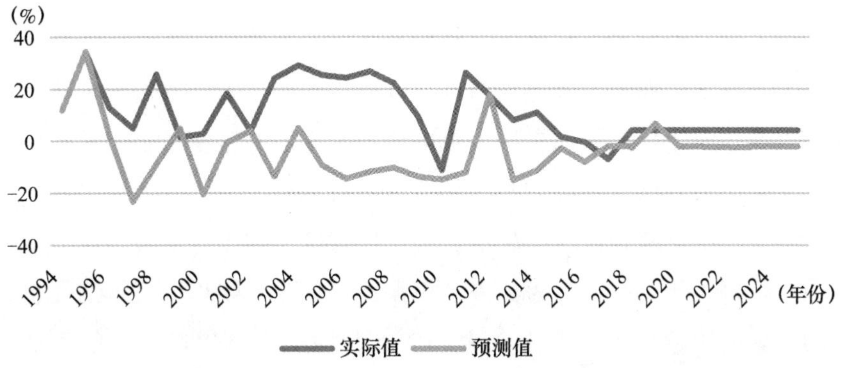

图 7　1994—2025 年广东省出口增速的长期波动模型预测情况

模型预测部分出口的波动主要表现为前期出口累积的影响，是前期出口减速引起的连锁效应。可见，在长期波动模型下，广东省出口增速中期受人民币名义有效汇率的影响最大，由于受到外部因素影响较多，长期波动模型难以对出口增速做出及时的预测和准确的解释。

5. 进一步的分析

模型预测结果显示，动态均衡模型模拟预测值与实际值偏差较小，对实际值的发展波动变化趋势拟合度较高，能较准确地反映广东省出口增速的实际变化情况。短期动态均衡模型模拟预测值较实际值偏低，但能在一定程度上反映实际值的发展波动情况与变化趋势。中期与长期波动模型模拟预测值均与实际值存在较大偏差，但能在一定程度上反映广东省出口增速的波动周期性变化与发展趋势。有鉴于此，本文对于广东省出口增速的预测与判断的分析结论主要依据动态均衡模型和短期波动模型得出。

一是广东省出口增速未来 5 年左右将呈现“W”形的周期性波动，总体呈下降趋势。具体而言，动态均衡模型预测结果表明广东省出口增速将从 2018 年的 4.06% 下降到 2025 年的 -6.02%；2019—2025 年广东省出口的平均增速为 -2.05%。在动态均衡模型下，广东省出口增速受地区生产总值的影响最大，表明广东省经济整体发展状况与出口紧密相关。同时，国际市场主要进口需求的影响表明广东省出口增速与外部环境和国际市场息息相关。目前，国内经贸环境问题不断积累，国际经贸环境不确定性叠加，导致外部经贸环境极其不稳定，贸易环境恶化风险加大，这对广东省内部经济与外部环境持续健康发展都做出了较大挑战。因此，对于广东省出口增速更准确的判断需要紧密结合广东省经济整体发展态势与国际环境动态变化情况进行分析。

二是广东省高新技术产品出口占比仍有较大的提升空间，风险抵御能力有待进一步加强。在短期波动模型下，广东省出口增速短期受自身前期积累的影响最大，占比高达 55%，表明广东省出口增速的发展短期来看受自身出口结构与出口总量的影响较大。科技竞争是各国在全球竞争中的重要方面，而科技竞争的核心体现在高新技术类产品的出口竞争力方面。2018 年中美贸易摩擦主要体现在技术领域，尤其是高新技术类产品的进出口贸易方面。目前，广东省高新技术产品出口额的增长主要还是依赖加工贸易方式，附加值较低，需要加快调整向附加值较高的一般贸易转变。

三是外商直接投资增速对广东省出口增速的促进作用具有较长的时滞性。滞后一期的外商直接投资增速对广东省出口增速的促进效应约为 0.03，而滞后三期的效果最为明显，其对广东省出口增速的带动效应约为 0.21。可见，外商直接投资增速对广东省出口增速的促进作用具有较长的时滞性。

四是从中期和长期来看，汇率的变动对于出口增速的影响特别大。在中期与长期模型中，广东省出口增速受人民币名义有效汇率的影响最大，通常外部因素的冲击必然引起人民币名义有效汇率的波动，从而对出口造成影响。但是，政策调整、外部冲击等因素通常会使各变量增速偏离其内在关联关系，导致被作用变量异常波动，并且由于政策存在一定的滞后性，这种异常波动主要体现在中长期波动之中，导致中长期模型中被解释变量与解释变量间的相关性降低。

四　结论与建议

广东省出口对中国外贸出口做出了重要贡献，但是近两年广东省外贸出口占全国外贸出口总额的比重略有下降。广东省出口总额对全国出口占比从 2016 年的 30.68% 下降到 2018 年的 25.05%。从出口增速来看，自 2016 年广东省出口增速出现负增长以后，广东省出口对中国外贸出口的贡献度开始下降。在经济全球化和中美贸易摩擦背景下，复杂多变的国内外贸易环境导致外贸环境恶化的趋势不断增强，外贸风险不断加大。广东省对外依存度较高，受外部环境恶化的影响较大。而中国通过大力推进“一带一路”贸易，开拓新市场，调整出口产品结构，激发民营企业活力等一系列措施，出口增速短暂下降后迅速调整回升。综合来看，广东省出口增速下降主要是由于受到外部环境恶化的影响且缺乏及时有效的应对措施所致，短期政策应以平抑中短期经济波动、稳定出口增长为主，中长期政策应以稳定外部环境、促进出口结构升级为主。结合上文的研究，由此提出了以下四点建议。

一是稳定出口增长，维护良好的外部环境。在全球经济下行、国内外环境日趋复杂、改革开放攻坚克难的关键时刻，稳定出口增长是重点。同时，要处理好中美贸易摩擦，处理好中国在知识产权保护以及转让技术等西方国家密切关注的问题，减少不必要的冲突，构造良好的合作环境和氛围，积极寻求新的合作，开拓新的国际市场，优化出口市场结构。

二是提高产品附加值，优化出口结构。目前，高附加值出口产品供给不足，尤其是高新技术产品方面。广东省有大批仍处于“微笑曲线”底部的劳动密集型企业。这些企业附加值低、利润低，而利润率低又会造成没有充沛的资金做技术研发和产品创新，导致企业只能在低水平上重复生产，长期处于利益链的低端。广东省只有增加高附加值产品的生产和出口，才能实现出口结构的优化升级。

三是继续引进外资，从质和量两个方面提前规划外资的流入。龚艳萍和周维（2005）研究表明外商直接投资对出口总量、加工贸易及产业内贸易皆存在正向影响。外商直接投资与外贸出口之间关系非常复杂，具有不确定性，需要紧密结合投资阶段、投资动机及投资时效等多因素进行综合分析（周攀攀、段秀芳，2012）。针对目前广东省外商直接投资的技术档次较低、行业分布不均等现状，广东省相关部门应当抓紧布局培育吸引外资的新动力，引进先进的生产技术和管理经验，促进产业结构的转型升级。由于外资对出口的作用具有 3 年左右的滞后期，所以应当将外资规划前置，以更好地达到政策规划预期效果。

四是谨慎使用汇率对出口的调节。由于汇率对出口的调节作用具有一定的滞后性，难以满足当期的实际需求，还会导致后期被作用变量的异常波动。

参考文献

[1] 李建伟：《居民收入分布与经济增长周期的内生机制》，《经济研究》2015 年第 50 期。

[2] 李建伟：《我国经济增速周期性波动与趋势判断》，《改革》2015 年第 4 期。

[3] 龚艳萍、周维：《我国出口贸易结构与外国直接投资的相关分析》，《国际贸易问题》2005 年第 9 期。

[4] 曾浩、夏斯文、李小梅：《广东省高新技术产品出口现状、困境和对策》，《对外经贸实务》2019 年第 4 期。

[5] 周攀攀、段秀芳：《外商直接投资的贸易效应研究综述》，《新疆财经大学学报》2012 年第 1 期。

The Periodic Fluctuation and Trend Judgment of Export Growth in Guangdong Province

ZHONG Xiaofeng

Abstract: Based on the correlation between economic variables and economic theory, this paper constructs a dynamic equilibrium model, short-term fluctuation model, medium-term fluctuation model and long-term fluctuation model of the export growth rate of Guangdong Province. In order to test the simulation analysis effect of each model, this paper compares the predicted value of each model from 1994 to 2018 with the actual value, and finds that the dynamic equilibrium model has strong prediction ability. According to the simulation prediction of dynamic equilibrium model, the export growth rate of Guangdong Province shows a periodic fluctuation of " W" type, and generally shows a downward trend. The average growth rate of Guangdong Province's export in 2019 – 2025 is – 2. 05% , and the prediction value of export growth in 2025 is -6.02%. In view of the cyclical fluctuation and trend of the export growth rate of Guangdong Province in the next five years, the short-term policy should focus on stabilizing the medium and short-term economic fluctuation and export growth, and the medium and long-term policy should focus on stabilizing the external environment and promoting the upgrading of export structure, striving to achieve a virtuous cycle of stable and rapid export growth and optimization and upgrading of export structure.

Keywords: Export Growth Rate; Periodic Fluctuation; Trend Judgment; Simulation Forecast

开放经济新格局下广东外语外贸大学创新人才培养研究*

张建武　司京艳　唐静　王凌峰①

摘　要： 随着“一带一路”倡议的实施以及传统贸易发展方向的转变，高校外经贸人才培养面临新挑战。“一带一路”倡议对外经贸人才需求不仅体现在“单一技能”上，更多反映在“创新型”“区域型”“复合型”的特点上。因此，研究主要论证分析开放经济新格局下广东外经贸如何分阶段，具体开展创新创业教育的革新。提出适应开放经济新格局的广东外经贸创新人才培养新模式，即运用整体推进思维培养“双创型”外经贸人才，破解外经贸人才培养难题。因此，研究建议高校人才培养模式应当尽快实现从“应用型”为主向“双创型”为主的转变。此外，以广东外语外贸大学为例，其在外经贸人才的培养上向海外高校跨国联合培养模式的转变，为实现中国“一带一路”建设储备“软性人才”，创造“人才红利”。通过将构建外经贸专业教育体系和“创新强校”工程、“高水平大学”

---

* 本文得到国家自然科学基金项目“对外贸易结构调整对劳动力市场的影响机制与政策研究”（71673063）、广东省教育厅重大培育项目“对外贸易结构调整对劳动力市场的影响机制与政策研究”（2016WZDXM027）、广东省本科高校创新创业教育改革研究项目“开放经济新格局下广东外经贸创新人才培养研究”的资助。

① 张建武，广东外语外贸大学经济贸易学院教授；司京艳，广东外语外贸大学经济贸易学院硕士研究生；唐静，广东外语外贸大学经济贸易学院教授；王凌峰，广东外语外贸大学经济贸易学院硕士研究生。

结合起来，搭建培养新型国际贸易人才的国际合作交流平台，加强国际化师资队伍建设，为创新研究型国际化人才的培养、创新技术产业的发展提供了有力支撑。

关键词：开放经济新格局　人才培养　外经贸创新人才

“一带一路”倡议提出以来，中国与沿线国家经济社会往来日益密切，其中教育发挥了基础性与先导性的作用。教育交流为沿线各国民心相通架设桥梁，人才培养为沿线各国政策沟通、设施联通、贸易畅通、资金融通提供支撑。随着共建“一带一路”教育行动倡议的推进，中国对熟悉沿线国家语言文化、法律规范和贸易金融等方面的国际化人才需求将大幅增长，人才储备不足将成为“一带一路”发展中的重要瓶颈。同时，长期以来，全球对亚非拉等广大发展中国家和“一带一路”沿线国家社情民意等基本情况所知不多。从这个意义上来说，无论对于中国还是其他沿线国家的民众来说，对“一带一路”沿线国家基本情况的陌生和不熟悉皆不符合“一带一路”建设需要。为解决上述问题，中国教育部于2016年7月发布了《推进共建“一带一路”教育行动》，明确指出沿线国家教育加强合作、共同行动既是“一带一路”共建内容，又为共建“一带一路”提供人才支撑。

为更好地服务于“一带一路”建设，在开放经济新格局下广东外语外贸大学牢固树立和贯彻落实总书记在党的十九大报告中提出的“加快一流大学和一流学科建设，实现高等教育内涵式发展”新理念，着力做到响应倡议、激励创新精神、切实提高外经贸创新人才培养的实效，把培养创新能力与“培育什么样的价值观”同“培养什么样的人”与开放经济环境紧密结合。

推进教育国际化，培育具有国际视野和全球胜任能力的高素质、复合型创新人才，服务“一带一路”建设，是教育人才发展的必然趋势。广东外语外贸大学如何顺应新形势、抓住机遇，承担好推进“一带一路”建设提出的新使命与新要求，并逐步形成与其相匹配的教育文化交流的新思维与新方式，是摆在我们面前的重要任务。因此，我们应积极响应“一带一路”倡议，落实国家发展战略，进一步完善人才培养体系，培育具有全球胜任力的高素质、复合型和创新型对外经贸人才，大力推动人才培养与科学研究跨界创新融合发展，为“一带一路”世纪工程提供强有力的人才支撑和智力支持（董渊等，2017）。

一　研究目标与意义

（一）研究目标

第一，探索培育具有国际视野、创新能力的复合型人才的有效路径。“一带一路”战略实施过程的长期性和沿线国家的文化复杂性直接决定了高层次人才需求的持久性和多样性。打造高素质、复合型创新智库，培养了解中国国情、具有全球视野、熟练运用外语、通晓国际规则、精通国际谈判、具备参与全球治理能力的经济学专业综合创新人才，为中国社会经济稳定持续发展提供有力人才支撑。

第二，加快建立人才供给侧和需求侧沟通对话机制，搭建高校资源整合和信息共享平台，协同推进师生国际化。资源供给不足、供给不均衡、供给针对性不强等，是如今影响中国高等教育国际化进程的重要因素。供需双方联系不畅将导致大学教育国际化的模式简单，师生主体性缺乏，国际教育表现不佳等。为此，应加快建立供给侧与需求侧间良好的沟通对话机制，并努力搭建国内外高校广泛融合的国际化资源开发与信息共享平台，有效衔接国际合作教育与本土教育的多维互动机制，协同探索推进师生国际化的新路径。

第三，解决传统经济学人才培养模式导致的知识结构“单一”问题。传统经济学人才培养注重专业知识的培养，无法满足新时代下提高我国在全球治理中的话语权的现实需求。通过特色专题的开设、对应国家“一带一路”建设、京津冀协同发展、长江经济带发展、粤港澳大湾区、长江三角洲区域一体化等战略要求，在经济学人才培养中更注重提升教育理念、完善教育内容，增强国际话语权，讲好中国故事。

（二）研究意义

1. 国家层面

有利于落实国家发展战略，改善人才培养体系，培育具有全球治理能力的高素质外经贸人才。高校应着眼全局、主动适应和有效对接新时代对创新发展的人才需求，提升创新人才的主观动力，着力推进人才培养与科学研究跨界创新、融合发展，为“一带一路”建设提供强有力的人才支撑和智力支持。

2. 地域层面

有利于发挥湾区教育资源及产业优势，依托开放经济格局，实现要素资源互联互通，培养创新型人才。《粤港澳大湾区发展规划纲要》的出台明确了粤港澳大湾区的重要战略地位，并成为“一带一路”建设的重要支撑。立足湾区城市群优势，有效利用高校资源互联互通，开展全球合作为粤港澳大湾区高校创新人才的培养注入智力支持、人才驱动，带来创新项目，提供前所未有的机遇。

3. 人才培养层面

有利于顺应对外开放经济新格局，探索国际化人才培养课程体系构建路径，引导高校探索“一带一路”建设落到人才培养途径，为党政机关鼓励和支持创新人才培养等方面提供经验证据。新时代下，首先，探索国际化创新人才培养新路径，前提是以教学为中心，围绕课程教学着重培育学生创新意识与实践能力。其次，高校应提升教育服务创新发展能力，将“一带一路”建设主旨与人才培养方案有效结合，不断完善专业设置和学科结构，力争培育更多适应新时代发展的高质量创新型人才。

二　全球外经贸人才培养模式实践

为应对全球化、信息化和知识化的挑战，世界各国都积极探索应用型、复合型和创新型人才的培养模式与路径。从目前国内外关于创新型人才培养模式的研究与实践看，代表性的研究如下。

（一）从国际环境分析创新型人才培养模式

从“一带一路”建设对高水平人才需求角度来看，打造可持续发展的国际化创新型人才培养体系。一方面，应从战略高度推进人才培养模式，通过理念更新与制度建设促进培养项目转型，在此过程中提升生源质量、促进学生交流以及注重质量保障（董渊等，2017）；另一方面，要有效界定创新型人才的国际化课程内涵，比较全球化背景下世界一流高校国际化课程的建设情况，探索和总结国际化课程建设的举措与成效（沈艳，2019）。

（二）从层次维度分析创新型人才培养模式

毛锦茹等（2011）依据教育学关于“模式”概念的阐释，从三个层次和四个维度，对人才培养模式所反映的功能性教育活动进行理论剖析，试图说明什么是人才培养模式，从理论与实践的结合上完整、准确地理解人才培养模式。王健和孙国（2019）以卓越绩效模式为模本，探索了应用型人才培养的“七维度”模式，并提出提升应用型人才培养质量的核心指向力是科学的培养方案，培养应用型和创新型人才的重要保障是丰富而强大的教育资源，培养结果是人才培养质量的最终体现则是新时代人才培养的根本追求。

（三）从借鉴国外经验阐述创新型人才培养模式

自 20 世纪六七十年代起，英国、美国、德国等一些发达国家开始意识到人才培育的重要性，并逐步重视对创新型和复合型人才的培养。经过几十年不断探索与实践，英、美、德等国已形成各自独特的培养机制和创新复合型人才培养的教育体制。高宗泽和蔡亭亭（2009）从培养理念、多元化人才培养目标等方面解读斯坦福大学独具特色的人才培养模式。鲍枫和（2011）通过分析英国高校数字媒体专业的人才培养目标、教学内容与培养模式、评价方式等方面，发现英国高校的数字媒体专业教育具有注重实践性、以工作坊形式为中心组织教学以及重视与业界公司合作等特征。邱胜南和舒琥（2019）认为中国正处于应用型人才培养发展初级阶段，通过比较国外应用型人才培养模式的特点，借鉴其优势，其研究结果有利于改善中国目前“五位一体”应用型人才培养模式中的不足，更好地实现中国应用型高校教育的转型，完善中国应用型人才培养体系。

三 开放经济格局下广东外经贸人才培养现状

从人才需求角度来看，“一带一路”的实施亟须大量沿线国家语言人才、资本运作人才以及信息技术人才。但是，推动“一带一路”倡议对于国际化人才需求特征不仅仅体现在单纯的技能掌握方面，更多反映在创新型、复合型的特点上，特别是对创造性的新型国际贸易人才的迫切需求。另外，结合中共中央和国务院印发的《粤港澳大湾区发展规划纲要》中“建设人才高地”的明确主张，加强创新创业人才培养亦成为粤港澳大湾区未来建成世界级湾区的核心推动力。2019 年，广东省地区新增国际学校 15 所，现有高等学校数 152 所，高等学校招生数 57.33 万人，高等学校在校人数 113.33 万人。其中，研究生教育招生人数 4.66 万人，比 2018 年增长 9.6%。研究生在校生数 12.96 万人，环比增长 12.8%。作为华南地区高校人才培育集聚中心，为了推动广东创新驱动战略实施、产业结构升级与进一步改革开放，需要大量的创新性和复合型的外经贸人才为广东经济社会发展方式转型升级提供强有力的人才支持和技术支撑，广东高校的任务在于为区域经济发展提供人才保障，促进广东经济社会发展方式的转变和推进广东率先基本实现教育现代化的发展。

（一）开放格局下广东外经贸人才培养基本要求

广东是改革开放的先行地，也是探索科学发展的实验区，承担着率先基本实现教育现代化和国际化的重要使命，这要求在广东推进高等教育国际化转型过程中，必须加快双创型外经贸人才培养步伐。但与国际教育和人才培养模式相比，中国教育模式过分偏重于知识的记忆，忽视对学生能力和综合素质的培养，导致学生创新创业能力明显不足。因此，广东高校应以更开拓的视野，前瞻性地看待人才培养工作，对广东省外经贸专业的创新创业教育进行系统谋划，做到整体推进。具体来说，外经贸人才必须满足三个要求：基本素质要求、综合技能要求、创新能力要求。

基本素质要求即要求外经贸人才具备优良的思想道德品质，掌握经济与贸易类专业知识、基础理论和方法，熟悉国际通行的经济贸易规则，认识和把握国内外经济、贸易的运行机制和发展规律。除此之外，还必须具备较健康的心理素质，能经受多元文化的冲击，具有文化自信。与此同时，拥有强大的国际道义担当，并对国家利益的伦理、对大国崛起与政治家的责任问题、对多元文化差异反面形成自己的全球观、伦理观和价值观。

首先，综合技能要求即要求开放格局下的外经贸人才能够熟练掌握一门外国语言以及多种现代信息技术，并通晓“一带一路”沿线国家政治、文化、语言。其次，由于新时代下互联网的迅猛发展，跨境电商、产业园区投资建设运营、知识产权交易、电子物流与国际采购等行业对掌握新知识技能的外经贸人才需求大幅增加。因此，新形势下的综合技能要求外经贸人才应具备较强的运用和处理信息能力、较强的跨文化沟通能力和独立的国际活动能力。

创新能力要求即要求培养具有国际化人才特色以及能够探索新国际贸易规则的创造性人才。“一带一路”建设的推进不仅为拓展国际经贸合作关系提供了新的机遇与挑战，也对新形势下外经贸人才提出了新的更高水平要求。一方面，开放格局下的外经贸人才应具备新型国际贸易和资本运作等相关专业知识，并在此基础之上转化成独具人才特色的国际化模式；另一方面，由于在亚太国际贸易规范制度建立之前，需要重新制定国际贸易规则。从这个意义来讲，外经贸人才还应具备积极探索和深入钻研的创新精神。

(二) 开放格局下广东外经贸人才培养新挑战

广东是中国经济第一大省，也是外贸第一大省，对经济管理类人才需求巨大。人才是实现经济可持续增长的关键，面对开放格局下的新型国际环境，没有适应新形势的复合型、创新性人才，则难以敲开别国市场大门，难以在“一带一路”国际市场的激烈竞争中生存。因此“一带一路”倡议对广东高校外经贸人才培养提出了新挑战。

1. 急需国际化资本运作人才

“一带一路”倡议在“走出去”方式上将带来一个“新常态”，即走“投资立国”模式。相对于“出口立国”的对外开放模式,“投资立国”模式更利于掌握主动权，并通过“投资乘数”产生扩散效应（文君、蒋先玲，2015）。综观广东省高校外经贸人才的培养现状，培育出熟悉国际组织以及中国对外经济贸易发展的方针、政策和法规，了解各国在贸易、投资、知识产权等方面政策法规和技术标准的国际外经贸专门化人才仍是一个短板。

2. 急需创造型的新型国际贸易人才

随着“一带一路”的不断深入，中国对外贸易形态逐步转化为“新常态”，即从传统的商品贸易向服务贸易发展，但现有培养体系下培养出来的大学生大多仅熟悉基础国际贸易知识。这类人才必将难以适应“一带一路”倡议要求的对外贸易“新常态”需求，将限制国际贸易的发展速度和规模。因此，在亚太国际贸易规范制度建立之前，需要富有创造性的人才来探索建立国际贸易新规则。

3. 急需新型复合型、高素质的外向型人才

开放格局下的“一带一路”倡议对国际化人才的需求不仅体现在语言技能上，更多反映在复合型、高水平的特点上。由于“一带一路”沿线国家普遍国情复杂，政局动荡，地区、阶层和宗教派系差异性大，官方外交不可能全面了解民间需求与广泛民意。因此，亟须民间外交人才通过 NGO 组织、学术研究与民间文化交流等方式深入整个社会肌理之中。

四 开放经济新格局下广东外语外贸大学经贸创新人才培养模式探索

“一带一路”倡议对高校创新型国际化人才培养带来的挑战，国家、地方政府以及有关部门、高等学校也出台了相关政策与举措，并取得了一定成效。但是，催化创新人才培养成果踊跃产生的制度合力有待形成，尤其是高校组织内部缺乏系统化的激励框架。这在一定意义上导致了集聚和分散的人才培养方案看似“已经落地”，但实难“生根发芽”。高校对于新形势下的人才培养需要与时俱进，转变思路，分阶段具体开展创新人才培养教育革新。因此，面对“一带一路”开放经济新格局带来的机遇与挑战，广东外语外贸大学（以下简称“广外”）对于人才的知识和能力结构提出了新要求。把握“立足中国情怀、放眼国际视野、勇担社会责任”的国际化人才战略目标，广外将从以下三个方面对外经贸创新人才培养模式做出新探索。

（一）改革人才培养方案，创新国际化人才培养模式

重点研究“专业＋外语＋实践＋素养”经济学科高端国际化人才培养模式创新，为社会培养大批经管学科领域的高端研究生人才。适度压缩课堂教学学分学时，探索实行长短学期制，即在春秋季两个学期中间各设置1个“实践实习与科学研究短学期”，以强化学生实习实践和创新能力的培养。广外积极推行全英教学模式，创办了本硕连读的国际组织创新班（全校选拔）、雷恩班（广东外语外贸大学—法国雷恩创新班）和双语国际班。搭建了5个国际化人才培养平台：专业平台（国家级特色专业等）、实践平台（国家级广交会实践基地）、国际化人才培养基地（教育部、广东省国际经济与贸易拔尖人才培养模式创新实验区）、多语言学科平台（德语、西班牙语等17个语种）、国际化研究基地（加拿大研究中心、欧洲研究中心、广东“走出去”协同创新中心），共同培养国际化外经贸人才。

其中，广东外语外贸大学—法国雷恩本硕连读创新班是经济贸易学院整建制培养高素质国际化人才的试验田。该项目依托学院教育部国际经济与贸易特色专业，探索新型人才培养模式，凝聚学院力量，凸显学科优势与特色，深化教育教学改革，通过“3 +1.5”的本硕连读模式培养“双高”(思想道德素质高、专业理论水平高)、“两强”(跨文化交际能力强、创新创业实践能力强)，具有国际视野，通晓国际规则，能直接参与国际合作与竞争、有强烈社会责任感和担当精神的国际经济与贸易跨专业国际化拔尖人才。此外，每年法国雷恩商学院会选派一名教授来我院，为雷恩班各年级学生开设不同学时的公开课。

同时，广外近年来加强了与国外跨国公司和涉外行业、政府部门的合作，建立一批具有国际化背景的实践基地，强调学以致用，培养和提高学生的实践能力和国际竞争能力。例如教育部人才培养模式创新实验区、国际化商务人才培养模式创新实验区、国家级实践教学改革创新基地、中国进出口商品交易会、教育部战略研究基地、21 世纪海上丝绸之路与区域创新国际战略研究中心等 5 个国家级实践基地以及 14 个省级实践基地。

(二) 汇聚协同创新资源，构建高端学科平台

联合组织实施国家公派高级研究学者及访问学者(含博士后)项目、国家建设高水平公派研究生项目、博士生导师短期出国交流项目、国家公派硕士研究生项目、优秀本科生国际交流项目、高等学校青年骨干教师出国研修项目、国际区域问题研究项目等。相继成立广东国际战略研究院、粤港澳大湾区研究院以及国际服务外包研究院，专注于广东国际化战略理论、实践与政策等问题研究，以及国际服务外包、国际服务经济理论和实践前沿的科学研究、人才培养和政府决策咨询，力求为广东省开放经济可持续发展输送高端人才并提供政策建议。此外，广外承担了教育部“创新团队发展计划”项目、国家自然科学基金重点项目、国家社会科学基金重大、重点项目以及省自然科学团队项目等省部级研究项目。

其中，国际服务外包研究院和人才培训基地已成为华南地区最有影响力的国际服务外包、国际服务经济理论研究中心、政府决策咨询智库，国际服务外包大学毕业生适用型人才交付中心，企业高级技术人员、政府干部和企业家短期培训中心等。协同创新资源，即协调和促进相关领域以及主要环节的创新改革，充分发挥各方面的积极作用，建立资源汇集机制和利益协调机制，形成强大的创新创业教育供给侧矩阵，最终形成紧密相关的创新创业教育生态系统。具体而言，应积极搭建海内外高端学科平台，打造教育合作交流的区域新高地。

（三）与“一带一路”海外高校跨国联合培养，实现共同发展

积极贯彻《广东外语外贸大学研究生短期出国（境）访学和国际学术会议暂行管理办法》和《广东外语外贸大学研究生出国（境）访学奖学金评选办法》文件精神，拓宽渠道，以项目为牵引，鼓励和支持与国（境）外不同国家和地区的高校、科研机构开展多种途径的合作，推动博、硕士赴国（境）外学习、实践、实习和参与国际学术会议等。目前，学校已与57个国家和地区的402所高校和学术文化机构建立了合作交流关系，有各类学生出国（境）学分项目213个，包括双学位联合培养项目54个、交换生项目96个、单项派出项目63个。各类出国（境）学习学生每年近1000人次，占单届学生总数的20%[①]。

从2016年起，学校派出学生分别赴英国牛津大学、比利时布鲁塞尔自由大学、法国巴黎跨文化管理与传播学院和美国哥伦比亚大学等高校学习。此外，经济贸易学院还先后设立了国际经济与贸易专业（广东外语外贸大学—法国雷恩本硕连读创新班）和国际治理创新研究生班，平均每年约60名学生参加交换项目，在校留学生20余人。在走出去的同时加大国际学生“引进来”的力度，提升国际学生的质量和规模。针对学科建设方面，通过与香樟经济学会、留美经济学年会等具有

① 广东外语外贸大学官网：《广东外语外贸大学人才培养简介》，https://www.gdufs.edu.cn/About%20GDUFS/General_Information.htm，2020年6月。

国际知名度的会议举办方联合办会，提高本校学科知名度、加深学科交流合作的同时，吸引外来国际化人才入校任教，提高学科国际化水平。

参考文献

[1] 鲍枫、王以宁:《英国高校数字媒体人才培养模式研究及其启示》,《外国教育研究》2011 年第 38 期。
[2] 董渊、刘丽霞、张伟:《服务“一带一路”建设提升研究生国际化培养水平》,《学位与研究生教育》2017 年第 7 期。
[3] 高宗泽、蔡亭亭:《斯坦福大学的人才培养模式及其特点》,《外国教育研究》2009 年第 3 期。
[4] 毛锦茹、杨高峰、李淑敏:《试论人才培养模式的“三个层次”与“四个维度”》,《教学研究》2011 年第 34 期。
[5] 邱胜南、舒琥:《国外应用型人才培养模式对我国高校“五位一体”培养体系的启示》,《教育现代化》2019 年第 6 期。
[6] 沈艳:《全球化背景下高校国际化课程建设的探索与实践——以南京大学为例》,《高教学刊》2019 年第 24 期。
[7] 王健、孙国:《高校应用型人才培养“七维度”模式探索——基于卓越绩效模式的理论模型》,《职教通讯》2019 年第 17 期。
[8] 文君、蒋先玲:《用系统思维创新高校“一带一路”国际化人才培养路径》,《国际商务》(对外经济贸易大学学报) 2015 年第 5 期。

Research on the Cultivation of Innovative Talents in Guangdong Foreign Trade and Economic Cooperation

ZHANG Jianwu　SI Jingyan　TANG Jing　WANG Lingfeng

Abstract: With the implementation of the "Belt and Road" initiative and the change in the development direction of traditional trade, the training of foreign economic and trade talents in universities faces new challenges. The "Belt and Road" initiative is not only reflected in the "single skill", but also in the characteristics of "innovative", "regional" and "complex". Therefore, the research mainly demonstrates and analyzes how Guangdong's foreign trade and economic development under the new pattern of open economy should be staged to carry out innovation and entrepreneurship education. Propose a new model for cultivating innovative talents in foreign economics and trade in Guangdong that adapts to the new pattern of open economy, that is, to use overall promotion thinking to cultivate "double innovation" foreign economics and trade talents, and solve the problem of foreign economics and trade talent training. Therefore, the research suggests that the talent training model of colleges and universities should realize the transition from "application-oriented" to "double innovation" as soon as possible. In addition, taking the Guangdong University of Foreign Studies as an example, it has transformed the training of foreign economic and trade talents to a transnational joint training model for overseas universities to reserve "soft talents" and create "talent dividends" for the realization of China's "Belt and Road" construction. By combining the construction of a professional education system for foreign economics and trade with the "Innovative Strong School" project and "High-level University", an international cooperation and exchange platform for cultivating new types of international trade talents will be built, and the construction of an international faculty will be strengthened to become an innovative research-oriented international talent. The cultivation of innovative technologies and the development of innovative technology industries provide strong support.

Keywords: The New Pattern of Open Economy Talents Training; Innovative Talents in Foreign Economics and Trade

新时代"一带一路"视阈下中国特色民间外交的实施路径与挑战*

周燕萍　黄潇豪　赖雨倩　田云华①

摘　要： 民间外交是中国外交布局中的重要组成部分。在"一带一路"建设的新时代背景下，民间外交获得了新的历史机遇，但是由于目前国际形势正处于极大的变局中，逆全球化抬头、疫情肆虐、狭隘民族主义等问题涌现，民间外交也面临着严峻的挑战。基于此，本文聚焦于新时代"一带一路"视阈下的民间外交，阐述和归纳中国民间外交的基本内涵，梳理和总结中国特色民间外交的发展历程，进一步探讨民间外交助力"一带一路"建设的实施路径及其所面临的挑战，并提出相应的改进措施建议。由此，本文丰富了中国特色民间外交方面的研究，助力完善中国特色民间外交理论体系。

关键词： "一带一路"；民间外交；实施路径；挑战

* 本文得到国家自然科学基金青年科学基金项目（71903041）；2020 年广东省高校基层党建工作研究基地统一战线工作专项课题招标项目"粤港澳大湾区背景下侨务公共外交与中国企业国际化战略研究"（TZ2020ZD03）；民建广东省委 2020 参政议政调研课题"广东文化产业数字化高质量发展对策研究"；广东外语外贸大学大学生创新创业训练项目"贸易壁垒、中间品进口与中国制造业价值链升级：事实与机制"的支持。

① 周燕萍，广东外语外贸大学经济贸易学院国际贸易学硕士研究生；黄潇豪，广东外语外贸大学经济贸易学院本科生；赖雨倩，广东外语外贸大学经济贸易学院国际贸易学硕士研究生；田云华，广东外语外贸大学经济贸易学院副教授、硕士生导师、南方国合中心首席经济学家。

一 引言

在当代中国的对外关系中，除了主权国家间委托专门机构进行的官方的、正式的、政府对政府的外交之外，还有一种由非政府机构、组织和个人开展的外交活动，称为“民间外交”。自新中国成立以来，中国人民在中国共产党的领导下开拓了一条具有中国特色、中国风格和中国气派的民间外交新路。周恩来在 1957 年就曾指出，中国外交是民间、半官方和官方三种外交的结合，中国外交立体格局的形成需要通过政府、民间组织、企业等多邻域、多层次的交往合作（周鑫宇，2018）。改革开放后，民间外交在国际外交活动中取得了突出成就，实现了“民间先行、以民促官”与“以官带民、官民并举”相结合的外交格局（赵可金，2018）。王新华（2016）认为，民间外交能够助力政府外交，有助于加强国家间的合作交流，维护特定国家利益以及提升中国的国际形象等。

在 21 世纪，中华民族站上了世界舞台的中央，受到国际社会的广泛关注。“一带一路”倡议作为中国特色的伟大创举受到了丝路沿线各国的欢迎，但不免也会遭到一些质疑与挑战。此时，通过民间外交的帮助，增进各国民众的友谊与相互信任，宣传互利共赢的思想，传播中国的优秀文化，更好地向世界展现中国的负责任大国形象，为世界的和平与发展贡献中国力量，显得尤为重要。

民间外交是指有明确外交目的的民间往来与交流，可以具体划分为民间对民间、民间对官方或官方对民间等三种基本形式，强调的是外交活动的民间性质（非政府性质）（王玉贵，2008）。20 世纪末，公共外交逐渐出现在人们的视线内，与当时中国的民间外交的内涵有重叠、相似的地方，二者处于相对混淆的状态（高歌，2016）。公共外交偏重于西方政治思维，而民间外交是在本国萌芽并发展，因此民间外交体现出了偏重中国政治思维的特点。

习近平总书记于 2013 年提出了“一带一路”倡议，这是党中央第一次在国际社会中提出的宏大的区域合作倡议，是根据时代发展、全球局势变化和中国面临的新挑战、新形势做出的新决策、新要求，同时也是展现中国大国担当与责任的表现。在“一带一路”倡议推进的关键时期，兼具中国特色与时代特点的民间外交为加强沿线国家之间在经济、政治和文化上的联系发挥了独特作用，有利于沿线国家人民命运共同体的形成（吴志成、王慧婷，2019）。因此，总结民间外交的发展历程与特点，探索“一带一路”建设的实施路径，分析其所遭遇的挑战，并进一步提出改进措施建议，既是中国外交领域中的关键问题，也是助力实现“五通”的关键所在。

二　中国特色民间外交的发展历程与特点

民间外交最早萌芽于民主革命时期，真正产生于新中国成立之后，在随后的每个时期都因不同的使命而具备不同的特点，顺应国情，推动本国发展。因此，了解民间外交在中国的发展历程不仅有助于我们总结过往经验，洞悉其内在发展规律，还为推动民间外交发展提供了理论基础。

中国特色民间外交的第一个发展阶段是从新中国成立到党的十一届三中全会召开。“民间先行，以民促官”八字高度概括了这个时期的民间外交特征。新中国成立后，为打破当时的外交僵局，以毛泽东为核心的第一代中央领导一再强调要确保人民群众在外交工作中的地位，坚持“着眼于人民”“寄希望于人民”，积极开展民间外交。在具体工作中，周恩来曾多次指出：“外交是通过国家和国家的关系这个形式来进行的，但落脚点还是在影响和争取人民。”（周恩来，1984）相对于阶级斗争意义的人民外交，民间外交更多地强调维护人类共同利益，促进世界和平发展，具有增进各阶层友谊的意义。在这一外交思想下，一系列民间组织成立于中华大地上，其中包括中国人民外交学会、中国红十字会等。在实践中，1972 年的“芭蕾外交”与 1971 年的“乒乓外交”都是典型的例子。其中，中美两国乒乓球队的互访为两国关系的恢复和发展开辟了道路，创造了国际上享誉盛名的“小球推动大球”的历史佳话（王玉贵，2013）。中国民间外交的第二个发展阶段是从20世纪70年代末到90年代，以“以官带民，官民并举”为重要特征。此时，由于中国与世界上绝大部分国家都已经建立了正式的官方外交关系，一些人便认为民间外交可以退出历史舞台。在这种情况下，周恩来指出，“民间外交与政府外交是互补的”。官方外交可以推动民间外交的顺利开展，与此同时，民间外交的继续发展可以发挥其在国际外交活动中的重要作用，加深政府对外合作深度（王玉贵等，2004）。党的十一届三中全会后，中国进入改革开放的历史新阶段，经济建设成为新的工作重心，中国的民间外交工作相应地出现了新局面。在经济建设方面，随着各国的贸易往来日益频繁和深入，通过民间的方式促进对外经贸合作的传统得到了新的发展，如在1990年年底，中国国际经济技术交流中心就农业、工业、通信等领域已成功与国外民间机构组织达成了金额约8亿美元的合作方案；在文化交流方面，改革开放以来，中国民间外交主体与许多国家的文化机构举行了多场对外交流活动，如2001年“中国—印度名人论坛”、2002年中国民乐在维也纳金色大厅演出等。第三个阶段（20世纪90年代至今）的民间外交则具有“官民互补，互相促进”的特征。在中国共产党确定了以建立社会主义市场经济为目标的条件下，民间社会持续发展，获得了前所未有的有利条件。自党的十八大以来，中国民间外交的工作重心逐步从片面强调经济建设转移到以提升国家形象、维护人类生活福祉为主的新方向，更关注人类共同利益，通过民心相通把中国的发展与世界的发展联系起来，将中国人民的利益和世界人民的利益联系起来。

习近平新时代下中国民间外交的特点是由多年来党和人民的实践决定的，也是由当今时代背景决定的。本文探讨新时代下民间外交的特点不但是对时代背景的解读，而且为新时代下“一带一路”倡议的推进提供了新的思路与方向。

民间外交的第一个特点是非官方化，主体为非官方、非政府的民间团体或个人。在此，民间的含义是指与官方并存的但不存在于官方中的。第二个特点是独立自主。这里所提的独立是指相对于过去年代的独立。改革开放前后的民间外交在理论依据、时代背景、诞生原因等方面都有着很多的区别。随着 20 世纪 70 年代国际格局、中国与各国的国际关系的变化以及国内经济社会的发展，民间外交开始突出其在符合国家外交政策的前提下对明确利益的追求，逐渐成为较为独立自主的外交形式。第三个特点是主体多元化。当今时代是数字化互联网时代，信息化快速发展，地缘、语言等传统隔阂逐渐减少，民间交往不像以往那么困难。而且，"一带一路" 倡议的真正落实与推进，需要 "五通"，其中之一便是 " 民心相通"。在多重因素的叠加下，民间外交迎来了新的发展机遇。为了跟上时代潮流，各类型的民间力量逐渐 "走出去"，打破了原有单一性的格局。其中，民营企业相比以往更多地关注丝路沿线国家，在 "一带一路" 建设中获得许多发展机会，成为民间外交主体中极其重要的部分。第四个特点是形式灵活。相较于官方外交，民间外交显得更有弹性、积极多变。"一带一路" 倡议是一个承载多元文化的倡议，致力于促进区域合作和跨大洲互联互通，加强中国与亚洲、非洲、欧洲和中东的 70 个经济体之间的基础设施、贸易和投资联系（Lall & Lebrand，2020）。由此可见，"一带一路" 倡议涉及的利益体繁多复杂，其沿线国家在经济水平、资源禀赋、社情、民情上大相径庭。所谓 "具体问题具体分析"，在当今民间交往过程中，民间外交主体会更多地关注不同国家的特点，根据不同的群体的不同诉求，选择不同的外交形式。最后，新时代下的中国民间外交还具有平台多样化的特点。随着民间外交的发展，其主体日趋多元化，形式更具灵活性，平台也越发广阔。如今是 "信息爆炸" 的大数据互联网时代，互联网平台的利用有利于促进便捷、及时的信息沟通。譬如 "津巴布韦华人网"，该平台能将津巴布韦的热点消息、实时资讯传回国内，促使信息快速传播。

三 中国特色民间外交助力“一带一路”建设的实施路径

民间外交作为中国外交中不可或缺的一部分，与政府外交协调作用，以其多元的参与主体和外交对象、灵活的开展方式，不断促进“一带一路”沿线各国之间开展交流合作，推动“五通”建设，在“一带一路”建设中发挥着独特作用。

（一）加强合作研究，推动政策沟通

随着“一带一路”建设的深入推进，国际上出现了将“一带一路”倡议称为中国对亚非各国的“新殖民主义”和扩张战略的错误论调。这加剧了世界人民对“一带一路”倡议的紧张和排斥心理，对“一带一路”建设产生了较大阻碍（马艳、李俊，2018）。与政府外交相比，民间外交组织因其民间性、非政治性和亲和性，更容易为“一带一路”沿线各国人民所接受，从而能够更好地向其解释“一带一路”倡议合作的相关内容，让其感受到中国为促进沿线各国合作共赢、打造人类命运共同体的诚意。中国智库可以通过主动与沿线各国智库开展“一带一路”研究论坛活动，进行“一带一路”政策研究和专题探讨，加深沿线各国学者和政要对“一带一路”倡议的理解。只有让沿线各国人民真正了解了“一带一路”倡议的实质内容，明白其可以带来的利益与好处，“一带一路”建设才能得到社会各阶层的支持认同，从而更好地在沿线国家开展。

（二）完善项目建设，加快设施联通

基础设施建设作为“一带一路”的优先建设领域，目前已取得了一定成就，在使沿线各国基础设施互联互通的同时，拉动了各国的就业和经济发展。但在基础设施建设的过程中也面临着因文化风俗不同而产生冲突、因技术标准不同而对接困难、因政策沟通不足而缺乏支持等问

题。民间文化交流活动的开展，可以加深中国对沿线各国文化习俗和利益关切的了解，使中国能在当地更好地开展基础设施建设工作。沿线各国智库可以通过研讨会等方式就技术标准对接和政策沟通等方面的问题进行探讨，共同决定一批能使得多方利益最大化的设施建设项目，齐力推进沿线各国间互联互通的基础设施网络建设。

（三）消除合作障碍，推动贸易畅通

民间外交以多元的参与主体和丰富的资源优势，为中国企业“走出去”奠定了良好的民意基础、创造了充足的条件和机会、提供了全方位的指导和服务，降低了经济、文化、政治等方面的风险，有效助力企业对外开展经贸合作，推动贸易畅通的实现。

第一，为中国企业“走出去”赢取民心。民间外交加强了与当地人民的沟通交流，通过对外输出中国国家和企业的文化、理念与价值观，能在一定程度上消除当地人民对中国、中国企业、中国产品的误会与偏见。民间社会组织在“一带一路”沿线各国开展的公益活动，例如“一带一路”善行团世界公益行，帮助了沿线各国的困难民众，获得了当地人民的认可，改善了中国同沿线各国之间的关系，为中国塑造了负责任、有担当的大国形象，从而增加了各国民众对中国企业的信心，拓宽了中国企业的海外市场（柳邦坤、刘敏怡，2018）。

第二，为中国企业“走出去”增加机遇。中国商会、协会与银行、海外政府、驻华使馆、海外商协会等进行交流合作，能为中国企业进行海外拓展提供资金、政策、项目等多方面的支持，从而带动更多企业“走出去”，积极参与“一带一路”沿线各国的经贸合作，给中国的对外贸易发展不断注入新的活力。

第三，为中国企业“走出去”防范与控制风险。中国企业在“走出去”的过程中，面临各方面考验，例如文化冲突、经济风险、政局动荡等因素的负面影响，而社会组织、华侨华人等对东道国的历史文化、经济结构和政治环境有着深入充分的了解，能够综合各方利益关切，因地制宜地为中国企业拓展国外市场提供充足的指导，帮助中国企

业有效地规避风险，使中国企业的对外之路走得更加顺畅。

第四，为中国企业“走出去”提供有力保障。社会组织作为中国企业与沿线各国政府、人民进行沟通协商的对话主体，能够协调双方利益关系，维护双方贸易的正常运行；当产生贸易摩擦时，社会组织能成为中国企业的有力后盾，与东道国各方进行交流谈判，维护中资企业良好的形象，保障中资企业的合法权益，为中国对外贸易的顺利开展保驾护航。

（四）深化金融合作，促进资金融通

民间外交的开展有利于加强中国与沿线各国的金融合作，加快资金融通，为“一带一路”重点项目建设提供了资金保障。友好城市之间可以通过实行鼓励投资的优惠政策等措施，鼓励企业在多领域开展跨国投资合作。非官方的民间金融组织之间可以加强合作，共同对人民币与沿线各国货币之间的结算等工作开展研究，加快人民币国际化进程。开展民间外交还能改善沿线各国之间的关系，在一定程度上降低由国家冲突导致的投资风险，有利于吸引资金流入丝路建设中，助力“一带一路”建设。

（五）夯实民意基础，实现民心相通

首先，民心相通的关键在于相互理解。“一带一路”沿线各国的社会组织和个人间开展的文化和艺术交流活动，高校间开展的学术交流合作项目和各智库举办的研讨会等民间外交活动，都为沿线各国搭建了进行文化交流的平台，有利于消除不同国家间的文化壁垒，提高沿线各国间相互的文化理解度和文化认同度，从而为“一带一路”各国间进行更深入的政治、经济合作夯实了民意基础。

其次，民间理念输出有利于形成理念认同。民间外交可以通过多渠道、多方式与各国居民进行沟通交流，对外宣传“一带一路”倡议所倡导的和平发展理念，加强沿线各国人民对“一带一路”倡议的认同，将“一带一路”建设作为沿线各国的共同事业和责任。

最后，民间外交援助有利于深化国家友谊。中国企业“走出去”

后，一方面为沿线国带来了大量的就业机会，完善被投资国的基础设施建设，带动当地经济发展；另一方面主动肩负社会责任，为当地人民提供多项公益服务。此外，中国非政府组织和个人积极开展对外援助项目。企业、民间组织和个人对“一带一路”沿线各国在社会民生领域提供的服务与援助使得当地居民得到切实的利益和帮助，深化了中国与沿线被援助国间的友谊，强化了被援助国人民对“一带一路”倡议的认同感，有利于推动人类命运共同体的构建。

四 “一带一路”建设下中国特色民间外交面临的主要挑战

中国民间外交在推动“一带一路”建设中发挥了自己独特的优势作用，但是中国企业、非政府组织和个人在“走出去”过程中也面临着缺乏科学的理论指导和政策指引、外交人才匮乏、对外交往能力不足等内部挑战，以及由沿线各国的政治文化环境多元性、法律异质性、“中国威胁论”鼓吹等引起的外部挑战。

（一）内部挑战

1. 缺乏科学的理论指导

尽管中国有着丰富的民间外交实践经历，但仍缺乏对这些实践经历的归纳总结，未形成系统、科学的民间外交理论。在这种情况下，民间外交的持续健康发展会受到阻碍，也给“一带一路”的建设发展埋下了隐患。

2. 缺乏政策指引和统筹机制

首先，中国民间外交组织在参与国际事务的过程中没有专门的统一的政策引导，也无明确的法律法规保障民间外交的顺利进行，政府机构间对民间外交活动的管理分工界限较为模糊，这对中国民间组织对外进行资金和物资援助等外交实践形成了阻碍。其次，由于尚未建立统筹机制，民间各主体在开展民间外交的过程中缺乏统一的领导和相互间的沟通交流，导致各主体间的责任分工较为混乱，资源不能进行优化整合，民间外交实践收效甚微。

3. 缺乏综合性的外交人才

加强与“一带一路”沿线各国的沟通交流，实现民心相通，是民间外交的出发点和落脚点。据统计，分布在“一带一路”沿线的65个国家中所使用的官方语言高达53种，因而对精通小语种的综合性外交人才产生了大量需求（王辉、王亚蓝，2016）。然而，目前中国的语言人才培养模式仍存在一定的缺陷，存在教学内容与现实需要相脱节的问题，导致精通小语种的人才不能准确地把握国际形势，不熟悉各国的政治、经济、文化环境、政策和法律法规，或在政治、经济、法律等专业领域的人才不精通外语，不能用为当地人民所理解和接受的语言讲好“中国故事”，极大地限制了“民间外交”的民间优势和发挥空间。

4. 外交主体自身能力建设不足

首先，与西方社会组织相比，中国的社会组织缺少国际化视野和主动与沿线各国的社会组织和民众进行交流合作的积极性。此外，由于政府对民间外交组织的支持力度不足，民间外交组织的对外合作项目建设缺少资金和人才的支持，并且国际事务参与度不高，存在感较弱，在国际上的影响力和话语权自然也较弱。其次，部分“走出去”的企业缺乏社会责任意识，对当地生态环境造成了破坏，不能很好地服务民生，使中国和中国企业形象受损。再者，中国智库和高校相比世界顶尖智库和高校的科研能力和创新能力较弱，国际社会的认同度不高，对“品牌效应”形成和对外文化输出造成了一定的阻碍。

（二）外部挑战

1. 多重地缘政治矛盾

“一带一路”建设跨越欧洲、亚洲、非洲三大洲，涉及的沿线国家大多处于中亚地区、中东地区、中东欧地区等国际热点区域。受历史因素、宗教以及资源掠夺等因素的影响，这些地区面临常态化的多重地缘政治矛盾。许多沿线国家国内政治环境动荡，战争频发，恐怖主义和宗教极端主义盛行，对民间外交主体的人身安全造成了严重威胁，并且动荡的政局加快了政权更替，使开展的合作项目面临着随时被叫停的风险，不利于更加深入和稳固的外交关系的形成。

2. 历史文化差异

“一带一路”沿线国家众多，国与国之间的历史文化难免存在差异，这加大了民间合作项目的沟通、协商和对接难度，阻碍了合作的顺利进行。此外，如果民间外交主体对当地的历史文化了解不足，在合作交流的过程中可能会冒犯合作国的文化习俗，激起地方民族主义情绪，恶化中国在当地民众心中的形象，使两国之间的关系僵化。

3. 法律异质性

“一带一路”沿线国家跨越欧洲、亚洲、非洲三大洲，隶属多个法系，这无疑给民间外交活动带来了一系列的法律风险和挑战（李玉璧、王兰，2017）。部分“一带一路”沿线国家关于保障他国民间外交主体的法律法规仍不够健全，中国企业、社会组织和个人等非政府主体无法得到切实的法律保障，需要承担相应的法律风险。

4. 国际负面舆论

随着中国经济实力和综合国力的不断增强，“中国威胁论”也不断被提及。国际上产生了“一带一路”倡议是新时代中国对亚非各国的“新殖民主义”，是中国谋求势力扩张、称霸亚洲的国家战略的不实言论，极大地丑化了中国形象，煽动沿线各国民众对中国的排斥、紧张和恐慌情绪，使得中国民间外交在沿线各国的开展面临着巨大挑战。

五 中国特色民间外交助力“一带一路”建设的改进措施

新形势下，为了促使中国特色民间外交更好地服务于“一带一路”建设，基于上述中国民间外交在“一带一路”建设中面临的内部和外部挑战，本文从宏观国家层面和微观参与主体层面着手，提出以下改进措施建议。

（一）国家层面

1. 完善中国特色民间外交理论体系，为民间外交实践提供理论支撑

国家政府应对中国丰富的民间外交实践进行归纳整理，并参考借鉴西方先进的外交理论，使之与中国实际相结合，形成具有中国特色的民间外交理论，引导中国民间外交主体更好地与“一带一路”沿线各国的外交客体对接，助力“一带一路”建设发展。

2. 健全法律法规和统筹机制，支持民间外交合法有序开展

第一，制定专门适用于民间外交的法律法规，使民间外交主体在行动过程中有法可依，为民间外交的顺利进行提供法律保护。第二，设立统一管理机构，对民间外交组织进行规范化的管理，避免出现责任分工混乱、问题产生时无法得到相关部门帮助解决的情况。第三，完善统筹机制，为政府和民间外交组织、企业、商会、协会等搭建一个沟通交流的平台，整合资源，实现资源的优化配置。

3. 加大对民间外交组织的支持力度，加强其外交能力建设

首先，政府可以加大对民间外交组织的资金投入，加强民间外交组织自身建设，扩大组织规模，对民间外交组织成员进行系统化、专业化的培训，提高组织的专业治理和外交能力。同时，建立有效的绩效评估机制，对积极开展民间外交活动并取得一定成效的非政府组织实施政策奖励，既提高非政府组织“走出去”的主动性和积极性，又保证民间外交开展的效果。此外，当前的民间外交人员的外语素质参差不齐，如果有专门的政府机构能够对其外语水平进行培训，并通过政府管理平台实现外语翻译资源共享，将有效提高对外交流的质量（刘国菊，2020）。并且，政府可以通过颁布相应的支持政策，鼓励高校开设“一带一路”外交专业，改进高校的外语和外交人才培养方案，有针对性地培养精通小语种、交际能力强、了解“一带一路”沿线各国政治、经济、文化环境和法律法规的综合性外交人才（吕思勤，2019）。

4. 推动中国高端智库建设，助力民间外交科学决策

政府可以通过为智库提供资金支持和引进国际高端人才，提高中国智库的科研能力和国际影响力，增加中国智库在“一带一路”建设关键问题上的话语权，维护国家权益。此外，政府可以引导智库针对以往中国民间外交过程中产生的问题进行分析研究，并结合“一带一路”沿线各国的国情，对民间外交主体在对外交流过程中可能出现的风险进行预判和评估，形成风险报告和提出具有针对性的对策措施，降低民间外交的风险。

（二）参与主体层面

1. 加强民心相通，消除外部疑虑

民间外交以一种独特的力量帮助增信释疑，疏通民意，消除外部疑虑。民间外交的主体是民众，民众之间的直接交流帮助双方更好地了解对方的需求，弥补官方外交的局限性，促进“民心相通”，帮助政府制定更合理有效的方法推进“一带一路”倡议。民间外交组织应配合继续执行服务社会的职能，在教育、医疗等各个民生部门提供服务，帮助改善当地民众生活，增加就业机会以降低失业率，维持社会的安定，为东道国民众谋福祉，带动“一带一路”沿线经济发展。另外，非官方组织在进行民间外交的过程中，应该积极帮助中国优秀文化的传播，与当地民众进行文化交流，例如举办展览、讲座等，扭转沿线国家部分民众对中国的负面看法，帮助沿线民众正确地理解中国文化，倡导互利共赢的合作理念，从而消除他国对中国的外部疑虑。

2. 充分利用“互联网 +”，扩大网络民间外交

互联网已覆盖人类社会活动的方方面面，“互联网 +”已成为促进经济社会蓬勃发展的活力源泉。2020 年疫情期间，世界各国被“隔离”起来，线下交流受限，凸显了互联网社交超越时空限制的优势，许多国际会议都采用了线上交流的形式。中国特色民间外交也要以此为契机推动民间外交组织网络化，扩大跨国网络民间外交，利用新媒体和互联网的传播优势来传播“中国声音”、讲述“中国故事”，以线上交流助力

线下活动，促进与“一带一路”沿线国家之间的合作。

参考文献

[1] 高歌：《中国公共外交与民间外交比较研究》，中国社会科学院研究生院，2016年。

[2] 李玉璧、王兰：《“一带一路”建设中的法律风险识别及应对策略》，《国家行政学院学报》2017年第2期。

[3] 刘国菊：《“一带一路”民间外交的新内涵、新探索和新策略》，《学术探索》2020年第8期。

[4] 柳邦坤、刘敏怡：《“一带一路”与中国国家形象的建构与传播》，《传媒观察》2018年第5期。

[5] 吕思勤：《“一带一路”背景下职业教育人才培养：挑战与路径》，《教育现代化》2019年第6期。

[6] 马艳、李俊：《中国“一带一路”倡议的“逆不平等性”分析》，《教学与研究》2018年第2期。

[7] 王辉、王亚蓝：《“一带一路”沿线国家语言状况》，《语言战略研究》2016年第2期。

[8] 王新华：《中国民间外交：现状、思考与建议》，《学理论》2016年第8期。

[9] 王玉贵：《论民间外交》，《盐城师范学院学报》（人文社会科学版）2008年第5期。

[10] 王玉贵：《“乒乓外交”新论》，《盐城师范学院学报》（人文社会科学版）2013年第3期。

[11] 王玉贵、顾莹惠、朱蓉蓉：《中国共产党民间外交理论与实践研究》，《党史研究与教学》2004年第5期。

[12] 吴志成、王慧婷：《“一带一路”建设中民间外交发展面临的机遇与挑战》，《理论与现代化》2019年第5期。

[13] 赵可金：《中国特色民间外交理论体系的形成与发展》，《人民论坛·学术前沿》2018年第23期。

[14] 周恩来:《周恩来选集》(下卷),人民出版社 1984 年。

[15] 周鑫宇:《全球治理视角下中国民间外交的新动向》,《当代世界》2018 年第 5 期。

[16] Somik V. Lall, Mathilde Lebrand, "Who Wins, Who Loses? Understanding the Spatially Differentiated Effects of the Belt and Road Initiative", *Journal of Development Economics*, 2020, 146.

The Implementation Path and Challenges of Chinese Civil Diplomacy from the Perspective of Belt and Road Initiative in the New Era

ZHOU Yanping HUANG Xiaohao LAI Yuqian TIAN Yunhua

Abstract: Civil diplomacy is an important part of China's diplomatic layout. In the context of the process of Belt and Road Initiative in New Era, civil diplomacy has obtained new historical opportunities. However, as the current international situation is undergoing great changes, problems such as the rise of anti-globalization, the raging epidemic, and narrow nationalism have emerged, therefore, civil diplomacy also faces severe challenges. Based on this situation, we focus on the civil diplomacy from the perspective of Belt and Road Initiative in the new era, combing and summarizing Chinese civil diplomacy on the basis of expounding and summarizing the basis connotation of it, and further exploring the Implementation Path of civil diplomacy for promoting the development of Belt and Road Initiative and the challenges it faces. Finally, we propose corresponding improvement measures. Consequently, this article has enriched the research literature on Chinese civil diplomacy and helped enhance its theoretical system.

Keywords: Belt and Road Initiative; Civil Diplomacy; Implementation Path; Challenges

人工智能对劳动力市场的影响机制研究综述*

张建武　马紫孟　邱依婷①

摘　要：随着人工智能进入新的发展阶段，人工智能产业经济都表现出良好的成长性。人工智能在革新技术产品的同时，对传统行业产生巨大的冲击，引发了经济结构的重大变革，推进实现社会生产力的整体跃升，带来了劳动力市场的深刻变革。文章从人工智能与技术进步、人工智能对劳动力结构的影响、人工智能发展与劳动力市场机制关系、人工智能不同产业上对就业的影响表现四个方面成果进行系统梳理，重点探索人工智能对劳动力供给、需求和劳动生产率的影响，研究人工智能发展对工资收入、劳动者福利、劳动力市场整体的影响，在此基础上总结人工智能发展影响就业的替代、补偿、创造三大效应并提出政策建议。文章针对已有研究存在的空白，对未来人工智能对劳动力市场的影响机制研究方向进行了评述与展望。

关键词：人工智能　劳动力市场　就业　影响机制

---

* 本文得到国家自然科学基金项目“对外贸易结构调整对劳动力市场的影响机制与政策研究”（71673063）、广东省教育厅重大培育项目“对外贸易结构调整对劳动力市场的影响机制与政策研究”（2016WZDXM027）的资助。

① 张建武，广东外语外贸大学经济贸易学院教授；马紫孟，广东外语外贸大学经济贸易学院本科生；邱依婷，广东外语外贸大学经济贸易学院讲师。

一 引言

诞生于1956年的人工智能，半个多世纪以来，其技术和应用发展受到智能算法、计算速度、存储水平等多因素的影响。21世纪以来，在云计算、大数据等技术的快速发展之下，丰富的数据资源，协助训练出更加智能化的算法模型使人工智能快发展转向以机器与人结合而成的更加复杂的智能系统，从而成为新一轮产业变革的核心驱动力。人工智能在革新技术产品的同时，对传统行业产生巨大的冲击，引发了经济结构的重大变革，推进实现社会生产力的整体跃升。世界各国纷纷出台规划和政策，对人工智能核心技术、顶尖人才、标准规范等进行部署，加快促进人工智能技术和产业发展。《新一代人工智能发展规划》（国发〔2017〕35号）、《促进新一代人工智能产业发展三年行动计划（2018—2020年）》（工信部科〔2017〕315号）等政策文件①，推动了中国人工智能技术研发和产业化发展，也对劳动力市场的深刻变革带来丰富的催化剂。

2019年，习近平主席主持召开中央全面深化改革委员会第七次会议并发表重要讲话，会议审议通过了《关于促进人工智能和实体经济深度融合的指导意见》。2019年也是内容科技元年。“内容科技”即对内容产品的生产与消费链条、内容产业的组织与分工模式产生重大影响，催生了内容产业领域的新应用、新服务。其中，内容科技是以人工智能、大数据等信息技术为内核。中国人工智能企业的创建时间集中分布在2010—2016年，占比达到67.3%②。企业创建的峰值出现在2015年，占比为16.8%。但是无论从融资额还是从应用领域的拓展看，人工智能产业经济都表现出良好的成长性。劳动力是经济发展特别是实体

① 中国电子技术标准化研究院：《人工智能标准化白皮书（2018版）》，http://www.cesi.ac.cn/201801/3545.html，2019年12月1日。

② 人民网：《内容科技（ConTech）元年白皮书》，http://media.people.com.cn/GB/22114/431528/index.html，2020年3月27日。

经济发展的重要影响因素，当人们再一次担忧“机器替代人”这一劳动经济学命题时，探索人工智能对劳动力市场机制影响尤为重要①。客观正确的认识人工智能对劳动力市场、就业和产业发展的影响，有利于正确评估就业前景，完善劳动力市场发展政策，为全面建成小康社会和经济社会可持续健康发展具有重要意义。

二 人工智能与技术进步

（一）人工智能

人工智能，简单来讲就是用计算机实现人脑的功能。从狭义上讲，是通过程序的编写，使机器具有像人脑一样的对问题进行简单处理的能力，本质是实现机械的自动运行，从而达到解放人的劳动力的效果（顾泽苍，2017）。从广义上讲，是“让智能体在复杂环境下达成目标的能力”，是对“智能（机器）代理”的研究和开发，其中包括机器、软件或算法，能够通过识别和响应周围环境做出智能反应（Russell & Norving，2016），更多指的是能够模拟、延伸、替代人的行为的相关技术（马莹，2019）。

维基百科定义人工智能是机器展现出的智能，即只要是某种机器，具有某种或某些智能的特征或表现，都是人工智能。《大英百科全书》定义人工智能是数字计算机或者数字计算机控制的机器人在执行智能生物体才有的一些任务上的能力。百度百科定义人工智能是“研究、开发用于模拟、延伸和扩展人的智能的理论、方法、技术及应用系统的一门新的技术科学”，将其视为计算机科学的一个分支，指出其研究包括机器人、语言识别、图像识别、自然语言处理和专家系统等。综合以上定义，《人工智能标准化白皮书（2018版）》认为人工智能是利用数字计算机或者数字计算机控制的机器模拟、延伸和扩展人的智能，感知环

① 中国新一代人工智能发展战略研究院：《中国新一代人工智能科技产业发展报告（2019）》，http：//www.nkear.com//News/201905/201905151532556.htm，2019年5月18日。

境、获取知识并使用知识获得最佳结果的理论、方法、技术及应用系统。

1956 年 8 月，约翰·麦卡锡、马文·闵斯基等科学家正式提出“人工智能”概念；1956 年也被称为“人工智能元年”。2016 年，围棋人机大战使得人工智能进入大众视野。2017 年，算法、芯片等加速进步促使多个领域的人工智能应用全面爆发，《华尔街日报》《福布斯》称其为“人工智能商业化应用元年”。

如果把人工智能是机器时代的高级化，那么，马克思在《资本论》（2004）中对机器与劳动者的关系进行过论述，通过了生产过程中工人和机器之间的关系，提出了“机器排挤工人”的结论。维纳（1978）认为，机器和人形成“替代关系”，人工智能发展会使“人脑失去价值”。英国古典政治经济学家大卫·李嘉图（1962）认为，机器将流通中的资本转化为固定资本，供发放的工资减少从而引起失业。政治经济学家熊彼特（1934）指出，技术性失业为周期性失业的一个组成部分，未来人工智能的取代效应将越来越强。有专家认为，人工智能的应用前景广泛，但要真正赶超人类智能难度较大。国内学者也针对人工智能所带来的影响进行了很多研究。蔡自兴认为，人工智能除了创造可观的经济效益，也会带来劳务就业问题，导致人的心理出现问题，存在技术失控的威胁（蔡自兴，1995）。王滢波认为，人工智能的发展会带来帕累托改进，虽然长期来看，所有人都将受益，但是短期内要求部分群体承受转型的阵痛（王滢波，2016）。

（二）人工智能与技术进步的关系

蔡跃洲和陈楠（2019）指出计算机技术是人工智能发展的基础，而新式人工智能的实现需要依托移动互联网、云存储、并行计算等实现海量数据的生成处理，是新一代信息技术的集成。张刚和孙婉璐（2020）从技术进步、人工智能对就业均衡、劳动力市场结构、收入分配和劳动收入份额的影响对技术进步和人工智能进行探讨，人工智能和技术进步对劳动力市场在是否造成失业上有着类似的影响，而在劳动力市场结构上的偏向不同，人工智能进一步导致了“程序偏向性”的技术进步的劳动力市场结构。人工智能与技术进步除了存在差异，也存在相同之处。吕荣杰和郝力晓（2018）对人工智能等技术对劳动力市场的影响效应进行研究，认为人工智能的发展促进了劳动力就业，人工智能时代是技术进步的一个阶段。同样地，谢萌萌等（2019）认为制造业与人工智能的融合产生的技术进步，会进一步推进经济体生产创新能力、增强经济发展内生动力，并通过实证证明制造业企业融合人工智能显著降低了低技能的就业比重。人工智能与技术进步相辅相成，人工智能融入制造业是技术进步的一种体现，技术进步促进人工智能的发展。

三　人工智能对劳动力结构的影响

近年来，大量智能机器人被投入工业生产进程中，“去人工化”已成为生产领域发展的趋势，尤其是在制造业和部分服务业。与此同时，“智能机器替代人力”这一现象引起了社会各界的重视与讨论。现阶段，虽不需要过度担忧就业岗位总量的大幅减少，但是人工智能还是会对劳动力结构带来重大冲击（Korinek & Stiglitz，2017；Bessen，2018；Betsey，2018）。朱巧玲和李敏（2017）基于中国时间序列数据构建人工智能、技术进步影响劳动力结构的计量模型如下：

$$LSI_t = \alpha_0 C + \alpha_1 AI_t + \alpha_2 Tech_t + \mu_t$$

其中，LSI_t 表示中国第 t 年的劳动力结构；AI_t 表示第 t 年中国工业机器人的销售量；$Tech_t$ 表示中国第 t 年的综合技术进步水平；μ_t 表示随机扰动项。研究表明人工智能对劳动的相对供给具有正向促进作用；且对劳动力结构具有显著影响，当人工智能技术发展水平提高时，劳动相对供给增大，进而引发劳动力结构变化，有助于中国人力资本整体质量提高，从侧面证明了技术进步有利于劳动力结构优化。

（一）人工智能对劳动力供给的影响

从劳动力的供给方来看，机器作为“产业后备军”，其大量投入生产，会使得资本产生集聚并固定，资本的有机构成比例提高，所需劳动力数量减少，生产过程中劳动力比重下降。Autor 和 Dorn（2013）研究发现，1980—2005 年美国的高、低技能劳动者人数增加，中等技能劳动者减少，出现了工作极化现象。Michaels 等（2014）发现，美国近年出现的失业现象，主要是由于人工智能等技术进步削减了对中等技能劳动者的需求。被机器替代的劳动者可以产生一个更大的劳动力供给，用于新的工作任务的就业。

张刚和孙婉璐（2020）指出人工智能可以进行大量的数据运算，可替代重复性和常规性劳动，但难以替代抽象工作和手工业工作，即高技能人才和低技能人才，而使得中等技能的工作将不断被挤压，因此中等收入的劳动者向高收入工作岗位和低收入工作岗位转移，高低收入劳动力人数随之增加。亚开行 2018 年经济报告相关研究也表明，重复性的脑力劳动和体力劳动被替代的可能性大于非重复性的体力劳动和脑力劳动。

谢萌萌等（2019）基于 2011—2017 年制造业企业的面板数据，采用双重差分法围绕人工智能对低技能就业比重的因果效应及效应的传导机制展开实证分析。实证结果表明人工智能显著降低了低技能的就业比重，即在一定程度上制造业内低技能潜在的就业机会被人工智能所挤出，且人工智能对低技能就业比重的负向效应具有动态异质性，即企业融合人工智能的时间越长，低技能就业比重下降得越多。此外，也有研究表明，人工智能虽然通过刺激当期资本积累和收入扩张补偿了部分低技能就业比重，但同时降低了低技能劳动力的相对边际产出，促使企业最终减少低技能员工的就业比重。

另外，针对劳动力供给结构的变化与需求结构相比较为缓慢这一现象，邱明和杜辉（2019）提出人工智能创造的新工作岗位基本上需要劳动者拥有较强的工作能力、掌握一定的人工智能技术，这需要就业人员花费一定的时间去学习和掌握新技能。不过从长期看，劳动者在参加培训或接受更高教育的过程中会不断提升自己的素质和能力，最终能够与人工智能所创造的新岗位相匹配，因此劳动市场供求会逐步平衡。

（二）人工智能对劳动力需求的影响

Michaels 等（2014）的研究指出，美国近年出现的失业现象，主要是由于人工智能等技术进步削减了对中等技能劳动者的需求。符田风（2018）计算了中国科技发展的 Malmquist 指数，然后以科技发展的 Malmquist 指数作为核心解释变量，基于 2008—2016 年 30 个省市级的面板数据，通过计算各省市的科技发展的全要素生产率，再通过 GMM 对科技发展对劳动力数量的影响进行了分析，结果发现科技发展和产业升级从全局来看，已经对中国的劳动力需求产生了负效应。而人工智能技术作为科技发展的产物也包含于其中，在提高生产效率的同时，必然导致了劳动力需求的减少。

另外，人工智能对劳动力需求的影响具有区域异质性的特点，研究表明，东部劳动力需求受到来自科技发展的负面影响最小，中部、西部较高。说明经济发达的地区劳动力需求越不易受到来自科技发展的冲击，但是科技发展对经济落后的地区冲击较大。屈小博指出，人工智能对劳动力需求的影响依赖于其在具体工作任务中的相对比较优势。[①] Acemoglu 和 Restrepo（2019）强调过去由劳动力从事的工作任务被机器和人工智能创造的“自动化”所替代，这种替代效应具有减少劳动力需求和工资的效应。

人工智能替代了体力工作任务，也推动了对智力工作岗位的自动化。由人工智能技术进步降低了价格成本而促生新的工作岗位（Ernst, et al.，2018）。“自动化”的生产效率效应使得人工智能同样能增加劳动力需求。首先，由于相对更廉价的机器替代了劳动力所产生的生产效率效应，凭借减少工作任务的生产成本，自动化增加了非自动化工作任务的劳动力需求（Autor，2015）。其次，被自动化触发的资本积累和资本深化将增加劳动力需求，自动化更为集中地增加了已经被自动化的工

① 屈小博：《机器人和人工智能对就业的影响及趋势》，《劳动经济研究》2019 年第 7 期。

作任务中机器的生产效率。更强大的抵消效应是人工智能带来的生产效率效应，相对于机器来说，劳动力具有比较优势的新工作任务及经济活动不断被创造，这样对劳动需求的增加同样也增加了国民收入中劳动份额的增加。生产效率也会导致更高真实收入因此也会产生更大的消费需求，包括很多没有被自动化的产品和服务。因此，来自其他产业更大的需求会抵消自动化的负面替代效应。1980—2010 年，新的工作任务、新职业的引入和扩张解释了大约一半的就业增长（Acemoglu & Restrepo，2018），尤其是劳动密集型的工作任务，相对于资本，新的工作任务能发挥劳动的比较优势。

随着技术水平的不断提高，人工智能的应用越发广泛，就业极化现象可能会出现变动，劳动者需求受到的影响会更加明显，但高技能劳动者最不易受人工智能技术发展的影响。

（三）人工智能对劳动生产率的影响

根据国际机器人联合会（IER）发布的《2020 年全球工业机器人报告》，2019 年全球在工厂工作的工业机器人达到 270 台，同比增长 12%。据埃森哲公司预计，引入人工智能技术后在 2035 年将使各国劳动生产率平均提升 26%。中国工程院院士邬贺铨（2019）认为未来人工智能将通过大幅提高劳动生产率、提高产品质量、激发消费需求促进经济增长。据预测，从 2017—2030 年，人工智能对劳动生产率的贡献在其创造 GDP 中的比重将超过 55%，2030 年中国的人工智能或将创造 7 万亿美元的 GDP 增长，占预测 GDP 的 26.1%。清华大学国家金融研究院院长、国际货币基金组织原副总裁朱民指出，人工智能对整个宏观经济的影响很大，到 2035 年中国 GDP 增速可以提高到 7.0% 左右。人工智能战略不仅能支持改革开放，还能提高服务业劳动生产率。

从生产效率的方面，目前的生产效率还没有因人工智能的代入而得到显著地提高。李春顶（2015）指出，虽然现代经济已从制造业为主转向以服务业为主，但是制造业的高度自动化目前还无法在服务业完全实现，所以整体的生产率被拉低。目前科技产业革命尚处于发展初期，并不足以引领全球生产率高速增长，一旦新产业革命进入成熟阶段，全球生产率将大大提升。

四 人工智能发展与劳动力市场机制

（一）人工智能发展对工资收入的影响

工资分布的演变提供了不同类型技能的市场价值信息（Acemoglu & Autor，2011）。由人工智能引起的工作场所内劳动者的不平等问题可能与人工智能应用对工资的影响有直接的联系（Chace，2016）。吕荣杰和郝力晓（2018）根据 Jeff 和 Michael（2017）的研究，使用 OLS 回归模型对人工智能发展水平对就业人数和工资水平的影响进行分析，分析得出人工智能发展水平与工资收入呈正相关关系，人工智能技术进步在整体上提高了劳动力的工资收入。

（1）对劳动者福利的影响

Acemoglu 和 Restrepo（2017）认为，制造业中工业机器人的应用对制造业劳动者的工资有较强的负面影响。Korinek 和 Stiglitz（2017）等将人工智能对工资的不同影响分为四种情况：一是在最优情况下，技术进步让每个人都更富裕；二是在次优情况下，如果再分配能够充分发挥作用，劳动者与技术进步之间是双赢，但如果没有足够的再分配能力弥补劳动者的损失，势必会产生抵制行为，同时，在收入差距过大的情况下，技术进步对生产的提升作用会受到影响；三是在完全市场中，工资在短期内会受到影响，但帕累托改进的存在，技术进步在造成资本垄断的同时，会通过再分配实现资源配置的相对公平；四是在不完全市场中，帕累托改进很难实现，技术进步会给工人的福利带来很大影响。

Brown 和 Campbell（2002）认为，在技术冲击背景下，工资不平等将会扩大，这是技能与资本互补水平的提高导致高技能劳动者需求上升的结果。但从长远角度看受教育程度较高的劳动者的教育回报会逐渐回归到市场平均水平。促使人工智能产生的帕累托改进效应最大化和促使资源分配进行调整，为面对人工智能处于劣势的人提供支持。

（2）对劳动力市场整体的影响

目前就这一问题进行理论分析的文献中，对基于任务的框架模型假设在静态经济中，将劳动要素定义为两种技能禀赋不同的劳动力，将资本要素定义为两种技能禀赋不同的智能机器。智能化过程将对其对应的技能劳动力群体产生直接替代作用，并降低其工资水平，同时生产率效应又会在降低成本的基础上推高所有劳动投入要素的价格，长期来看，净效应趋于提高全社会劳动力群体的收入水平，且高水平的人工智能技术的应用将有效缩减收入差距。

技术进步的飞速发展促使在工资分配过程中的中间与底部群体之间的差距越来越大，且这一趋势会持续很长时间（Kearney，et al.，2015）。同时，人工智能应用水平较高的企业出于管理和成本方面的考虑，可能将低技术岗位外包给其他企业，并对保留在企业内部的技术工人给予高工资（Aghion，et al.，2017），Dao 等（2017）利用 49 个新兴工业化国家的面板数据，说明工业机器人的使用，会使从事常规性工作的国家和行业的劳动收入份额迅速下降。Dauth 等（2017）指出，机器人的使用增加了产出并不是以增加劳动力为前提，相反，却使劳动收入份额下降，这种趋势在包括德国在内的许多高收入国家尤为明显。另外，Acemoglu 和 Restrep（2017）指出，虽然人工智能及自动化增加了每位工人的产出，但工资却没有相应地增加，每位工人的产出和工资反向分离，劳动收入份额下降。然而，人工智能及自动化可能在一些新的领域创造出劳动密集型任务，能抵消自动化使劳动收入份额下降的负面影响，因此人工智能及自动化对劳动收入份额的影响并不确定。

人工智能对劳动力市场的影响也体现在世界各国劳动力成本的差异性，李磊、何艳辉指出，部分发展中国家仍发挥廉价劳动力的优势从而对人工智能的需求相对较小，而部分发达国家劳动年龄结构不断老化，迫切需要人工智能来替代劳动力，从而拉大了不同国家人工智能的发展进度（李磊、何艳辉，2019）。同时，大多数发展中国家并不具备吸引新技术引入的条件，新技术革命会使得制造业和参与全球价值链的成果更加集中，进一步限制了部分国家的经济发展和结构转型。

（二）人工智能发展的就业的影响机制

（1）总体评价

关于人工智能的就业影响，一部分学者认为人工智能对一些行业的失业冲击可能是大规模的、快速的和断崖式的，将给就业市场带来灾难。根据麦肯锡全球研究所研究显示，到 2030 年，约 60% 职业可能被自动化替代。为保证充分就业，7500 万—3.75 亿工作人员需要转换职业类别，这将占到球劳动力总数的 3%—14%。较多研究一般利用工业机器人作为人工智能的代理变量来研究人工智能对就业的影响。Chiacchio 等（2018）利用欧盟六国的工业机器人数据得出，每 1000 个劳动者中增加一个工业机器人，失业率增加 0.16%—0.20%。此外，通过 Acemoglu 和 Restrepo（2017）的劳动力市场均衡方法发现，欧洲工业机器人对就业的替代效应比美国更明显。

人工智能对就业也是“双刃”的，在减少就业岗位的同时，人工智能会创造出许多工作，并不会造成大规模失业。徐英瑾（2019）认为当前人工智能技术一般都是专用人工智能，要发展成通用人工智能在科学层面上仍面临诸多瓶颈。Bloom 等（2018）估计，由于人工智能的发展，2010—2030 年将有 7.34 亿新的工作岗位被创造出来。Acemoglu 和 Restrepo（2016）认为从科技史的视角来看，技术进步会在长期创造出新的工作。Jones 和 Change（1983）证明，技术进步的补偿效应能够抵消替代效应，可以一定程度上缓解失业问题。Pissarides（2000）进一步阐述了技术进步创造就业的机制，指出技术进步能够创造就业机会，增加就业人数。

（2）内在机理分析

①替代效应

已有文献在研究中纷纷论证了替代效应的存在，即人工智能资本要素不仅会替代其他“非人工智能（或非 ICT）资本要素”，更能直接对劳动要素进行替代，从而带来部分劳动就业岗位的直接消失（Acemoglu & Restrepo，2016）。Frey 和 Osborne（2013）对美国 702 项职业的自动化替代风险进行分析，结果表明47%的职业都面临被人工智能替代的风险。人工智能发展提高劳动生产率，导致单位产品所需的劳动力投入降低，在产出给定的情况下，减少了就业量。Aghion 和 Howitt（2009）则认为，人工智能等技术进步速度加快，工作岗位的生命周期也比较短，这会造成失业人数的增多，同时，由于人力资本价格随技术进步而增长，企业利润也会下降，这就减少了企业进入市场的激励，使其缺乏创造工作岗位的动机。Fery（2013）和 Autor（2015）及 Korinek（2017）及研究发现短期人工智能创造工作岗位的速度无法弥补替代工作岗位的速度，技术性失业不可避免，短期对就业的冲击作用相对明显。

②补偿效应

补偿效应主要是人工智能替代性带来的效率提升将引致相关产业规模的扩大，通过规模扩大弥补单位产出就业岗位的减少。蔡跃洲和陈楠（2019）分析生产线上不易被人工智能替代的任务和环节，需要增加就业岗位数量才能匹配生产率大幅提升的可替代环节；效率提升带来的成本下降，使得企业有条件扩大再生产，增加生产线或经营单元，这样的就业岗位增加称为“（产品）需求效应”；效率提升带来的成本和产品价格下降，客观上增加了居民收入，引致对其他行业需求的增加，从而推动其他行业规模的扩大和就业岗位的增加，该情形也被称为“溢出效应”（Gregory，et al.，2019）。如果仅有补偿效应，即使发挥再充分，持续的自动化还是会降低劳动收入在国民收入中的份额。

③创造效应

人工智能及其他自动化技术的推广应用，在消灭一部分就业岗位的同时会衍生创造出新的就业岗位。考虑到人工智能技术对劳动力的辅助作用，劳动力就业市场的两极化趋势或许并不会持续很久，未来仍将有大量中层工作岗位被保留，而岗位性质将适应技术变革需求而变得更加多元，由机器完成程式化任务、劳动者完成非程式化任务。李磊、何艳辉（2019）指出创造效应除了作用于本身无法替代的工作岗位，也会在被替代工作岗位中产生互补作用，此外破坏（替代）效应将于创造效应形成稳定的平衡关系。虽然从整体上来讲，人工智能对就业的长期影响具有积极作用，但还需要做到具体分析不同部门、不同技能的劳动者之间的差异。

五 人工智能不同产业上对就业的影响表现

从三大行业来看，人工智能在农业、工业和服务业的影响有所差异，同时人工智能对三大行业的偏向性，间接地影响着其行业内劳动力。人工智能的多种技术已经运用到农业的生产过程中，一定程度上改变了农业的生产模式和生产效率。赵春江通过探讨科技发展为智能农业技术的农业应用提供条件以及分析国外的人工智能技术重塑现代农业的方式提出人工智能技术将与农业深度跨界融合：如认知计算技术、深度强化学习、智能机器人、会话式人机用户界面，并指出区块链将对农产品安全有重大影响（赵春江，2018），高速的5G技术对农业的可视化具有非常重要意义。相比于农业，人工智能与工业的结合使得自动化水平、生产质量等方面的显著提高，并促进工业的快速发展。杜森（2015）提出人工智能促进生产线智能自动化、降低工业生产的危险性、提高商品品质和性能、辅助科学管理与决策等多个人工智能对工业的正面影响，强调正确认识人工智能在工业发展中的实践本质将能扩大人工智能的正面影响，减少其他负面影响。服务业作为第三产业，其在人工智能环境影响下，更高效地提高人们生活的质量。郭蕊和朱涛（2019）从人工智能为服务业提供可靠的数据基础、革新盈利模式以及密切各服务行业间的相互联系等角度进一步阐述人工智能在服务业的影响，指出合理利用人工智能将为现代服务业创新发展的提供驱动力。

六 政策建议

人工智能对就业结构和劳动收入份额问题的研究结论比较一致，多数学者认为人工智能会造成就业极化，并减少劳动收入份额。然而，对于人工智能带来的就业影响，朱巧玲、李敏（2017）、谢萌萌等（2019）多位学者通过理论模型和实证研究进行阐述，学界观点并不统一。Aghion 和 Howitt（2009）等认为人工智能会带来失业，而李磊和何艳辉（2019）等持乐观态度，指出人工智能创造的岗位会更多。在人工智能对就业的影响机制中的研究方面，Acemoglu 和 Rerestepo（2017）等多数学者围绕三大效应进行研究，但是也存在认为其中只有两种发挥作用或引入了破坏机制的思考。随着人工智能发展到技术成熟期，对就业的影响将加大，在政策上提出了应采取提高劳动者素质、鼓励创新创业、提高就业公共服务水平、加快社会保障制度改革等各项积极有效的对策措施。

七 评述与展望

从已有文献来看，国内外学者对人工智能与劳动力市场和就业结构等方面已经进行了较为丰富的研究，并得到了有价值的研究结论。但是，目前人工智能的国别研究多针对一些发达经济体。但是近几年，中国在人工智能领域得到了迅猛发展，中国的劳动力市场又具有一定的特殊性。因此，中国的人工智能发展对劳动力市场的影响如何？需要怎样的劳动就业政策来实现人工智能促进劳动力市场发展目标的实现？这些问题都是新问题，需要结合中国当前和今后的人工智能和市场结构发展变化趋势进行研究。

其一，中国参与国际分工的深度与广度不断加大，以及创新战略的实施，对劳动力的长期影响如何，这个研究背景也发生了深刻的变化。另外，技术发展和区域结构的变化也对国内劳动力市场有明显的影响，人工智能是否符合技术进步影响就业的一般规律，在规律中蕴含的自身特殊性等问题有待于深入研究。

其二，关于人工智能对劳动力结构的供给和需求影响作用的研究成果不多。现有研究基于不同模型及数据对人工智能对就业的影响做了研究，数据与模型的不同使得结论存在分歧。但是在对科技发展进行测度时，文献多采用的是以实际 GDP，在对人工智能进行测度时，多以 AI 的购买或使用量，总体就业人数以及资本存量计算得出的 TFP，有一定的代表性没有针对性，且多采用静态面板分析。并且对于科技发展与劳动力供给之间的研究较少，没有讨论在科技发展的背景下如何使劳动力的供给结构与需求结构相匹配。如何提高劳动力的供给水平，使其符合科技发展的需要，这些问题值得进一步探讨。

其三，已有的文献多是集中在静态或是针对人工智能对劳动力市场和就业结构等问题分别进行研究，较少进行综合性和非均衡性的研究。很多学者研究人工智能主要参考工业机器人这一指标。而智能机器人和工业机器人的工作性能和工作方式有所不同，智能机器人在家务中的作用未被纳入经济统计在内。随着数据的可得性增加，未来研究若参考智能机器人的数据更能体现出对女性劳动力的作用。此外，以人工智能为代表的技术进步是伴随着人口老龄化发生的，人口老龄化越严重的国家，人工智能发展的越好。人工智能的发展同人口结构变化的因果关系是具有极大的研究价值。

参考文献

[1] [美] 维纳:《人有人的用处》，商务印书馆 1978 年版。
[2] [英] 李嘉图:《政治经济学及赋税原理》，商务印书馆 1962 年版。
[3] 蔡跃洲、陈楠:《新技术革命下人工智能与高质量增长、高质量就业》，《数量经济技术经济研究》2019 年第 36 期。
[4] 蔡自兴:《人工智能对人类的深远影响》，《高技术通讯》1995 年第 6 期。
[5] 杜森:《人工智能对工业经济的影响及其哲学反思》，《现代工业经济和信息化》2015 年第 5 期。
[6] 符田风:《科技发展对我国劳动力供求的影响研究》，《安徽财经大学》2018 年第 1 期。
[7] 顾泽苍:《人工智能技术深度剖析》，《机器人技术与应用》2017 年第 1 期。

[8] 郭蕊、朱涛:《人工智能对现代服务业的创新发展研究》,《市场研究》2019 年第 7 期。

[9] 李春顶:《中国企业“出口—生产率悖论”研究综述》,《世界经济》2015 年第 5 期。

[10] 李磊、何艳辉:《人工智能与就业——以中国为例》,《贵州大学学报》(社会科学版) 2019 年第 37 期。

[11] 吕荣杰、郝力晓:《人工智能等技术对劳动力市场的影响效应研究》,《工业技术经济》2018 年第 37 期。

[12] 马莹:《共享经济下新零售生态圈的创新之路》,《人民论坛》2019 年第 2 期。

[13] 邱玥、杜辉:《人工智能对就业的影响因素及作用机制研究》,《中国劳动关系学院学报》2019 年第 33 期。

[14] 王滢波:《人工智能发展及其影响》,《信息安全与通信保密》2016 年第 12 期。

[15] 谢萌萌、夏炎、潘教峰、郭剑锋:《人工智能、技术进步与低技能就业——基于中国制造业企业的实证研究》,《中国管理科学》2019 年第 1 期。

[16] 徐英瑾:《人工智能技术的未来通途刍议》,《新疆师范大学学报》(哲学社会科学版) 2019 年第 1 期。

[17] 张刚、孙婉璐:《技术进步、人工智能对劳动力市场的影响——一个文献综述》,《管理现代化》2020 年第 1 期。

[18] 赵春江:《人工智能引领农业迈入崭新时代》,《中国农村科技》2018 年第 1 期。

[19] 朱巧玲、李敏:《人工智能的发展与未来劳动力结构变化趋势——理论、证据及策略》,《改革与战略》2017 年第 33 期。

[20]《资本论》第 1 卷,人民出版社 2004 年版。

[21] Acemoglu, Daron, Pascual Restrepo, "Artificial Intelligence, Automation, and Work", In Ajay Agrawal, Joshua Gans & Avi Goldfarb (eds.), *The Economics of Artificial Intelligence: An Agenda*, Chica-

go: The University of Chicago Press, 2019, 197 - 236.

[22] Acemoglu D., Autor D., 2011, "Skills, Tasks and Technologies: Implications for Employment and Earnings", *Handbook of Labor Economics*, 4 (B): 1043 - 1171.

[23] Acemoglu D., Restrepo P., "Artificial Intelligence, Automation and Work", NBER Working Paper, 2018, No. 24196.

[24] Acemoglu D., Restrepo P., "The Race Between Machine and Man: Implications of Technology for Growth, Factor Shares and Employment", NBER Working Papers, 2016.

[25] Acemoglu D., Restrepo P. Robots, "Jobs: Evidence from US Labor Markets", NBER Working Papers, 2017.

[26] Aghion P, Howitt P., "Endogenous Growth Theory", Mit Press Cambridge US, 2009, 1 (1997): 162 - 163.

[27] Aghion P., Jones B. F. & Jones C. I., "Artificial Intelligence and Economic Growth", NBER Working Paper. 2017, No. 23928.

[28] Autor D H, Dorn D., "The Growth of Low-Skill Service Jobs and the Polarization of the US Labor Market", NBER Working Papers, 2013, 103 (05): 1553 - 1597.

[29] Autor D. H., "Why Are There Still So Many Jobs? The History and Future of Workplace Automation", *Journal of Economic Perspectives*, 2015, 29 (3): 3 - 30.

[30] Bessen J., "AI and Jobs: The Role of Demand", NBER Working Paper, 2018, No. 24235.

[31] Betsey S., "AI, Income, Employment, and Meaning", NBER Working Paper, 2018, No. 14026.

[32] Bloom D. E., McKenna M, Prettner K., "Demography, Unemployment, Automation, and Digitalization: Implications for the Creation of (Decent) Jobs, 2010 - 2030", NBER Working Papers, 2018.

[33] Borland J, Coelli M., "Are Robots Taking Our Jobs?", *Australian E-*

conomic Review, 2017, 50 (4): 377 -397.

[34] Brown C. , Campbell B. A. , "The Impact of Technological Change on Work and Wages", *Industrial Relations*, 2002, 41 (1): 1 -33.

[35] Chace C. , "The Economic Singularity: Artificial Intelligence and the Death of Capitalism", 2016, Three Cs Pub.

[36] Chiacchio Francesco, Petropoulos G, Pichler D. , "The Impact of Industrial Robots on EU Employment and Wages: A Local Labour Market Approach", Bruegel Working Paper, 2018.

[37] Dao M. , Das M. , Koczan Z. , et al. , "Why is Labor Receiving a Smaller Share of Global Income? Theory and Empirical Evidence", IMF Working Papers, 2017.

[38] Dauth W. , Findeisen S. , Südekum J. , N. Woessner, "German Robots-The Impact of Industrial Robots on Workers", CEPR Discussion Papers, 2017.

[39] Ernst, Ekkehard, Rossana Merola, Daniel Samaan, 2018, "The Economics of Artificial Intelligence: Implications for the Future of Work", Geneva: International Labour Office.

[40] Frey C. B. , Osborne M. A. , "The Future of Employment: How Susceptible are Jobs to Computerisation?", *Technological Forecasting & Social Change*, 2013, 114: 254 -280.

[41] Gregory T. , Salomons A. , Zierahn U. , "Racing with or against the Machine? Evidence from Europe", Institute of Labor Economics (IZA), IZA DP, 2019, No. 12063.

[42] Jones D, Change T. , "Demand and employment", Boswrih D L. The employ ment consequences of technological change. London: Palgrave Macmillan UK, 1983.

[43] Kearney M. S. , Hershbein, B. & Boddy D. , "The Future of Work in the Age of the Machine. Hamilton", Project Framing Paper, 2015.

[44] Korinek A. , Stiglitz J. E. , "Artificial Intelligence and Its Implications

for Income Distribution and Unemployment", NBER Working Paper 2017, No. 24174.

[45] Michaels G., Natraj A., Van Reenen J., "Has ICT Polarized Skill Demand? Evidence from Eleven Countries over Twenty-five Years", *Review of Economics and Statistics*, 2014, 96 (01): 60 – 77.

[46] Pissarides C. A., *Equilibrium Unemployment Theory*, Cambridge: MIT Press, 2000.

[47] Russell S., Norving P., *Artificial Intelligence: A Modern Approach*, Malaysia: Pearson Education Limited, 2016.

[48] Schumpeter Joseph A., *The Theory of Economic Development: An Inquiry into Profits, Capital, Credit, Interest, and the Business*, 1934.

A Review of Research on the Impact Mechanism of Artificial Intelligence on the Labor Market

ZHANG Jianwu MA Zimeng QIU Yiting

Abstract: As artificial intelligence enters a new stage of development, the artificial intelligence industry economy has shown good growth. While innovating technological products, artificial intelligence has had a huge impact on traditional industries, triggered major changes in the economic structure, promoted an overall jump in social productivity, and brought profound changes in the labor market. The article systematically sorts out the four aspects of artificial intelligence and technological progress, the impact of artificial intelligence on labor structure, the relationship between artificial intelligence development and labor market mechanism, and the impact of artificial intelligence on employment in different industries, focusing on exploring the supply of artificial intelligence to labor., The impact of demand and labor productivity, study the impact of artificial intelligence development on wage income, labor welfare, and the labor market as a whole, on this basis, summarize the three major effects of artificial intelligence development affecting employment substitution, compensation, and creation, and propose policy recommendations. Aiming at the gaps in existing research, the article reviews and prospects the future research directions of artificial intelligence's influence mechanism on the labor market.

Keywords: Artificial Intelligence; The Labour Market; Employment; Influence Mechanism

法治社会下新型政企关系构建*

——地方政府法治水平对企业慈善捐赠的影响

王凌峰　钟文苑　秦　伟　梁诗朗①

摘　要：法治社会下的新型政企关系建设是开放经济新常态下中国社会调结构和促转型的重要内容，也是政府治理水平改革的重中之重。通过分析《中国人民银行危机时期企业经营环境与融资问卷调查》随机抽样的2058家制造业企业调研数据，本文从司法治理的角度考察了中国地方政府司法治理水平对企业参与“汶川地震”捐赠和日常慈善捐赠表现的影响。文章用“企业对打官司诉讼的解决效率满意度”作为衡量地方政府法治水平的变量。在控制了高管的个人属性和企业盈利、雇用人数、所有制等企业特征，以及采用“各地级市公检法支出”作为“企业对打官司诉讼的解决效率满意度”的工具变量进行内生性处理后，实证分析发现，中国企业对地方政府的司

---

* 本文感谢国家自然科学基金青年项目（71903041）、教育部哲学社会科学研究重大课题攻关项目（16JZD018）《培育我国国际竞争新优势建设贸易强国的战略路径研究》、教育部人文社会科学研究规划青年基金项目（17YJC790142）、2015年广东省软科学重点项目（2015A070703019）、2016广东省软科学项目（2016A070705058）、广东省普通高校人文社会科学研究特色创新项目（2017WTSCX025）、中共广东外语外贸大学委员会“双带头人”教师党支部书记工作室建设项目、2020年广东省高校基层党建工作研究基地统一战线工作专项课题（TZ2020ZD03）以及广东外语外贸大学研究生科研创新项目（20GWCXXM－34，20GWCXXM－43）。

① 王凌峰，广东外语外贸大学经济贸易学院硕士研究生；钟文苑，广东外语外贸大学经济贸易学院本科生；秦伟，广东外语外贸大学经济贸易学院硕士研究生；梁诗朗，广东外语外贸大学经济贸易学院本科生。

法治理效率满意度越高，其参与重大危机和日常慈善捐赠的表现就越好。特别地，企业所在地政府的行政级别越高，企业对政府的司法治理满意程度对其慈善捐赠的促进作用越小。另外，中小企业对地方政府的司法治理满意程度对其慈善捐赠的促进作用尤其显著。

关键词： 司法效率；政府治理；企业慈善；营商环境

一 引言

慈善捐赠作为企业履行社会责任的一个方式，不仅日益融入众多公司的文化和章程中，也引发了学术界的广泛探讨。学者将企业慈善捐赠的动因归为三类：企业公民学派（利他说）、股东资本主义（声誉说）和相对折中的战略慈善流派（政治说）。利他说强调“企业是社会的企业”(企业公民)，有义务为社会做出应有的贡献而不应该考虑任何经济利益，即企业慈善捐赠只是单纯地帮助其救助对象，不要求得到回报(Sánchez，2000)。随着利益相关者理论（Freeman，2010；Haley，1991）的提出，企业社会责任被看作企业首要利益相关者的责任。因此，后两种慈善动因论指出企业从事慈善捐赠属于战略行为（Bremner，1960；Bock，1984)，以满足社会网络中的六大主要利益相关者包括股东、消费者、雇员、供应商、社区和政府的利益为目的，从而直接或间接地提高其产品的竞争力，实现利益最大化等自身经营发展目标（Berman，et al.，1999；Godfrey，2005)。

政治说从公共利益相关者中的政府和社区出发，认为企业通过慈善捐赠行为寻求政府帮助，从而在产权保护、行业壁垒、税收补贴、政治联系获取等方面获得好处，创造有利于企业的竞争环境（Shleifer，1998)，间接实现企业利益最大化（Oliver，1991；陈凌、陈华丽，2014)。近年来，越来越多的学者支持这一观点。企业家在包括中国在内的发展中国家经营时，面临的社会和环境风险可能更多地来自政策法规的相对不稳定和不公平、制度环境的不健全和不透明（Boisot & Child，1996；Peng & Heath，1996）。所以，中国企业的慈善捐赠行为很可能是为了规避来自市场制度环境层面的政策不稳定所带来的不确定性和巨大风险而不得已为之（Wang & Qian，2011）。例如，有发现，在市委书记或市长变更的年份，该市的财政支出增长率显著下降（肖洁等，2015），而在政府换届后，企业慈善捐赠的倾向和规模都显著增加（戴亦一等，2014）。

随着中国法律制度逐渐完善，在法治社会的背景下研究地方政府法治水平改革、营商环境改善与企业行为和新型政企关系构建意义重大。目前，从政治说的角度研究中国企业慈善捐赠的动机和影响因素的文献较多。这部分文献多从高管的个人特征和政治联系出发来衡量企业的政治关联和政企关系，即采用企业是否雇用具有政府背景的高管（董事长曾在政府任职）或公司创始人进入人民代表大会或担任政协委员来衡量政企关系。高勇强等（2011）发现企业家经济特征、政治身份等特征有效促进了企业的捐赠行业和水平。Carter 和 Werbel（2002）发现企业管理者或出于个人利益导致董事会进行慈善捐赠。贾明和张喆（2010）证明高管政治关联促进了公司的慈善行为。张建君（2013）使用董事长的两种政治联系表明企业捐款不仅为了市场竞争，也来自管理者对企业社会责任的承诺或者对外部压力的服从。另一部分文献则从政治动机和资源交换出发。例如，薛爽和肖星（2011）指出民营企业为了获得政府进一步支持，会选择利用捐赠巩固政治关联；李四海等（2012）发现亏损上市企业捐赠背后往往存在政府补贴，得到补贴越高的亏损企业的捐赠意愿与水平均更加突出；张敏等（2013）发现企业慈善捐赠越多，从政府手中获得的财政补贴也越多；李维安等（2015）发现民营企业更容易为了获得债务融资等金融资源进行慈善捐赠；Su 和 He（2010）采用中国民营企业样本，发现民营企业为了保护企业产权以提高企业盈利能力而进行慈善捐赠。

已有关于研究政治关联、政企关系和制度环境的文献较少立足政府法治水平改革和法制建设，且大多集中探讨中国上市公司或民营企业等单一类型企业的捐赠行为。傅超和吉利（2017）指出司法治理水平的提升将促进上市公司更多地通过诉讼解决纠纷，导致公司面临诉讼带来的声誉风险敞口增大，从而促公司更多地参与慈善捐赠以实现“保险机制”，达到降低公司所面临的声誉风险的目的。唐跃军等（2014）发现市场化改革显著降低了企业的政治性慈善动机，而民营企业更容易在政府压力下选择政治性捐赠。贾明和张喆（2010）指出法制建设会削弱高管原本的政治关联对公司慈善行为的正向促进效应。

此外，在以中国自然灾害为背景的研究中，较多文献探讨的是社会舆论、企业特征、行业特征与网络关系等对上市公司参与重大危机捐赠的影响。山立威等（2008）发现汶川地震中上市企业以提高声誉获取广告效用的经济动机导致其捐赠数量和方式不同，且产品特征、企业盈利能力等均对企业捐赠行为有影响。徐莉萍等（2011）发现媒体关注程度显著提高了上市公司在汶川地震中捐赠的可能性。潘越等（2017）发现媒体对台风灾害的宣传力度、企业所在行业的地位及行业竞争情况均会影响沪深上市企业的捐赠水平。陈仕华和马超（2011）通过网络分析法，发现社会网络关系影响了上市企业参与汶川地震捐赠的概率。祝继高等（2017）指出同行业其他企业捐赠可能性与金额的提高，导致上市企业捐赠概率与规模上升。许年行和李哲（2016）发现汶川地震后，具有贫困经历的上市公司 CEO 或出于“移情”，显著提高了企业慈善捐助水平。上市公司通常给人的整体印象是社会责任感强，但也仅有具备良好经营状况和社会声誉的企业才可能成为上市公司。因此，上市公司的社会责任履行（特别是慈善捐赠）存在“自我选择”的问题，仅采用上市公司作为捐助的研究样本可能导致“选择性偏误”的问题。

本文采用中国人民银行危机时期随机抽样的 2058 家制造业企业一手调研问卷数据，运用 Logit 模型、零膨胀泊松回归（Zero Inflation Poison，ZIP）和 OLS 估计法，研究了中国地方政府司法治理水平对企业参与慈善捐赠的影响。本文的创新点如下：首先，本文采用根据中国东中西制造业产值占比、大中小企业占比、国有私有外企占比等因素随机抽取的企业样本，规避了统计口径狭窄、样本小、样本来源单一以及过于集中于中国上市企业或民营企业等单一类型企业等缺陷。第二，本文创新地选取了“企业对打官司诉讼的解决效率满意度”作为地方政府司法治理水平的代理变量，补充了法制建设和营商法治环境对企业履行社会责任的经验证据。第三，本文将特殊重大自然灾害看作一次外生自然实验，并将2007—2009年上半年间企业参与日常慈善捐赠的平均表现与企业参与2008年汶川地震一次性慈善捐赠的表现进行区分和对比。本文发现，地方政府的司法治理水平与当地企业的慈善行为显著正相关，且企业规模、企业总部所在地方政府行政级别等变量发挥了重要的中间调节作用。

本文其余部分安排如下：第二部分是提出理论机制与研究假说，第三部分是汇报数据、变量和统计描述，第四部分是设定实证研究模型并报告分析结果，第五部分是稳健性检验，最后得出本文的结论与政策建议。

二 理论机制与研究假说

组织赖以生存的社会制度、政府对经济的干预程度、法治环境的完善程度和市场的发达程度等是制度环境的重要组成部分（张建君、张志学，2005；周中胜等，2012；甄红线等，2015），同时也是企业发展所面临的关键因素。奉法者强则国强，奉法者弱则国弱。已有研究也表明，保障良好的法律制度环境、建设高效的社会司法体系对公司经营和国家发展起着至关重要的作用。通常来说，一个国家的法治效率越高，该国的工业增长率就越高（Beck，et al.，2002）。完善的制度，如发达的金融体系、良好的产权保护、清廉的政府、高效的法律和司法体系等是一国经济增长的必要条件（余明桂，2010）。

已有文献表明，地方政府法治水平越低，政府对私有产权保护不足、执法不规范和随意性强等均使企业受到了来自政府层面更强的负面干预。这种较差的法制环境迫使企业更多地通过履行社会责任等方式向主要利益相关者传递积极信息从而在战略上获得竞争优势（李四海，

2010；周中胜等，2012)。这种传导机制意味着：地方政府的法治水平越低，企业参与社会捐赠的概率和程度会越高；反之，公平和高效的地方政府法治水平可能会降低企业的社会捐赠意愿。

第一，本文采用“企业家对地方打官司诉讼的解决效率满意度”作为地方政府司法治理水平的代理变量，研究地方政府法治水平对企业捐赠的影响。一般而言，从企业经营效益来看，政府法治水平越高，意味着政府对私有产权的保护更好，企业在面临司法诉讼等程序时，受益于更规范、更透明、更高效和更公平的司法执法部门，从而降低了经营成本。因此，高效和公平的司法环境能够促进企业实现更大的利润，进而拥有更强的社会捐赠能力。

第二，已有文献表明履行社会责任可能并不是企业获取地方政治资本和建立政企联系的最直接和有效的方式。张建君和张志学（2005）、蔡新蕾等（2013），以及李岚（2017）通过对中国民营企业、跨国企业进行调研和高管访谈，发现企业在构建政企关系中往往采用直接同官员熟识，管理者进入人大、政协，游说政府官员，向政府提供信息咨询等方式来获取地方政府的青睐和支持。Campos 和 Giovannoni（2017）指出，尽管企业可以采用各种策略同政府建立互动关系，游说和腐败依然是主要的方法，而且游说相比腐败更具有效率（Bertrand，et al.，2018)。因此，相比参与慈善捐赠而言，企业直接进行政府游说、寻租或其他关系疏通等构建政企关系和寻求政治资本往往更有效。从这个角度看，在企业有更直接快捷的渠道采取政府游说和构建政治关联的情形下，地方政府的法治水平越低，企业可能付出的额外游说成本就越高，从而造成企业参与慈善捐赠的意愿和能力降低。

第三，Munge（1998）指出随着法律干预范畴和强度增加，诉讼将成为解决冲突的主要方式，这意味着司法治理水平的提高将增加企业选择诉讼来解决问题的可能性，从而增加企业诉讼风险，而企业面临的诉讼风险增加将显著增大公司的声誉风险敞口，从而促使公司更多地参与慈善捐赠以实现“声誉保险”机制从而降低企业声誉风险（傅超、吉利，2017)。本文采用的是“企业家对打官司诉讼的解决效率满意度”

作为地方政府司法治理水平的代理变量，与此类文献的关联性最强。即地方政府司法治理水平越高，企业面临诉讼的风险越高，企业慈善捐赠的水平也越高。

综上所述，虽然地方政府的法治水平对企业慈善捐赠行为的影响可正可负，但基于企业经济效益角度、游说理论角度和司法诉讼风险管理角度来看，本文提出待检验假说1：

H1：地方政府法治水平越高，企业参与慈善捐赠的概率和水平越高。

中国为了实现“小政府、大市场”的社会治理新格局，致力改革行政审批制度。政府简政放权，进而切实转变政府职能，释放了市场活力。然而，中国企业对国家和政府的依赖程度依然较高（Wang & Qian，2011），与当地政府建立更密切和良好的关系，进而获取更多的政治资本作为回报依然是较多企业的选择。要实现这一目标，企业必然要承担相应的政治成本，例如承担政府在某些特殊时期的社会任务和政治任务，特别是在爆发重大危机和灾难时，及时有效地协助地方政府维护社会稳定（Zhang，et al.，2010）。高勇强等（2012）表明中国政府在影响企业慈善的发展中发挥了重要的作用，尤其是当灾难发生时，政府能够有效地鼓励和促进企业捐赠。

较高级别的政府权力通常被更好地被监督和约束，并且较高级别的政府往往更加开明和先进地意识到营造和促进公平、公开和透明的商业环境的重要性。相对而言，较低级别（如县乡级）政府的财政压力往往高于较高级别（如省会和市级城市）政府的财政压力，因此，较低级别政府对当地企业的经济依赖性更强。这两方面造成的事实可能是行政级别较低的城市的政企关系偏“亲”，而行政级别较高的城市的政企关系偏“清”。也就是说，身处较低行政级别地区的企业对政府司法治理环境会更加在意。因为，在这种情况下，当真的遇到司法治理环境不理想的时候，企业通过游说等非正常手段获取有利于自身的资源的可操作性和成功机会更大，所以，企业会更有动机去这么做，结果是企业可用于捐赠的资源相应减少。反之，身处较低行政级别的企业对于政府的司法治理越满意，其节约的游说成本越多，参与慈善捐赠的概率和水平可能越高。因此，本文提出假说2：

H2：相比身处较高行政级别（如地级市和省会）城市的企业，位于更低层级行政级别（县级市和乡镇）的企业对地方政府法治水平越满意，参与慈善捐赠的概率和水平可能越高。

此外，大量研究表明规模效应是影响企业慈善捐赠的主要因素。相比大型企业，中小型企业在组织结构、专业人才、资产规模以及人脉关系上均与大型企业有一定差距，这也导致中小型企业更加倾向直接通过政府游说和关系疏通而非通过履行社会责任以获取政治资本（Meznar & Nigh, 1995）。所以，在政府控制着商业运作的诸多因素和资源情况下，中小企业与地方政府建立、巩固与维持更好的关系和联系存在先天劣势（刘慧龙等，2010），因此中小企业在帮助政府实现社会和政治目标时，需要付出更高成本（Lin & Tan, 1999），这导致中小企业对政府治理水平的敏感度也就越高。

因此，类似上一个假说，中国的中小企业如果对地方政府司法治理水平不甚满意，其进行政府游说和疏通渠道的行为将增多，从而降低企业进行慈善捐赠的意愿和能力。本文提出假说3：

H3：相比大企业，中小企业对地方政府法治水平越满意，参与慈善捐赠的概率和水平可能越高。

三 数据描述

本文采用企业层面数据来自《中国人民银行危机时期企业经营环境与融资问卷调查》。该调查根据中国东、中、西以及各产业在GDP中的占比确定不同企业和产业抽样的企业数，随机选择企业发放问卷调查。最终向8个省份中的26个城市40个制造行业2056家企业发放问卷，收回有效问卷1970份。核心变量处理上，本文剔除了捐款总额大于企业平均总资产、企业捐赠次数和捐赠金额不同时为0和企业司法满意度异常的企业；控制变量处理上，剔除了企业员工数为0、企业所在地信息异常以及总经理年龄小于18岁的企业。最终得到1782家企业①。表1为主要研究变量描述统计。因变量为企业参与汶川地震和日常慈善捐赠（从企业捐赠总额中减去汶川捐赠额）的表现。企业是否参与汶川捐赠虚拟变量的均值超过0.5，表明超过一半的公司参与了地震捐献，企业汶川地震捐款和日常捐款的均值分别约为24.77万元和24.75万元，企业平均日常捐助次数约为4.22次。主要自变量是地方政府司法治理水平，本文采用企业对本地政府行政诉讼解决效率满意度打分作为其代理变量，从低到高为2—10分不等。其中，65家企业非常满意（10分，3.65%），493家企业一般满意（8分，27.67%），150家企业表示不太满意（5分，8.42%），316家企业表示非常无效和失望（2分和3分，17.47%）。可以看出，约30%的企业对地方政府司法治理效率评分在5分及以下。

其他控制变量包括企业规模②（大、中、小型）、企业所有制（国企、外企、私企和股份制）、企业总部所在地政府行政级别（省会、地级市、县级和乡镇）和企业所在地域（东、中、西部）。按企业规模划分，抽样企业以中、小型为主，分别占总数的43.52%和42.95%，大型企业占比为13.54%。从企业所有制性质来看，绝大部分被访企业为股份制（925家，52.29%）、私营（508家，28.72%）或外资（245家，13.85%），国有或国有控股企业相对较少（60家，3.39%），集

① 东部的吉林省127家：松原市（55家）、延边州（72家）；山东省297家：菏泽市（74家）、济南市（68家）、泰安市（76家）、潍坊市（79家）；浙江省447家：嘉兴市（76家）、金华市（84家）、宁波市（79家）、台州市（62家）、温州市（146家）；江苏省281家：常州市（56家）、南京市（83家）、苏州市（69家）、盐城市（73家）；广东省246家：东莞市（63家）、佛山市（72家）、梅州市（46家）、中山市（65家）；中部的陕西省147家：汉中市（77家）西安市（70家）；湖北省144家：黄冈市（73家）、荆门市（71家）；西部的四川省93家：达州市（38家）、广元市（55家）。

② 作者按照国家统计局发布的《大中型企业划分标准》中工业企业的划分标准，同时满足平均从业人员数为2000人及以上、平均销售额为3亿元及以上，以及资产总额在4亿元及以上的企业将其列为大型企业；同时满足平均从业人员数为300—2000以内、平均销售额为3千万—3亿元以及资产总额在4千万—4亿元之间为中型企业；同时满足平均从业人员数为300人以内、平均销售额为3000万以下以及资产总额在4千万元以下为小型企业。

体所有制企业（13 家，0.73%）和联营企业（4 家，0.23%）均不到 1%。同时，有 14 家企业未在调查问卷中透露其企业的所有制属性。企业总部所在地行政级别分为：乡镇企业（643 家，36.08%），县级市或县级企业（794 家，44.56%），地级市企业（296 家，16.61%）和省会（49 家，2.75%）。位于东部地区的企业为 1398 家（78.45%）、中部和西部企业数目分别为 291 家（16.33%）和 93 家（5.22%）。

表 1　　数据描述统计

变量	变量来源及描述	Obs	均值	中位数	标准差	最小值	最大值
是否参与汶川捐款	0 未参与，1 参与	1782	0.525	1	0.500	0	1
汶川捐款金额（万元）	企业汇报，不含商业赞助	1782	24.77	0.500	269.0	0	10000
参与日常捐款次数	企业汇报	1782	4.215	1	37.79	0	1137
日常捐款金额（万元）	企业汇报，不含商业赞助与汶川捐款金额	1782	24.75	0	144.8	0	2900
企业对打官司解决纠纷效率的满意度	2—10 为企业对满意度从低到高打分：2 不知道，8 一般满意，10 非常满意	1782	6.251	7	2.357	2	10
企业规模	1 小型企业，2 中型企业，3 大型企业	1758	1.706	2	0.692	1	3
企业所处地方政府行政级别	1 乡镇，2 县级市（或县），3 地级市，4 省会	1782	1.860	2	0.786	1	4
企业所在地域	1 东部，2 中部，3 西部	1782	1.268	1	0.548	1	3
2007 年盈利（万元）	企业汇报	1529	1350	233	5462	-46000	140000
2007—2009 年平均盈利（万元）	企业汇报	1479	1248	231	5579	-59000	140000

续表

变量	变量来源及描述	Obs	均值	中位数	标准差	最小值	最大值
2007年企业总员工数（人）	企业汇报	1602	598.4	179.5	1755	1	32000
企业总经理年龄	企业汇报	1527	46.01	46	7.946	23	74
企业总经理性别	0女性，1男性	1556	0.907	1	0.291	0	1
企业总经理学历	1大学及以上，2大专，3中专，4技校，5高中，6初中，7小学	1548	5.613	6	1.637	1	7
企业总经理是否曾在政府工作	0否，1是	1782	0.0840	0	0.278	0	1

表2汇报了不同类型企业对地方司法诉讼效率的满意度以及在慈善捐赠中的表现。不难看出，大型企业、国企、市级企业和东部企业对地方打官司诉讼解决效率的满意度最高，相反地，小型企业、私企和外企、县级和乡镇企业以及中部企业的满意度较低。此外，大型企业、国有企业、省会企业在汶川捐赠和日常捐赠中的平均表现较为突出。

表2　　不同类型企业对打官司诉讼解决效率的满意度和在慈善捐赠中的平均表现

控制变量类型	变量名称	企业数目	司法诉讼效率平均满意度	汶川捐赠平均概率*	汶川捐赠平均规模（万元）	日常捐赠平均次数	日常捐赠平均规模（万元）
企业规模	小型企业	755	5.947	0.420	3.030	2.919	7.860
	中型企业	765	6.475	0.593	14.72	3.482	16.08
	大型企业	238	6.597	0.676	128.0	11.08	107.8
企业所有制	国有企业	60	6.683	0.600	75.88	2.700	63.08
	股份制企业	925	6.331	0.523	16.93	5.571	21.40
	私营企业	508	6.094	0.500	29.56	2.333	22.73
	外资企业	245	6.135	0.592	30.89	3.722	33.62

续表

控制变量类型	变量名称	企业数目	司法诉讼效率平均满意度	汶川捐赠平均概率*	汶川捐赠平均规模(万元)	日常捐赠平均次数	日常捐赠平均规模(万元)
企业总部所在地政府行政级别	省会企业	49	6.612	0.571	70.93	1.959	42.58
	市级企业	296	6.361	0.510	24.82	3.063	16.45
	县级企业	794	6.225	0.503	25.35	3.141	21.14
	乡镇企业	643	6.205	0.557	20.51	6.244	31.67
企业所在地域	东部企业	1398	6.373	0.516	26.82	4.777	27.27
	中部企业	291	5.777	0.550	6.448	2.086	7.469
	西部企业	93	5.903	0.591	51.18	2.430	40.96

注:* 汶川捐赠平均概率指企业是否参与汶川捐款的二元哑变量的均值。

四 实证模型设定与结果分析

(一) 模型设定

为检验假说1,本文将待检验的回归方程设定为:

$$Donation_i = \beta_0 + \beta_1 Governance_i + \beta_2 Large_i + \beta_3 CityAbove_i + \beta_4 East_i + \beta_5 lnprofit_i + \beta_6 lnemploy_i + \beta_7 Soe_i + \beta_8 Gender_i + \beta_9 Educ_i + \beta_{10} Age_i + \beta_{11} Political_i + \gamma_j \sum_j Industry_j + \gamma_k \sum_k City_k + \varepsilon_i \quad (1)$$

其中,因变量 $Donation_i$ 为企业 i 参与慈善捐赠的表现,包括是否参与汶川地震捐赠(Logit 回归)、汶川地震捐款绝对额的自然对数(OLS 回归)、2007 年至 2009 年上半年间企业日常捐赠次数(ZIP 回归)和日常捐赠额的自然对数(OLS 回归)。核心自变量政府法治水平 $Governance_i$ 使用企业 i 对 2007 年至 2009 年上半年间打官司诉讼效率满意度的打分变量衡量,从 2—10 不等。本文控制变量包括企业总经理的性别($Gender_i$)、教育程度($Educ_i$)、年龄(Age_i)以及是否具有政府任职经历($Polotical_i$),此外,$Large_i$、Soe_i、$CityAbove_i$ 和 $East_i$ 为虚拟变量,取

1 时分别表示企业 i 是大型企业、国有企业、企业总部位于地级市及以上行政级别城市和东部企业，$Profit_i$代表企业盈利，在研究汶川地震捐献时使用企业 2007 年盈利，研究企业日常捐赠时使用企业 2007—2009 年平均盈利，$Employ_i$表示 2007 年的企业职工总人数。由于行业差别会导致企业在捐赠中表现不同（Johnson & Greening，1999；Useem，1998），本文对企业所属的行业进行了控制。此外，地区的经济发展程度和社会文化差异也会导致企业捐赠行为的不同，因此本文控制了企业所在城市的固定效应。其余假说采用式（2）进行检验。

$$\begin{aligned} Donation_i = & \alpha_1 + \theta_1 \mathrm{City}Above_i \cdot Governance_i + \theta_2 \mathrm{Large}_i \cdot Governance_i \\ & + \beta_1 Large_i + \beta_2 CityAbove_i + \beta_3 East_i + \beta_4 \ln profit_i \\ & + \beta_5 \ln employ_i + \beta_6 \mathrm{Soe}_i + \beta_7 Gender_i + \beta_8 Educ_i \\ & + \beta_9 Age_i + \beta_{10} Political_i + \gamma_j \sum_j Industry_j \\ & + \gamma_k \sum_k \mathrm{City}_k + \varepsilon_i \end{aligned} \tag{2}$$

其中，式（2）分别增加了大型企业、地级市以上企业同政府司法治理效率的交互项。其他控制变量和模型选择同式（1）。

（二）结果与分析

在进行实证回归之前，本文对主要变量间的 Pearson 相关系数进行了考察。结果显示，各主要变量间的 Pearson 相关系数均低于 0.3，不存在多重共线性。

表 3 和表 4 分别汇报了地方政府司法效率对企业参与“汶川地震”捐赠和参与日常慈善捐赠表现的影响。如第（1）列和第（6）列所示，是否参与汶川捐赠、汶川捐赠额、参与日常捐赠的次数和日常捐赠额的系数均显著为正，表明在控制其他因素不变后，平均而言，对地方政府司法效率更满意的企业，参与日常及特殊自然灾害时期的慈善捐赠表现越好。该结果支持了假说 1，地方政府司法治理水平对企业社会责任的履行产生显著正向影响。

表3　　司法效率满意度对企业参与“汶川地震”捐赠的影响

解释变量	是否参与汶川捐赠			ln（1 + 汶川捐赠额）		
	(1)	(2)	(3)	(4)	(5)	(6)
司法效率	0.071** (0.030)	0.050 (0.033)	0.052 (0.033)	0.046*** (0.017)	0.030* (0.017)	0.031** (0.016)
司法效率×市级、省会企业		-0.115 (0.078)			-0.091* (0.053)	
司法效率×大型企业			-0.120 (0.085)			-0.093 (0.067)
大型企业	-0.196 (0.245)	-0.178 (0.245)	0.465 (0.532)	0.622*** (0.170)	0.636*** (0.170)	1.116*** (0.391)
市级、省会企业	-0.370* (0.196)	0.281 (0.503)	-0.356* (0.189)	-0.045 (0.129)	0.464 (0.338)	-0.033 (0.129)
东部企业	-1.476*** (0.542)	-1.450*** (0.544)	-1.428*** (0.515)	-0.619* (0.365)	-0.596 (0.363)	-0.591 (0.365)
2007年盈利	0.094** (0.042)	0.097** (0.042)	0.096** (0.044)	0.123*** (0.029)	0.124*** (0.029)	0.124*** (0.029)
企业职工人数	0.299*** (0.073)	0.297*** (0.073)	0.297*** (0.072)	0.264*** (0.051)	0.262*** (0.051)	0.262*** (0.051)
国有企业	0.109 (0.387)	0.074 (0.383)	0.083 (0.397)	0.015 (0.307)	-0.006 (0.306)	0.002 (0.309)
总经理性别	-0.320 (0.237)	-0.319 (0.236)	-0.317 (0.235)	-0.079 (0.126)	-0.080 (0.125)	-0.079 (0.126)
总经理教育水平	0.050 (0.046)	0.052 (0.046)	0.049 (0.046)	0.043* (0.024)	0.045* (0.024)	0.043* (0.024)
总经理年龄	0.351 (0.391)	0.357 (0.391)	0.355 (0.392)	-0.008 (0.201)	-0.001 (0.201)	-0.006 (0.201)
总经理政府工作经历	0.311 (0.249)	0.297 (0.251)	0.303 (0.239)	0.213 (0.136)	0.200 (0.137)	0.204 (0.135)
常数项	9.546*** (1.958)	9.624*** (1.959)	10.161 (685.959)	0.561 (0.878)	0.620 (0.878)	0.668 (0.884)
企业所在城市	Yes	Yes	Yes	Yes	Yes	Yes
企业所在行业	Yes	Yes	Yes	Yes	Yes	Yes

续表

解释变量	是否参与汶川捐赠			ln（1+汶川捐赠额）		
	(1)	(2)	(3)	(4)	(5)	(6)
Observations	1129	1129	1129	1136	1136	1136
Log-likelihood	-671.160	-670.069	-670.149	-1829.690	-1827.436	-1827.556

注：括号里的数字为标准误。*** 表示在1%的水平下显著；** 表示在5%的水平下显著；* 表示在10%的水平下显著。

从表3和表4中的第（2）列和第（3）列不难看出，在探讨政府司法效率对企业履行社会责任的影响时，企业总部所在地政府行政级别、企业规模发挥了重要的中间调节作用。具体而言，司法效率与市级、省会企业的交互项系数显著为负，表明相比于市级、省会企业，司法效率的改善更能促进县级、乡镇企业参与特大灾害捐赠规模和日常慈善捐赠次数，验证了假说2。司法效率与大型企业的交互项系数的水平上均显著为负，表明相比于大型企业，政府提升司法效率更能促进中小企业参与日常慈善捐赠的次数和规模，即验证了假说3。

模型中其他变量回归的结果基本符合预期。企业总经理的政府工作经历提高了企业捐赠的规模；企业规模同捐赠次数和捐赠规模显著正相关；企业利润越高，捐赠规模越大；企业雇员数目越高，捐赠规模越大。

表4　　司法效率满意度对企业参与日常捐赠的影响

解释变量	企业日常捐赠次数			ln（日常捐助额+1）		
	(1)	(2)	(3)	(4)	(5)	(6)
司法效率	0.095*** (0.010)	0.104*** (0.011)	0.038*** (0.012)	0.039** (0.019)	0.036* (0.020)	0.010 (0.018)
司法效率×市级、省会企业		-0.059** (0.028)			-0.018 (0.061)	
司法效率×大型企业			-0.198*** (0.024)			-0.185** (0.078)

续表

解释变量	企业日常捐赠次数			ln（日常捐助额+1）		
	(1)	(2)	(3)	(4)	(5)	(6)
大型企业	0.211***	0.203***	1.119***	0.593***	0.596***	1.566***
	(0.061)	(0.061)	(0.124)	(0.200)	(0.201)	(0.450)
市级、省会企业	−0.302***	0.106	−0.282***	−0.258*	−0.160	−0.238*
	(0.062)	(0.201)	(0.062)	(0.136)	(0.368)	(0.134)
东部企业	−1.208	−1.297	−0.707	−0.402	−0.405	−0.327
	(0.789)	(0.790)	(0.790)	(0.448)	(0.449)	(0.443)
企业三年平均盈利	0.036**	0.037**	0.035**	0.115***	0.115***	0.115***
	(0.016)	(0.016)	(0.016)	(0.040)	(0.040)	(0.040)
企业职工人数	0.167***	0.168***	0.167***	0.329***	0.328***	0.325***
	(0.023)	(0.023)	(0.023)	(0.057)	(0.057)	(0.056)
国有企业	0.442***	0.456***	0.432***	0.084	0.081	0.064
	(0.111)	(0.111)	(0.111)	(0.344)	(0.344)	(0.353)
总经理性别	0.157**	0.154**	0.130*	−0.243	−0.244	−0.240
	(0.078)	(0.078)	(0.079)	(0.149)	(0.149)	(0.151)
总经理教育水平	0.013	0.011	0.004	0.009	0.010	0.007
	(0.016)	(0.016)	(0.016)	(0.029)	(0.029)	(0.029)
总经理年龄	0.022	0.025	0.010	0.158	0.159	0.170
	(0.126)	(0.126)	(0.127)	(0.243)	(0.243)	(0.243)
总经理政府工作经历	−0.023	−0.025	−0.015	0.326**	0.323**	0.311*
	(0.063)	(0.063)	(0.063)	(0.162)	(0.162)	(0.162)
常数项	−0.760***	−0.758***	−0.758***	−0.235	−0.214	−0.061
	(0.077)	(0.076)	(0.077)	(1.101)	(1.103)	(1.098)
企业所在城市	Yes	Yes	Yes	Yes	Yes	Yes
企业所在行业	Yes	Yes	Yes	Yes	Yes	Yes
Observations	1074	1074	1074	1074	1074	1074
Log-likelihood	−2763.995	−2761.809	−2727.786	−1857.506	−1857.443	−1851.456

注：括号里的数字为标准误。*** 表示在1%的水平下显著；** 表示在5%的水平下显著；* 表示在10%的水平下显著。

五 稳健性检验——控制内生性

在控制了企业、行业和城市特征后，反向因果和问卷设计缺陷导致的遗漏变量仍可能产生内生性问题（夏后学等，2019）。理论上，企业慈善捐赠是在国家规定下进行，为了创造更加良好的社会环境，企业向需要帮助的个人或者专业机构如开展慈善活动的慈善组织、慈善商店提供现款或实物的企业行为。地方司法系统在行政关系上隶属地方政府管理，而业务归上级同类部门的领导。因此，在一定程度上，企业慈善捐赠并不直接影响地方司法治理效率。

为进一步控制可能存在的内生性问题，本文使用 2006 年各地级市公检法支出作为工具变量进行稳健性检验。从经济学角度看，法院解决纠纷的过程在于准确裁判的同时实现人力、物力投入的最小化，其核心在于法官，而薪酬、晋升等激励机制是促进法官全力投入工作的重要因素。地方法院的财政收入主要取决于地方政府拨款，因此，地方公检法支出对法院的司法效率可能产生较大影响，即地方财政的公检法支出的提高能够增加企业获得的司法治理的公平或效率优势。同时，公检法支出作为一项重要的财政政策，主要影响企业投资、创新等经营活动（顾夏铭等，2018），但并不会直接影响企业的慈善捐赠行为。

使用 2006 年公检法支出作为解释变量分别对地方政府司法效率和企业慈善捐赠进行回归，结果显示，地方公检法支出显著影响了政府司法效率，而对企业慈善捐赠额的影响并不显著，且通过了相关性检验，即地方公检法支出与地方司法治理效率存在显著关联但与企业慈善捐赠表现无关，因此，各地级市公检法支出是较好的工具变量。稳健性检验结果由表 5 给出。第（1）例至第（3）列展示了地方司法效率对企业汶川地震捐赠额的影响，司法效率的降低削弱了企业汶川捐赠金额的增长，且交互项系数和显著性未发生显著变化。第（4）例至第（6）列展示了地方司法效率对企业参与日常捐赠表现的影响，可以看出地方司法效率的下降抑制了企业日常捐助金额，且交互项系数和显著性未发生显著变化，说明结果稳健。

表5 稳健性检验回归结果

解释变量	ln（1+汶川捐赠额）			ln（1+日常捐赠额）		
	(1)	(2)	(3)	(4)	(5)	(6)
司法效率	0.564 *** (0.218)	0.569 *** (0.207)	0.722 *** (0.173)	0.527 ** (0.267)	0.527 ** (0.268)	0.758 *** (0.195)
司法效率×市级、省会企业		-0.097 ** (0.044)			-0.001 (0.052)	
司法效率×大型企业			-0.144 *** (0.053)			-0.234 *** (0.061)
大型企业	0.631 *** (0.130)	0.646 *** (0.130)	1.372 *** (0.299)	0.669 *** (0.153)	0.670 *** (0.153)	1.881 *** (0.345)
市级、省会企业	-0.046 (0.104)	0.489 * (0.266)	-0.026 (0.103)	-0.272 ** (0.119)	-0.264 (0.311)	-0.242 ** (0.118)
东部企业	-0.891 *** (0.299)	-0.873 *** (0.299)	-0.899 *** (0.301)	-0.244 ** (0.124)	-0.244 ** (0.124)	-0.268 ** (0.123)
企业盈利	0.124 *** (0.024)	0.125 *** (0.024)	0.124 *** (0.023)	0.100 *** (0.031)	0.100 *** (0.031)	0.096 *** (0.031)
企业职工人数	0.260 *** (0.039)	0.259 *** (0.039)	0.260 *** (0.039)	0.319 *** (0.043)	0.319 *** (0.043)	0.316 *** (0.043)
国有企业	0.038 (0.218)	0.019 (0.218)	0.030 (0.217)	-0.193 (0.257)	-0.193 (0.257)	-0.163 (0.254)
总经理性别	-0.092 (0.128)	-0.093 (0.128)	-0.086 (0.128)	-0.243 (0.150)	-0.243 (0.150)	-0.233 (0.149)
总经理教育水平	0.046 * (0.025)	0.048 * (0.025)	0.047 * (0.025)	0.006 (0.029)	0.006 (0.029)	0.008 (0.029)
总经理年龄	-0.027 (0.215)	-0.020 (0.214)	-0.043 (0.214)	0.136 (0.255)	0.136 (0.255)	0.156 (0.252)
总经理政府工作经历	0.216 * (0.126)	0.204 (0.126)	0.212 * (0.125)	0.312 ** (0.151)	0.312 ** (0.152)	0.292 * (0.150)
常数项	-2.135 (1.841)	-2.198 (1.808)	-2.878 * (1.700)	-4.019 ** (1.730)	-4.021 ** (1.734)	-5.281 *** (1.432)

续表

解释变量	ln（1+汶川捐赠额）			ln（1+日常捐赠额）		
	(1)	(2)	(3)	(4)	(5)	(6)
Observations	1136	1136	1136	1075	1075	1075
Log-Likelihood	-3985.383	-3983.002	-3981.478	-3950.085	-3950.085	-3942.221

注：括号里的数字为标准误。*** 表示在 1% 的水平下显著；** 表示在 5% 的水平下显著；* 表示在 10% 的水平下显著。

六　结论与建议

2016 年两会期间习近平总书记首次用“亲”“清”二字精辟概括并系统阐述新型政商关系的内涵。其中，“亲”是指政府应坦荡真诚地同企业家交往，力所能及地帮助企业解决经营和发展所面临的实际困难，树立服务型政府的良好形象，加快制度、法规建设，提高运行效率。“清”是指政府同企业家关系纯洁清白，杜绝贪心私心，不以权谋私，打通诉求沟通渠道。2017 年，“构建亲清新型政商关系，促进非公有制经济健康发展和非公有制经济人士健康成长”被写进党的十九大报告。2018 年两会进一步强调“构建亲清政商关系才是阳关大道”。

本文采用企业家对地方政府行政诉讼解决效率的满意度作为地方政府法治水平的代理变量，考察了地方政府司法治理对企业履行社会责任的影响。数据描述展示中国企业对地方政府法治效率的满意度随着企业规模、企业总部所在地行政级别和企业所在地区发达程度逐级递减。采用企业参与“汶川地震”重大危机和日常慈善捐赠的表现作为企业社会责任的代理变量，实证分析表明：平均而言，地方政府法治水平显著正向促进企业在危机和日常慈善捐赠中的表现，且中小企业和县级、乡镇企业对地方政府法治效率提升的反响更为强烈，即相比于大型企业和市级、省会企业，政府司法治理水平的提升对中小企业和县级、乡镇参与慈善捐赠的促进作用更大，可能由于县级、乡镇政府对企业参与捐赠的“摊派”程度更大。

习近平总书记在不同场合多次强调优化营商环境的重要性。良好的营商环境是建设现代化经济体系、促进高质量发展的重要基础。本文验证了构建亲清政商关系、营造良好法治环境对企业履行社会责任的重要意义。由于企业行为内生于制度环境，是为了适应制度环境而采取的理性抉择，而组织赖以生存的社会制度、成熟的法治环境和高效便捷的司法服务是企业发展所要面临的关键因素，所以企业社会责任的履行深深扎根于企业所在地的各项制度和环境中，二者密不可分。法治社会下，中国新型政商关系的构建需注意防范两个问题，其一是“亲”而不“清”；其二是“清”而不“亲”。以“清”之名离得太远，以“亲”之名走得过近，均不是政府与企业的正确相处之道。政企应保持适当距离，将政府与企业的关系从“关系紧密型”转到“保持距离型”，把政府在经济中的作用从“参与型”转到“服务型”。在法治经济框架和全面从严治党下，重新定义政府激励，既减少政府腐败又把企业解放出来。构建新型的政商关系，既要官商保持正常的联系和交往，又要使官商各安其道并行不悖，可以“近”但不能“黏”，有交集但不能有交换，有交往而不能有交易。

综上所述，在把握好“亲”和“清”的准则下，政府应着力营造稳定透明、公平公开的营商环境，减少对经济的干预，转变自身政府职能，全面深化改革，加快构建开放型经济新体制。特别是北京、上海、广州和深圳等特大城市要率先和继续深入加大营商环境改革力度，对待国有企业和非国有企业、大型企业和中小企业应一视同仁，推动二者基于市场机制公平竞争。中西部省份和基层政府更应从解决群众和企业反映突出的“办事难”问题入手，大力提升对地方中小企业、民企和外企的政府服务意识和效率，使企业成为真正意义上的市场竞争主体。只有不断完善全方位、多层次、宽领域的便捷高效的司法政务服务，提高治理效率，建立长效畅通的诉求沟通渠道，才是构建健康良好的新型政企关系的重要支点，才能不断打造良好的法律、制度和政治生态环境。

参考文献

[1] 蔡新蕾、高山行、杨燕：《企业政治行为对原始性创新的影响研究——基于制度视角和资源依赖理论》，《科学学研究》2013 年第 2 期。

[2] 陈凌、陈华丽：《家族涉入、社会情感财富与企业慈善捐赠行为——基于全国私营企业调查的实证研究》，《管理世界》2014 年第 8 期。

[3] 陈仕华、马超：《企业间高管联结与慈善行为一致性——基于汶川地震后中国上市公司捐款的实证研究》，《管理世界》2011 年第 12 期。

[4] 戴亦一、潘越、冯舒：《中国企业的慈善捐赠是一种“政治献金”吗？——来自市委书记更替的证据》，《经济研究》2014 年第 2 期。

[5] 傅超、吉利：《诉讼风险与公司慈善捐赠》，《南开管理评论》2017 年第 2 期。

[6] 高勇强、陈亚静、张云均：《“红领巾”还是“绿领巾”：民营企业慈善捐赠动机研究》，《管理世界》2012 年第 8 期。

[7] 高勇强、何晓斌、李路路：《民营企业家社会身份、经济条件与企业慈善捐赠》，《经济研究》2011 年第 12 期。

[8] 顾夏铭、陈勇民、潘士远：《经济政策不确定性与创新——基于我国上市公司的实证分析》，《经济研究》2018 年第 2 期。

[9] 贾明、张喆：《高管的政治关联影响企业慈善行为吗》，《管理世界》2010 年第 4 期。

[10] 李岚：《豫浙民营企业政治行为的比较研究——一个制度环境的视角》，《经济经纬》2017 年第 3 期。

[11] 李四海：《制度环境、政治关系与企业捐赠》，《中国会计评论》2010 年第 2 期。

[12] 李维安、王鹏程、徐业坤：《慈善捐赠、政治关联与债务融资——

民营企业与政府的资源交换行为》，《南开管理评论》2015 年第 1 期。
[13] 刘慧龙、张敏、王亚平、吴联生：《政治关联、薪酬激励与员工配置效率》，《经济研究》2010 年第 9 期。
[14] 潘越、翁若宇、刘思义：《私心的善意：基于台风中企业慈善捐赠行为的新证据》，《中国工业经济》2017 年第 5 期。
[15] 山立威、甘犁、郑涛：《企业捐款与经济动机——汶川地震后中国上市企业捐款的实证研究》，《经济研究》2008 年第 11 期。
[16] 唐跃军、左晶晶、李汇东：《制度环境变迁对公司慈善行为的影响机制研究》，《经济研究》2014 年第 2 期。
[17] 夏后学、谭清美、白俊红：《营商环境、企业寻租与市场创新——来自中国企业营商环境调查的经验证据》，《经济研究》2019 年第 4 期。
[18] 肖洁、龚六堂、张庆华：《市委书记市长变更、财政支出波动与时间不一致性》，《金融研究》2015 年第 6 期。
[19] 徐莉萍、辛宇、祝继高：《媒体关注于上市公司社会责任之履行——基于汶川地震捐款的实证研究》，《管理世界》2011 年第 3 期。
[20] 许年行、李哲：《高管贫困经历与企业慈善捐赠》，《经济研究》2016 年第 12 期。
[21] 薛爽、肖星：《捐赠：民营企业强化政治关联的手段?》，《财经研究》2011 年第 11 期。
[22] 余明桂、回雅甫、潘红波：《政治联系、寻租与地方政府财政补贴有效性》，《经济研究》2010 年第 3 期。
[23] 张建君：《竞争—承诺—服从：中国企业慈善捐款的动机》，《管理世界》2013 年第 9 期。
[24] 张建君、张志学：《中国民营企业家的政治战略》，《管理世界》2005 年第 7 期。
[25] 张敏、马黎珺、张雯：《企业慈善捐赠的政企纽带效应——基于我

国上市企业的经验证据》,《管理世界》2013 年第 7 期。

[26] 甄红线、张先治、迟国泰:《制度环境、终极控制权对公司绩效的影响——基于代理成本的中介效应检验》,《金融研究》2015 年第 12 期。

[27] 周中胜、何德旭、李正:《制度环境与企业社会责任履行:来自中国上市企业的经验证据》,《中国软科学》2012 年第 10 期。

[28] 祝继高、辛宇、仇文研:《企业捐赠中的锚定效应研究——基于“汶川地震”和“雅安地震”中企业捐赠的实证研究》,《管理世界》2017 年第 7 期。

[29] Beck, P. A., R. J. Dalton, S. Greene and R. Huckfeldt, “The Social Calculus of Voting: Interpersonal, Media, and Organizational Influences on Presidential Choices”, *American Political Science Review*, 2002, 96 (1): 57 – 73.

[30] Berman, S. L., A. C. Wicks, S. Kotha and T. M. Jones, “Does Stakeholder Orientation Matter? The Relationship between Stakeholder Management Models and Firm Financial Performance”, *Academy of Management Journal*, 1999, 42 (5): 488 – 506.

[31] Bertrand, M., M. Bombardini, R. J. Fisman and F. Trebbi, “Tax-exempt Lobbying: Corporate Philanthropy as A Tool for Political Influence”, NBER Working Paper, 2018, 24451.

[32] Bock B., *The Impact of the Modern Corporation*, 1984, New York, NY: Columbia University Press.

[33] Boisot, M. and J. Child, “From Fiefs to Clans and Network Capitalism: Explaining China's Emerging Economic Order”, *Administrative Science Quarterly*, 1996, 41 (4): 600 – 628.

[34] Bremner, R. H., *American Philanthropy*, 1960, Chicago: University of Chicago Press.

[35] Campos, N. and F. Giovannoni, “Political Institutions, Lobbying and Corruption”, *Journal of Institutional Economics*, 2017, 13 (4):

917 –939.

[36] Carter, S. M. and J. D. Werbel, "The CEO's Influence on Corporate Foundation Giving", *Journal of Business Ethics*, 2002, 40 (1): 47 –60.

[37] Freeman, R. E., *Strategic Management: A Stakeholder Approach*, 2010, London: Cambridge University Press.

[38] Godfrey, P. C., "The Relationship between Corporate Philanthropy and Shareholder Wealth: A Risk Management Perspective", *Academy of Management Review*, 30 (4): 777 –798.

[39] Haley, U. C. V., 1991, "Corporate Contributions as Managerial Masques: Reframing Corporate Contributions as Strategies to Influence Society", *Journal of Management Studies*, 2005, 28 (5): 485 –509.

[40] Johnson, R. and D. Greening, "The Effects of Corporate Governance and Institutional Ownership Types on Corporate Social Performance", *Academy of Management Journal*, 1999, 42 (5): 564 –576.

[41] Lin, J. Y. and G. Tan, "Policy Burdens, Accountability, and the Soft Budget Constraint", *American Economic Review*, 1999, 89 (2): 426 –431.

[42] Meznar, M. B. and D. Nigh, "Buffer or Bridge? Environmental and Organizational Determinants of Public Affairs Activities in American Firms", *Academy of Management Journal*, 1995, 38 (4): 975 –996.

[43] Munge, F., "Law, Change, and Litigation: A Critical Examination of an Empirical Research Tradition", *Law and Society Review*, 1998, 22 (1): 57 –99.

[44] Oliver, C., "Strategic Responses to Institutional Processes", *Academy of Management Review*, 1991, 16 (1): 145 –179.

[45] Peng, M. W. and P. S. Heath, "The Growth of the Firm in Planned Economies in Transition: Institutions, Organizations, and Strategic Choice", *Academy of Management Review*, 1996, 21 (2): 492 –528.

[46] Shleifer A., "State versus Private Ownership", *Journal of Economic*

Perspectives, 1998, 12 (4): 133 - 150.

[47] Sánchez, C. M., "Motives for Corporate Philanthropy in El Salvador: Altruism and Political Legitimacy", *Journal of Business Ethics*, 2000, 27 (4): 363 - 375.

[48] Su, J. and J. He, "Does Giving Lead to Getting? Evidence from Chinese Private Enterprises", *Journal of Business Ethics*, 2010, 93 (1): 73 - 90.

[49] Useem, M., "Market and Institutional Factors in Corporate Contributions," *California Management Review*, 1998, 30 (2): 77 - 88.

[50] Wang, H. and C. Qian, "Corporate Philanthropy and Corporate Financial Performance: The Roles of Stakeholder Response and Political Access", *Academy of Management Journal*, 2011, 54 (6): 1159 - 1181.

[51] Zhang, R., Z. Rezaee and J. Zhu, "Corporate Philanthropic Disaster Response and Ownership Type: Evidence from Chinese Firms' Response to the Sichuan Earthquake", *Journal of Business Ethics*, 2010, 91 (1): 51.

The Impact of Judicial Governance on Corporate Philanthropy: Evidence on the Business-Government Relationship in China

WANG Lingfeng　ZHONG Wenyuan　QIN Wei　LIANG Shilang

Abstract: This article explores the impact of judicial governance on corporate philanthropy in the ordinary time and during 2008 Wenchuan earthquake by using the firm-level data of 2058 manufacturing firms from "Business Environment and Financing of Enterprises Survey" by People's Bank of China in 2009. Empirical results indicate that, after controlling for personal characteristics of the firm's CEOs and the firm characteristics, the judicial efficiency is positively correlated with the likelihood and the amount of philanthropic giving on average. This positive correlation is stronger for medium and small firms and those located in the places with lower level of the governed authorities.

Keywords: Judicial Efficiency, Governance, Corporate Philanthropy, China